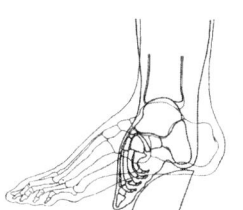

LLOYD E. EASTMAN
FAMILY, FIELDS, AND ANCESTORS

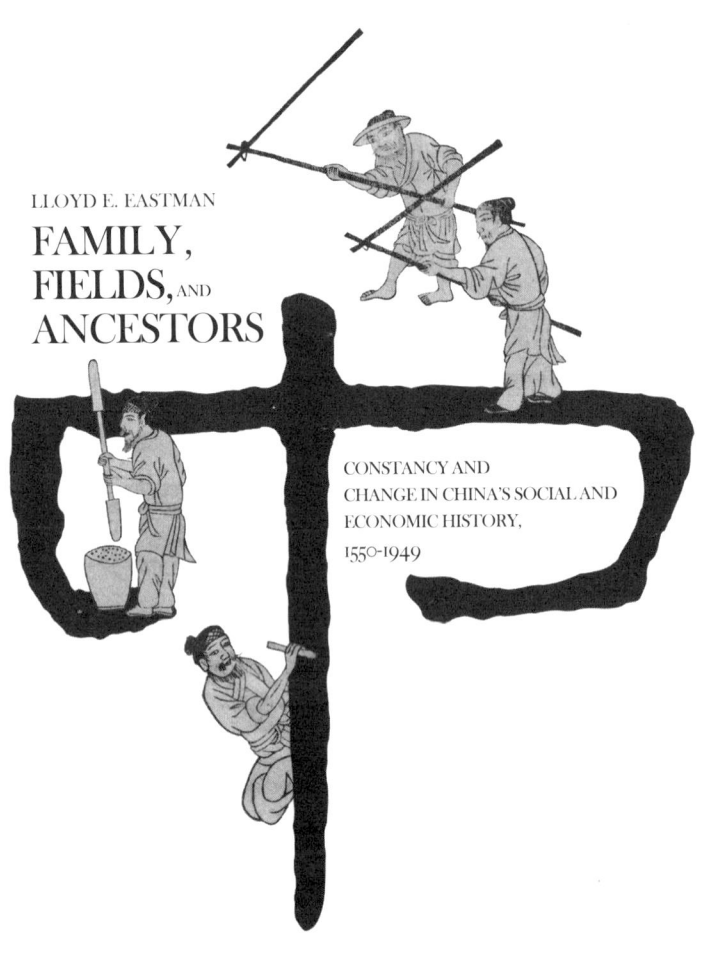

CONSTANCY AND
CHANGE IN CHINA'S SOCIAL AND
ECONOMIC HISTORY,
1550-1949

家族、土地与祖先

近世中国四百年社会经济的常与变

[美] 易劳逸 著　苑杰 译

重庆出版集团　重庆出版社

目录 CONTENTS

前言 PREFACE/12

致谢 ACKNOWLEDGMENTS/18

第1章
POPULATION:
Growth and Migration

人口：增长与迁徙

人口转型 /22

为增长的人口拓展食物来源 /28

迁徙：一个扩张的帝国 /32

先驱者的经历 /39

第2章
The Family and
the Individual
in Chinese Society

中国社会的家庭和个体

家庭 /46

女人地位的变化 /53

女孩和童年 /56

女性与婚姻 /62

社会互动的内容 /79

第3章 神、鬼和祖先：民间信仰

GODS, GHOSTS, AND ANCESTORS: The Popular Religion

关于超自然力量的数据统计 /95

宗教崇拜和节日 /104

神职人员 /111

民间信仰的社会效用 /119

20世纪的变化 /123

第4章 农业：概况

AGRICULTURE: An Overview

小农生产方式 /128

土地占有及农业劳动力的变化 /138

小农经济的租赁体系 /144

第5章 20世纪早期中国农民的贫困化

THE AGRICULTURAL SECTOR IN THE EARLY TWENTIETH CENTURY: The Problem of "Peasant Immiseration"

人口过剩 /155

不断提升的土地租赁率 /158

农业的商品化 /160

手工业 /165

社会关系中日益凸显的不和谐 /170

政治崩溃和慢性暴力 /174

中期评估：截止到1930年的情况 /179

20世纪30年代的大萧条 /183

1931年前中国农民贫困化之谜 /187

第6章 帝制时代晚期的商业：贸易工具和贸易地理

COMMERCE IN THE LATE IMPERIAL PERIOD: The Instruments and Geography of Trade

运输 /196

度量衡 /203

货币 /206

银行业 /213

集市体系 /218

八大区域 /226

对外贸易和白银经济 /230

国家和商业：中介人体系 /242

第7章

MANUFACTURING IN THE LATE IMPERIAL PERIOD: A Failed Industrial Revolution?

帝制时代晚期的制造业：失败的工业革命？

工业主义的"萌芽" /255

晚明的社会文化背景 /270

工业化进程的障碍 /275

第8章

Commerce and Manufacturing Under the Impact of the West

西方社会影响下的商业和制造业

对外贸易 /292

银行业 /302

轮船和铁路运输 /306

外国制造业 /314

近代民族工业 /318

战时和战后的工业 /332

工业遗产 /340

帝国主义的影响 /345

第9章 现代化早期的新社会阶层
New Social Classes in the Early Modern Period

帝制时代晚期的社会精英 /356

新精英阶层 /359

城市无产阶级 /380

新社会阶层的政治影响 /390

家庭主义的变化 /393

第10章 社会当中的"阴":秘密社团、土匪及纠纷
THE YIN SIDE OF SOCIETY: Secret Societies, Bandits, and Feuds

秘密社团组织 /402

土匪 /422

械斗 /431

动荡的社会 /435

结论 常与变
CONCLUSION　Constancy and Change /446

> 本项研究希望在运用以往研究成果中所包含的洞见基础上，对中国近现代经济和社会史作一个较为全面的呈现，从而为拉近两者之间的距离做出努力。
> ——易劳逸

> The purpose of this study is to narrow that gap by drawing on the insights of this new monographic literature to present a general survey of China's recent social and economic history.
> Lloyd E. Eastman

PREFACE
前言

在1949年取得新民主主义革命胜利之前长达一个世纪的历史当中，中国一直处于政治混乱的漩涡当中，人民饱受内乱外辱、军阀割据、革命频发之苦。由此也就不难理解，我们从课堂上学到的中国近现代史几乎就是一部政治史。学生们知道太平天国运动，知道五四运动和毛泽东如何建立新中国，却很少知道这些政治事件的经济和社会背景。

学生们可能也通过课本了解到，中国农民因受到地主越加严酷的剥削而更加贫穷并因而在共产主义革命中发挥了关键性作用，还了解到帝国主义列强对中国的侵略打破了中国本土手工业体系并且阻碍了中国近代民族工业的发展，以及1905年科举制度废止使中国的士大夫阶层从此不复存在，等等。不过他们当中却很少有人能够将这些知识与中国近现代政治变迁背后的社会和经济因素建立起关联。

学生们的历史认知之所以是孤立的，原因并不在于他们的教授认为经济和社会因素不重要。其实，教授们在相关研究中已经越来越多地触及中国的社会和经济问题，而不是像以往那样固守在政治和思想领域里。正因如此，我们现在才拥有了大量关于中国近现代社会和经济历史经验的专题文献。然而，这些研究在主题方面非常分散，并且让人觉得异常深奥难懂。比如，关于江西"棚民"的研究和关于长江中下游地区稻米价格研究等课题就非常令人感兴趣，但在课堂上讲授的涵盖上述问题的"近现代中国史"却往往令人感到不明就里。

可见，专项研究与学生在课堂上能学到的知识之间的分立使得两者正在拉开越来越远的距离。本项研究希望在运用以往研究成果中所包含的洞见基础上，对中国近现代经济和社会史作一个较为全面的呈现，从而为拉近两者之间的距离做出努力。

当一个人从事社会和经济问题研究时，他很快就会发现在其从事政治研究时所用的时间划分法不怎么好用了。比如，用后一种方法来考量鸦片战争之后近代中国的问题，即使是1793年马戛尔尼使华之后的中国问题也并无裨益；同样，清朝在1644年的建立，或者辛亥革命在1911年的爆发等重要政治事件在社会和经济问题研究中也算不上是重要的转折点（然而，中华人民共和国在1949年的成立却仿佛标志着中国从此进入了一个完全不同于以往的社会和经济以及政治和历史阶段，在我看来，这是因为这场革命发生得过于晚近，以至于我们缺乏必要的历史背景去找出共产主义体系中暗含着的连续性）。

然而，即便鸦片战争不能算作"现代"中国开端的标志，中国的"现代化"步伐在19世纪60年代之后却也大大地加速了。此后,部分地,也仅仅是部分地受到西方世界的影响,中国社会中出现了更多新的社会群体,这些群体逐渐从社会结构的上层开始取代传统的士大夫阶层,同时,秘密社团组织和土匪群体也开始活跃起来;此外,商品贸易和近代工业在中国社会中也得以发展。这些变化促使中国的经济和社会在1860年到1949年期间发生了不同于以往的深刻变化。由此,至少从社会和经济角度来看,这九十年仿佛是一个独特的历史阶段。在这里,为方便起见,我们称这个阶段为"现代化早期"(early modern period)。

最初开始此项研究时,我并没有想从明代开始。然而,很快我就发现,对中国"现代化早期"很多社会和经济变迁问题的理解,必须先关注和探讨此前已经发生变化了的体制和结构,因此,我们有必要将视野回溯到1860年之前。可是,我们需要回溯多远呢?有人认为应该回溯到18世纪,因为这个时期是清代发展的高峰时期,而且是传统体制依旧强健,西方影响十分薄弱的时期。然而,当我们关注18世纪并对其进行研究时,我们越来越强烈地感受到,它的确代表了清代社会和经济发展的最高峰,而且我们更想要,也有必要再向前追溯更远,去寻找那个时代图景的社会和经济源头。因此,我在学术界以往对此研究甚少的情况下,仍旧决定从明代,特别是16世纪开始着手研究——这个时代标志着中国历史上的一个独特历史阶段的开端,也正是从这个时代开始,中国的经济领域开启了商品化和货币化进程,对外贸易得以发展,传统社会阶层划分被打破,民众书写能力得以普及,人口得到迅速增长,这一切在接下来的两百年及更长时段里极大地改变了整个帝国的社会面貌。

当然,以往学者也同样认为16世纪在中国社会和经济史中占有重要地位。罗友枝(Evelyn S.Rawski)曾经写道:"这个时代,也就是中国帝制时代晚期(16世纪—19世纪),虽不同于中国历史上以往任何一个时期,但其核心体制和社会经济结构方面却在很大程度上保持了对以往时期的延续。"[1] 在罗友枝之前,马若孟(Ramon H.Myers)、魏斐德(Frederic Wakeman Jr.)等学者也有相同的发现。[2] 也就是说,我和这些学者持有共同观点,即应将1550年到1860年视为"帝制时代晚期"。

书写长达四个世纪之久的中国经济和社会史,很容易让人面临这样的风险,即可能会对特定时空中的、具有特殊性的社会和经济状况进行泛化的概括。单从面积上讲,中国是欧洲(不算俄罗斯欧洲部分面积——译者注)的两倍,在四个世纪内,在如此广阔的国土上,社会和经济状况的差异性是相当突出的。比如,境内遍布贫瘠高地且人烟稀少的贵州在社会和生活方式等方面肯定与高度商业化且相对富庶的长江中下游省份不一样。文盲和经济窘迫的农民阶层与富裕且有文化的士大夫阶层在家庭结构、人际关系、道德观等方面也有很大的差异。鉴此,我们如何还能对中国的社会和经济做"一概而论"呢?

根据地域、社会和历史等方面的不同(对社会和经济的具体情况)进行具体分析当然是很重要的,但本书的综合性质却决定它不可避免且有必要作一些一般性概括,不过我在作概括时很谨慎地标识了其适用范畴和例外情况。本书是对中国社会和经济的一项"细致而微"的研究,无法"毕其功于一役"。普遍性始终是存在的,但读者也应铭记林语堂那句话,即"中国是一个庞大的国家,而她的民族生命,涵括了太多面向,对她难免有许许多多抵悟歧异之见解"。[3] 或许中国农民那句俗语"十里不同风"是对中国社会这种情况更为简单明了的描述。

Notes
注释

1 Evelyn S. Rawski, "Economic and Social Foundations of Late Imperial China," in *Popular Culture in Late Imperial China*, ed. David Johnson et al. (Berkeley: University of California Press, 1985), p. 3.

2 Ramon H. Myers, "Transformation and Continuity in Chinese Economic and Social History," *Journal of Asian Studies* 33, no. 2 (February 1974): 273-75, and "On the Future of Ch'ing Studies," *Ch'ing-shih Wen-t'i* 4, no. 1 (June 1979): 107-9; Frederic Wakeman, Jr., "Introduction: The Evolution of Local Control in Late Imperial China," in *Conflict and Control in Late Imperial China*, ed. Frederic Wakeman, Jr., and Carolyn Grant (Berkeley: University of California Press, 1975), pp. 1-2.

3 Lin Yu-tang, *My Country and My People* (New York: Day, 1936), p. xiii.

ACKNOWLEDGMENTS

致谢

本书是以以往研究为基础的一项综合性研究。本项研究参考了大量文献，但在此列举所有为本研究提供数据和相关阐释的书籍、文章和演讲稿以及未刊稿等是显然不现实的；而更不走运的是，我本来计划充分运用脚注或者间接引用等方式，向对本研究有所助益的作者及其成果表示感谢，可出版业的行规并不允许我这样做。因此，很多作者在读到本书时可能会发现某些地方很明显是运用了他的成果，此时，请您一定要相信我对您是怀有十二分的感谢之情的。同时，我也要感谢我在伊利诺伊大学的同事们，特别是罗伯特·B.克劳福德、伊沛霞、宗像清彦、彼得·史川和罗纳德·托比等，他们很乐意与我对话，为我提供了丰富的信息和知识，并在必要时给予了我很多批评性建议。此外，威廉姆·S.阿特维尔、理查德·E.巴瑞特、穆里尔·贝尔、劳伦·勃兰特、戴维·D.巴克、杜赞奇、戴维·约翰逊、亨利·J.拉姆里、刘翠溶、苏珊·曼、罗蒙·H.迈尔斯、苏珊·纳坎、托马斯·G.罗斯基、詹姆斯·E.谢里丹、安·沃特纳、詹姆斯·L.沃森、蒂姆·怀特和玛丽莲·B.杨等，也在不同方面给予了我非常重要的帮助。

L. E. E.
伊利诺伊，乌尔班纳
1987年5月

第1章

POPULATION:
Growth and Migration

人口：增长与迁徙

自1400年到1850年，中国人口数量增长了六倍，中国的社会面貌也因此发生了改变：村庄越来越密集，集镇数量越来越多。所有新增加的人口都需要吃饭，这使得数以百万计的中国人必须去拓荒，通过砍伐森林来增加耕地面积。然而，1850年中国人均耕地面积却仅为1400年的三分之二。由此可见，人口数量大且不断增长是影响中国明清两代经济和社会结构最为重要的因素，其实，大量繁衍人口也正是中国人的生活方式。

16世纪时中国的人口数量究竟有多少，我们知道得并不确切，因为那个时候的人口普查并不像今天这样科学。一般说来，皇帝只想知道自己统辖的国土上有多少纳税的男丁，却并不在意人口总数有多少。地方官员在定期向朝廷呈报其辖地内人口数量时，经常随意篡改和捏造数据来取悦上级。

A Demographic Transition
人口转型

尽管中国古代人口普查报告中有很多数据都是编造的，但人口曲线在一段历史时期里的总体发展趋势还是很明晰的。从东汉 (25—220) 到唐代 (618—907) 的七八个世纪里，中国人口数量有时候达到了 6000 万—8000 万，但从未超出这个上限。到了宋代，也就是 11 世纪，人口数量大约达到了 1.08 亿，此后在蒙古人发动战争及元代统治时期，人口数量则出现了回落（如表 1.1 所示）。

从明初的 6500 万—8000 万到 1850 年的约 4.3 亿——中国的人口数量在四百五十年间增长了五倍，这堪称人口方面的重大变迁。当然，人口数量曲线在这几个世纪当中也时而走高或走低。在所有的传统农耕社会中，饥饿和时疫总是会定期地和灾难性地夺走人的生命。中国人口数量近几个世纪以来最大幅度的下降发生在 17 世纪早期到中期的明清更迭时期。这一时期，农民起义及各种征战频发，再加上中国北方在 17 世纪 30 年代末 40 年代初暴发了致命的时疫，这些因素一并造成了中国人口数量的骤减。

随着清朝统治在17世纪80年代逐渐得以巩固，中国的人口数量经历了一个前所未有的快速上升时期，并达到了一个前所未有的水平。18世纪中国人口增长几乎翻了一倍多——从1700年的1.5亿增长到了18世纪末的3亿，这表明当时人口年均增长率为1%，而传统农耕社会能在长达一个世纪的时间里持续保持这样的人口增长率可以说是一个特例。18世纪70年代以后，中国人口增长速度虽然逐渐放缓，但在此前人口增长复利的作用下，中国人口到了19世纪中期已达到4.3亿之众。

为什么中国人口在1400年之后，特别是在18世纪能够实现如此快速的增长？没有人知道确切原因，不过人口学家坚信这不仅仅是因为人口出生率有所增长——其实在传统农耕社会人口出生率很多年间都没有太大变化，而是因为人口死亡率有所下降。此外，关于人口死亡率下降的解释也有很多种，一种观点认为这得益于中国长期处于和平与稳定时期——先是明朝结束与元朝的征战之后进入社会和经济复苏时期，后来则是在17世纪晚期和18世纪清朝接连出现的康熙、雍正、乾隆缔造的盛世(历史学家一般将这一历史时期称为"康雍乾盛世"——译者注)；另一些人则认为人口增长是由于医疗卫生实践水平提高的结果，比如早在西方人爱德华·詹纳(Edward Jenner)发明牛痘接种法二百年之前，中国人就已经发明了预防天花的人痘接种法，让人们对天花病毒有了免疫能力，此后中国人死于这种致命疾病的几率得以大大降低；还有一种解释认为从美洲引进的玉米、马铃薯和花生等粮食作物使食物供给更加充足，更多中国人因此能活到成年并繁衍后代。

上述这些尝试对中国特定时期人口数量增长所作的阐释似乎都有些跑题，我们注意到，欧洲人口数量在15世纪到19世纪中期的起起落落(包括在17世纪的回落)与中国人口数量的变化趋势几乎是同步的。法国著名历史学家费尔南·布罗代尔(Fernand Braudel，法国年鉴学派的第二代代表人物，提出了著名的"长时段"理论——译者注)也注意到了这一点，并为此感到困惑，他指出，"这种同步是一个问题"。[1]此外，俄国人口数量在18世纪也和中国一样出现过成倍增长现象。这一时期，世界上很多地方同步出现人口数量增长这一客观事实表明，人口骤增可能并非某一国家所特有的现象。

布罗代尔曾尝试对此现象做出一种可能的解释，他认为，主要原因可能在于气候的变化。气候学家公认，世界气候总会在或长或短的时期里发生变化。比如，就在大约一万年前，世界还处于更新世冰河时期。再比如，14世纪时，北半球连续出

表1.1 中国人口和耕地面积估算表

年份	人口数量（百万）[a]	耕地面积（百万市亩）[b]	人均耕地亩数（以平均人口数和耕地面积为基础）
125	*56*[1]		
732	*45*[1]		
1086	*108*[1]		
1400	*65—80*[2]	370 (±70)[8]	5.1
1600	*160*[3]	500 (±100)[8]	3.1
1650	*125*[3]		
1779	*275* (±25)[4]	950 (±100)[8]	3.5
1850	430 (±25)[5]	1,210 (±50)[9]	2.8
1934	503[6]	1,470 (±50)[10]	2.9
1953	583 (±15)[7]	1,678 (±25)[11]	2.9

注：a. 用斜体字表示的几个年代的人口数量比起其他年代数据更可靠。
b. 耕地面积包括所有种植作物的土地，但不包括牧场。其中大多数耕地每年生产两季到三季粮食，所以这里引用的耕地面积实际上少于"收成面积"。

来源：1. 约翰·D. 杜兰德：《中国人口统计：公元2年至1953年》，载《人口研究》13, No. 3 (1960年3月)：249。
2. 何炳棣：《中国人口研究 (1368—1953)》，剑桥，马萨诸塞：哈佛大学出版社，1959年，第22页；德怀特·H. 珀金斯：《中国农业的发展 (1368—1968)》，芝加哥：阿尔丁出版社，1969年，第193—201页。
3. 珀金斯：《中国农业的发展 (1368—1968)》，第209页，第216页。
4. 何炳棣：《中国人口研究 (1368—1953)》，第63—64页；珀金斯：《中国农业的发展 (1368—1968)》，第16页。
5. 何炳棣：《中国人口研究 (1368—1953)》，第64页；约翰·S. 埃尔德：《人口增长》，载亚历山大·埃克斯坦等编：《共产主义中国的经济发展趋势》，芝加哥：阿尔丁出版社，1968年，第271页；珀金斯：《中国农业的发展 (1368—1968)》，第16页，第207—208页。
6. 理查德·E. 巴雷特：《中国1953年人口反投影统计的结果 (1849—1929)》（手稿）；珀金斯：《中国农业的发展 (1368—1968)》，第16页。
7. 约翰·S. 埃尔德：《中国近期人口数据：问题与展望》，载《向四个现代化前进的中国（第一部分）》，提交给美国国会联合经济委员会论文选集，华盛顿特区：美国政府印刷办公室，1982年，第178页；珀金斯：《中国农业的发展 (1368—1968)》，第216页。
8. 珀金斯：《中国农业的发展 (1368—1968)》，第16页。
9. 同上，第240页，该数据实际上是1873年的数据。
10. 同上，第16页，该数据实际上是1933年的数据。
11. 同上，该数据实际上是1957年的数据。

现多个严冬,同时期大西洋冰山的扩散甚至导致维京人无法再横渡大西洋到达北美洲,而北半球的温度在这个时期里变得非常低。

布罗代尔虽无法提供证据证实自己关于1450年后气候变化与人类活动相关的推测,但他的另一个推测却无疑是非常正确的,即"哪怕是轻微和慢性的气候变化都会带来非常重大的后果"。伊利诺伊大学的杰弗里·N.帕克(Geoffrey N.Parker)也曾指出:

> 在整个夏季,平均气温每下降1℃,农作物生长期就会延迟3周至4周,并致使农作物能成熟地区的最高海拔高度下降约152米。即使是现在,每延迟收割庄稼1天,每公顷作物产量就会比不延迟收割的产量减少63公斤;在欧洲北部,夏季平均气温每下降1℃,农作物生长期就会延迟30天左右。相较今日而言,在17世纪,人们在很

多刚刚开垦的荒地上用比较原始的方法进行耕种时,气候变化对农作物生长的影响更为显著。[2]

中国在17世纪三四十年代(明清更迭时期)曾发生饥荒、政治斗争和人口数量下降等,而且这些事件的发生几乎与欧洲历史上的"小冰河期"(Little Ice Age)同步,而这种"同步"恰可印证上述提及的气候变化效应。17世纪三四十年代是被称为"蒙德极小期"(Maunder minimum)的太阳活动非常衰弱的时期,当时中国中原地带湖泊上冻频率高于历史上有文献记载的任何一个时期。此外,这种气候变冷的趋势与日本17世纪30年代末40年代初导致大量人口因饥饿和疾病死亡的"宽永大饥荒"(the great kan'ei famine)也是同期发生的。由此可见,布罗代尔的推测——欧洲和中国在人口数量上实现"同期"增长这一令人困惑的现象可能是全球变暖所造成的——可能是很有道理的。

Expanding Sources of Food for the Growing Population

为增长的人口拓展食物来源

不论是什么原因造成了中国人口数量的增长，有一个非常重要的事实令人无法回避：中国人口比之前多得多，而且每个人都需要吃饭。然而，当时中国农业技术在总体上尚未发生变革。清代农民所使用的生产方法和生产工具与15世纪，甚至更早的时候并无二致。清代农民唯有在治水方面实现了重大技术突破，他们在过去几个世纪中已逐渐学会了沼泽地排水，保护滨海平原不受海水冲刷，建造水库，用各种设备（比如用竹管组成水轮）将水引向高处灌溉农田等技术。当然，中国人不仅靠运用新技术来增加粮食供应量，而且还通过广泛应用传统方法和开荒造田来提升粮食产量。

由于当时全国农民几乎都在密集地运用传统种植技术，所以单位土地面积上的粮食和各种作物都有所增产。比如，1400年全国采用传统灌溉法的土地面积为13亿亩，而到了1900年已达35亿亩，在总体上增长了近三倍。另一个得到广泛应用的传统方法是施肥，这种方法非常利于提升作物产量。农民们之所以大量运用传统施肥法，一是因为他们的确觉得肥料很好用，同时也是因为数量不断增长的人、猪和役畜能产出更多高质量的粪肥。

此外，撒播良种也有助于提高作物产量。现在人们能在可控的实验室中通过反复测试进行杂交繁殖实验等促成基因突变来改良种子，使其能抗病抗旱，在不同土壤中和气候条件下健康成长。然而在传统中国，农民可能只是在耕作过程中偶然发现了一个新变种，然后尝试播种这个变种获得了成功，才会推荐给别人并鼓励别人也播种这个变种。新的种子就像是涌入一个国家未开发土地的移民。比如，一个农民在一个小山顶上发现了一种野生稻种，到了20世纪30年代，这种"天上掉下来的种子"已经广泛地种植于该地区。早在宋代，原产于占城（位于今越南境内——译者注）的早熟稻就被引进了中国，稻子的生长期由此从原来的180天左右缩短到了现在的130天左右。在接下来的几个世纪当中，人们在中国境内又发现了另一些早熟品种，其生长期只需90～100天。到了19世纪早期，有一些品种只需60～80天就成熟了。

稻子、小麦及其他粮食作物早熟品种的发现意义重大，因为它们能够带来收成的翻倍。在中国南部的亚热带气候条件下，快熟稻使农民一年之内能够有两季收成，在某些地方甚至能有三季收成。在亚热带地区以北，农民通常在一季之内种植两种作物——先种稻子，然后再选择种小麦、谷子、大麦这三种作物当中的一种。

从美洲引进的农作物也为满足中国不断增长的食物需求做出了重要贡献。在哥伦布发现新大陆四十年之内，花生这种作物可能最初由葡萄牙人带到了中国，种植在中国东南地区和长江下游地区。另一些来自新大陆的作物，比如玉米、红薯和烟草等都在16世纪被引入了中国。17世纪，马铃薯也被引入了中国。

来自新大陆的粮食作物在中国变得越来越重要，它们不仅可种植在那些不适合中国某些本土作物的土壤当中，而且它们并没有取代原来的作物，而是作为补充提升了农作物总体产量和食物供应。玉米和马铃薯可以在丘陵地带和旱地上种植，而这两种土地此前并未得到开垦或不适合种植小米和大麦。相同地，花生可以在砂质壤土、河边沙洲和陡峭的山坡上生长，而不会跟稻子或其他农作物形成竞争。美洲作物的另一些优势就是它们具有相对较强的抗旱能力和高产量。比如，旱地生长的红薯每英亩（1英亩＝6.07亩）就能够产生比其他旱地作物高出两倍的卡路里。

不过，中国人在很长一段时间后才不情愿地把这些来自美洲的食物摆上餐桌。比如中国人后来很快就喜欢上的花生，其实在很长一段时间里只有富人才能吃得起。一个曾在1787年赴北京访问的学者发现，花生是当地正式宴席的必备菜品。直到19世纪末或20世纪初，花生才成为穷人们也能吃得起的日常食物。

另一些美洲传入的农作物则并不太受欢迎，问题在于中国人不喜欢它们的味道。即便今天中国人也大多不喜欢吃马铃薯。玉米和红薯则具有相对较大的影响力，特别是对17世纪和18世纪迁徙到陡峭和贫瘠的山区的农民来说，这两者逐渐成为他们的主要食物——因为山区不适合种植传统农作物。据江西地方志记载："大抵山之阳宜于苞粟，山之阴宜于番薯……可食至次年三月，洵山家厚实也。"[3]（作者引自何炳棣《中国人口研究（1368—1953）》，而此文出自《玉山县志》——译者注）在1637年，稻米仍占中国人谷物食物消费总量的七成，小麦则次之，玉米和红薯仅是山区人的主要粮食来源。其实，直到20世纪，来自美洲新大陆的农作物仍未真正改变大多数中国人的日常饮食习惯。

Migrations: An Expanding Empire
迁徙：一个扩张的帝国

中国在1400年以后的四个世纪里新增的食物供给量，有一半来自于密集使用传统耕种技术和引进外来农作物，另一半则来自于开荒耕种。1400年到20世纪30年代期间，中国的耕地面积增长了四倍(如表1.1所示)。在人口稠密地区，人们通过在山坡上开荒，沼泽排水以及建造圩田(将河边或湖边洼地辟为耕地)等方式来拓展耕地。当然，大部分新增的耕地还是靠开荒得到的，这也是中国历史上"边疆垦殖"经验的延续。

"中国人"通常是指区别于中国少数民族的"汉人"，这个族群在迷雾般的史前时代出现于中国北部的黄土高原地区，即今天西安附近靠近黄河大拐弯处的地方。直到公元前1000年左右，这些"汉人"或者说"早期中国人"的居住区在面积上刚抵得上今天"中国人"生活区域的十分之一，而且当时在"中国人"生活的区域之外还生活着在政治、文化上，特别是民族属性上区别于汉人的越人、黎人、蜀人和壮人等。然而，发端于星星之火的汉人却拥有非常强大的活力，在随后三千多年当中势不可挡地发展壮大，几乎融合了"挡在"其前进道路上的所有民族及其文化。这是一个延续了几千年的、旷日持久的过程，即便在今天，汉人的迁徙，汉文化的传播仍在继续。[4]

相比于自身强大的政治扩张力，汉人通过经济方式拓展生活区域的能力却相对较弱。比如，秦朝（公元前221—公元前206）已确立了包含今天广东省在内的政治统辖范围，此后不久，又将今天越南北部地区纳入版图，自此这种格局延续了千年之久（公元前111—公元939）。不过，这些地方一直是帝国地处偏远的蛮荒之地，而汉人聚居的中国北方地区才是中国文化的核心区域。

很快，汉人就开始了向南方的迁徙，即历史上所谓的"中国之挺进热带"（China's march toward the tropics）。在公元4世纪和5世纪，为躲避北方游牧民族的入侵，北方大量汉人开始向南迁徙至长江流域。此后，也就是8世纪到12世纪，随着中国人口和经济重心逐渐移至南方，中国东南地区（主要是长江中下游地区）人口因自然增长和人口迁徙等原因增长了七倍，而同时期原本作为汉文化中心的中国北方地区人口仅增长了54%。到了1200年，中国超过75%的人口都生活在南方。

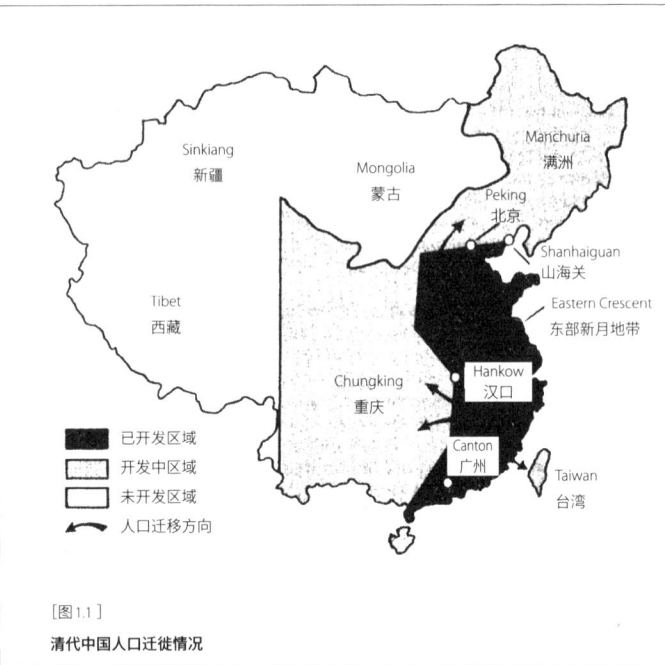

[图1.1]

清代中国人口迁徙情况

来源:Yeh-chien Wang,*Land Taxation in Imperial China, 1750-1911*(剑桥,马萨诸塞:哈佛大学出版社,1973),第85页。经授权再版。

随着人口向南方迁徙，中国人的食物供给方式也发生了剧变。[5]北方人主要在靠降雨供养的旱地上种植谷子、小麦和大麦，南方人则种植水稻。从亩产量上看，水稻是谷子的两倍，因此大米迅速成为汉人的主要粮食。中国文化由此也发生了重要变化，比如稻作基础上产生了新的农耕方式、新的烹饪方式，并形成了新的社会组织形式等。总之，由于汉人迁到南方后在农耕方面产生了诸多变化，中国的经济、社会和文化等也随之发生了显著变化。

1400年以后，中国人口数量的增长仍在持续地改变着这个国家的社会地理格局。在明代早期，绝大多数中国人都生活在"新月地带"（the quarter-moon crescent）（如图1.1所示）。而在西部和南部等正在开发中的区域里，中国人已把自己的生活区和文化拓展到了低洼地、河谷和平原上。不过，在淮河流域和湖北的低地区，人口仍然很稀少，大量耕地有待耕种，而且在其他超出当时中国文化边界的地方，在丘陵地带和山区，很多土地还处于未被开垦的蛮荒状态。在16世纪晚期，中国的很多地方，比如江西的丘陵地区仍被原始森林所覆盖，是虎、鹿等走兽的天堂。这些地方除了有一些原始部落，几乎没有别人，或者偶尔会有一些猎人、挖草药的人、土匪或隐士出没。即便在一个世纪以后，一个荷兰人到台湾时竟发现那里"是一片水乡泽国，鱼类丰富……到处都是鹿、野猪、野山羊、野兔、丘鹬、鹧鸪、鸽子等各种飞禽走兽……这片土地尚未被开垦，但非常富饶"。[6]

1400年后中国人口成倍增长，移民也相继涌向边疆地区。

明朝时期朝廷鼓动民众向具有战略意义的区域迁徙，在西南方向主要是向明朝与缅甸的边境线上拓展，在北方则是向长城一带拓展。朝廷有时甚至强制民众迁徙到这些地方；有时也会通过向民众承诺免税，为他们提供种子、工具和役畜，而且还帮助建造堤坝和灌溉网络以鼓励他们迁徙。通过这些方式，明朝廷成功地向云南迁徙了约一百万人口。清朝在17世纪也用类似的方式加速了对四川的再开发，而此前的明末时期，四川曾因当地爆发张献忠起义而人口骤减。

其实，各地区间人口大规模迁徙大多是个人自愿行为，到了清代，人口大幅增长使这种自愿迁徙行动达到了顶峰状态。迁徙者最初沿着三个方向迁徙：最大的迁徙潮是向西涌动的，如江西、湖北、湖南、四川等地，同时还有部分人口溢出到云南、贵州和广西等地；第二大迁徙潮向西北方向，沿汉江流域，从湖北北部穿过陕西南部，进入甘肃；第三大规模较小的迁徙潮发生在东部地区，方向是从广东，特别是福建到台湾岛。

16世纪到19世纪中期究竟有多少人加入了这场规模巨大的地区间迁徙行动，我们不得而知。不过目前可知的是，作为人口迁徙最大接受地的四川在1786年到1850年的三代人期间，人口增长了四倍，合计超过3500万人(部分原因是，当地人口也在自然增长，但当地人口大幅增长主要还是人口迁徙的结果)。整个中国人口分布则因为此番内部人口大迁徙而发生了根本性的重新排列组合。

19世纪后半叶，人口迁徙流动方向发生了转变。1800年左右，西部和西北部等"开发中"地区因人口超载而负担过重，所以不再接受东部"新月地带"的移民。相反，农民和很多想改善经济环境的人开始向当时的东北地区和海外流动，抑或是不可思议地返回到东部"新月地带"。当时的长江下游地区，特别是安徽和江苏南部、浙江北部和江西等地，在太平天国起义（1851—1864）和捻军起义（1853—1868）期间遭受重创，其中有些地区甚至成了无人区，曾经富饶的土地被弃耕，长满了野草。对于其他地方那些渴望拥有土地的农民而言，这些地方给他们提供了诱人的前景，于是，数百万的移民从河南、湖南以及江苏北部这些"开发中"地区回迁到东部"新月地带"。

"新月地带"以北和以南地区并未像长江下游地区那样在19世纪中期的若干次起义中遭受重创，这些地区的人口压力因此在持续增大。由于西部"开发中"地区人口已达到满负荷状态，东部"新月地带"的过剩人口因此被迫寻找其他能够谋生的地方。对于中国北方人，特别是直隶（今河北）人和山东人来说，东北到处都是机会。对于中国南方人，特别是福建人和广东人来说，移居东南亚以及更远的地方是他们逃离故乡人口过剩压力的首要选择。

东北是清朝统治者的故乡，在清代绝大部分时期都禁止汉人移居东北。尽管总有一些猎人和冒险者违反禁令迁徙到了东北，朝廷也数次慷慨地放开禁令允许北方饥民迁入，但直到1800年前后东北地区的人口仍然维持在一百万左右。由于关内人口压力在19世纪和20世纪持续增长，关外就成了一个对关内贫民和饥民虚位以待的巨大空间。1860年到1907年期间，清廷逐步废除了禁止移民东北的禁令，目的是"移民实边"，以对抗沙俄对东北日益增长的野心。关内民众向东北大规模移民始于1902年，当时恰逢第一条铁路即将在东北平原的无垠沃野上开通运行。铁路的开通不仅为移民提供了便利，而且还将中国市场与国际市场连接了起来。自此，东北地区人口从1860年的300万一跃增长到1907年的1700万，而到1953年又增长到了4700万。

明朝以及1893年之前的清朝，朝廷是禁止本国民众向海外移民的。不过早在15世纪和16世纪，中国人已经开始向当时作为东南亚商业中心的马尼拉和马六甲移民了——这说明当时的民众并未理会官方禁止向海外移民的政策，直到19世纪中期，人们迫于经济压力仍在向海外大规模移民。一些中国移民成为美国和拉美地区的合同劳工——他们在去往海外的途中和后来的就业过程中曾遭受过无法言说的惨遇；另一些中国人则移民至印度洋诸岛和南非；而绝大部分中国南方人都移居到东南亚地区，并逐渐成为那里的主要少数族群，到了20世纪中叶，东南亚的华人数量已经达到约1300万。

The Pioneer Experience
先驱者的经历

在中国境内迁徙的移民很快就发现，自己过去在边远地区的生活与东部"新月地带"居民的生活相差甚远。边远地区的生活可以用"无归属、暴力和被动卷入商品化的农业经济"[7]来形容，那里很少有人知道《礼记》和《论语》，而拥有武装力量的地主等豪强就是当地的显赫人物。中国的边远地区，就像19世纪的美国西部一样，并不适合精致者和孱弱者生活。

土地开发者、"移民领袖"（settler-chiefs）或"山主"（mountain-lords），即率先开发和掌控新开发土地的人，他们通常是比较富有的人或是出身较好的创业者，希望在山林中拥有属于自己的大片土地，他们通过抢夺或从当地少数民族手里买到了大量土地。在获得土地之后，他们招募大量移民垦荒，并给后者提供种子和牲畜，或是出资建设灌溉系统。可以说，这些移民领袖通过提供土地、资金和人力等方式为人口迁徙提供了工具性的便利。

人们通常用刀耕火种法垦荒，并且会在此后几年里收获颇丰。然而，刀耕火种式的农业通常会对自然环境造成意想不到的影响，因为人们很少采取预防措施以避免对环境造成破坏。人们沿着山坡开辟笔直的田垄，种植玉米和红薯，雨水很快就会冲刷掉肥沃的表层土，然后人们就会移到新的山坡上开荒耕种。19世纪早期的一位官员严如熤(1759—1826)曾生动地描述过这一过程：

> 况乃山土薄，石骨本岭巇。三年为沃壤，五载已地皮。雨旸偶失节，颗粒难预期。平川人饱食，山民伤阻饥。东邻绝朝糜，西家断暮炊。蕨根野蒿菜，青汁流泥匙。称贷向亲友，同病攒双眉。空腹不能耐，鬻卖及妻儿。回思岁方富，肥甘供朵颐。何知遘此悯，柴立骨难支。[8]

由此，中国绝大部分最有价值的资源，即肥沃的土地，就这样悲剧性地永久流失了。

大多数移民都是在这些边远山林地区的土中刨食，向市场出售初级产品以贴补自己微薄的收入。比如，山里多的是原木，而这正是东部"新月地带"急需用于建设、烧火以及造纸的重要资源。边远地区的早期移民经常砍伐树木，甚至砍光覆盖整个山头的树木，然后通过河流将原木运送至山下。以这种方式运送原木下山，通常会先经过一些较小的河流，然后再经过一些主河道，比如长江等，而且通常需要一百人左右才能引导大量粗大的原木沿河而下。不幸的是，早期移民这种过度砍伐很快就给整个国家的林业资源造成了严重浪费，山坡也因树木砍尽而形成了严重的水土流失。

边远地区的另一些初级产品也被运到了发达地区，包括茶、大麻、苎麻、靛蓝、漆、油桐树种子（桐油可用做清漆里的干燥剂），甚至还有熊掌（作为美食）。云南向外运送的是朝廷用来铸币的铜。从西北各省运送出去的是羊毛、皮革和石膏，而当时的东北则是粮食、原木以及皮毛的提供者。就如同当今世界上不发达国家向工业化国家运送原材料一样，当时中国的那些不发达地区就是东部"新月地带"所需初级产品的主要提供者。

相对而言，边远地带的移民总是更加"坚强勇敢和自力更生"，但"他们必须依靠群体，而不是个人来实现自力更生，因为唯有与其他迁徙过来的伙伴一道工作，这些先驱者才能取得成功"。首先，这种合作对抵御边远地区原住民，即非汉人族群的敌意十分必要。新来的移民会联合起来在自己聚居地周边建起竹栅栏作为防御，并且用"刀、匕首和火绳枪"[9]将自己武装起来。其次，在清理山林和共同建设灌溉网的过程中，合作也很必要。可见，这些先驱者面临的政治和经济方面的现实情况使他们不会向个人主义的方向发展，也正因如此，浓厚的中国式"互助"倾向逐渐被培育了起来。

在边远地带的移民生活中，暴力一直都存在，新移民们总是会被当地的非汉人族群所击败。在那些已经满负荷的，且上乘土地也已被占用的地方，人们经常会为如何分配土地和水等日益稀缺的资源而爆发争吵。不仅如此，由于在同一区域内居住的各移民群体通常来自不同省份或地方，他们操着各自的方言，彼此很难互相理解，却宁愿固守自己的风俗习惯（不愿沟通），这更加助长了争吵和误解的发生。

当然，朝廷的官僚机构逐渐地拓展到了这些"发展中"地区，这些官僚机构在当地办学，而当地的一些年轻人也为能通过科举考试进入官僚机构而去求学，由此这些地区逐渐得以接触到所谓高等文化。不过，强人政治、群体斗殴和私下械斗等"边民传统"的生命力一直很顽强，即便到了20世纪早期，在江西山区和台湾等地，集体暴力事件依旧高频率地发生着。

Notes
注释

1 Fernand Braudel, *Civilization and Capitalism*, Vol. 1, *The Structures of Everyday Life: The Limits of the Possible* (New York: Harper & Row, 1979), p. 48. 关于15世纪至19世纪中期世界人口数量的探讨参见该书第 31 — 51 页。

2 Geoffrey Parker, *Europe in Crisis, 1598-1648*, p. 22, 转引自 William S. Atwell, "Some Observations on the 'Seventeenth-Century Crisis' in China and Japan," *Journal of Asian Studies 45*, no. 2 (February 1986): 225-26。

3 转引自 Ping-ti Ho, *Studies on the Population of China, 1368-1953* (Cambridge, Mass.: Harvard University Press, 1959) , p. 146。

4 实际上,"汉人"的前身是世人所称的"华夏人"。在公元前3世纪,华夏人与很多非汉人共同融合为后来的"汉人"。

5 若干世纪以来的中国饮食及中国人对待食物的观点和态度是中国社会史不可或缺的组成部分,有关于此的一项引人入胜的研究参见K. C. Chang, ed., *Food in Chinese Culture: Anthropological and Historical Perspectives* (New Haven, Conn.: Yale University Press, 1977) 。

6 转引自 Johanna Menzel Meskill, *A Chinese Pioneer Family: The Lins of Wufeng, Taiwan, 1729-1895* (Princeton, N.J.: Princeton University Press, 1979), p. 40. Ellipses in source。

7 Stephen C. Averill, "The Shed People and the Opening of the Yangzi Highlands," *Modern China 9*, no. 1 (January 1983): 85-86.

8 转引自 Evelyn S. Rawski, "Agricultural Development in the Han River Highlands," *Ch'ing-shih Wen-t'i 3*, no. 4 (December 1975): 68。

9 Meskill, *Chinese Pioneer Family*, p. 50.

第2章

The Family and the Individual in Chinese Society

中国社会的家庭和个体

在中国，一个人如果比他的父亲死得早，他的父亲就会拍打他的棺材，以示对他不孝——因为他此生和来世都不能继续担负起照顾父母的职责——的象征性惩罚。这种仪式性行为虽然很细微，却是葬礼中最重要的组成部分，因为它凸显了父与子关系和子与父关系这两种关系的不同，也突出地反映了中国社会与当代西方社会在家庭概念上的差异。在中国，孩子受到重视并非是因为他（她）是一个注定要发挥自己独特潜力的个体，而是因为他（她）能帮助家里干活，能传宗接代从而使家族姓氏得以延续，能照顾年老的父母并在父母故去后料理后事——如果这个孩子是男孩的话就更是如此。

家庭作为一个组织是如此之重要，以至于"家庭主义"（familism 也可译为家族主义，考虑到本书语境，这里译为"家庭主义"——译者注）可被视为中国社会价值观和社会组织的定义性特征。家庭主义是"中国社会区别于世界上其他任何类型社会的根本所在"，在这样的社会体系中，是否能够对家庭福祉有所贡献就是评判一个人言行最重要的标准。如果一个人对家庭有贡献，那么他就是好的，否则就怎么都不好。[1]也许这么说有夸张之嫌，因为中国人也有家庭以外的生活场域，不过，说家庭在中国人的生活中占据着最为重要的位置却是毫无疑问的。家庭是"中国社会秩序的战略核心"。[2]

The Family

家庭

传统的中国"family",用汉语说是"家"或"家庭"——通常被界定为若干有血缘关系、姻亲关系,或通过收养建立关系的成员所组成的经济单位。这些成员共享家庭财产,包括钱财。其实,家庭是一个形态多变的组织,通常会呈现为不同的形态、规模,不同类型的家庭包含的世代数量也各有不同——有的家庭只包括属于同一世代的两个人,有的家庭却是四世同堂或五世同堂的五十多人或更多人的庞大单位。

社会人类学家一般将中国的家庭分为三种类型。第一种类型是规模较小的"夫妇式家庭"(conjugal family)或"小家庭"(small family),这种家庭最多只包括两代人。规模较小家庭一般是由父亲、母亲和他们未婚子女组成的,在人数上通常是三人到六人。中国家庭有六成都属于这种类型。第二种类型是大规模的联合家庭(joint family),在这种家庭里,一对夫妇跟他们的未成年孩子以及两个或更多的已婚儿子和其妻子,乃至孙子和孙媳共同生活在一个屋檐下,并且共同负担家庭花销。最后一种类型则是介于小家庭和联合家庭之间的类型,即主干家庭(stem family)。这种家庭通常包括一对夫妇和他们的未婚子女以及一个已婚儿子和其妻子。主干家庭可被视为联合家庭的不完整形态。

将中国家庭分为这三种类型主要是为了描述的便利,但这同时也表明中国家庭生活具有动态性特征,一个由一对父母组成的家庭,在他们的一生中可能会在不同时期经历上述所有家庭类型。"中国家庭……像是一个气球,会因为财富的注入随时膨胀"。[3] 一个男人和他的妻子通过婚姻建立了生活在一个屋檐下的家庭——只要他们的孩子还未成年,他们的家庭就属于小家庭类型;当他们的大儿子结婚并将儿媳带入父母的家庭以后,这个家庭就变成了主干家庭;如果第二个儿子也结婚了并且也把妻子带入这个家庭,那么这个家庭就成了联合家庭。然而,如果父母故去或决定分家,这个家庭的类型就会再次发生变化。

同时,中国家庭也是一个所有成员共同生产、共同消费的经济单位，一个为了所有在世或故去的家庭成员的福祉进行祭祀的宗教性质的单位（有关于此，接下来的章节会有所论述），它同时也是一个承担着照顾贫困和年老家庭成员的社会保障组织。中国家庭给其成员灌输的价值观与当代西方社会截然不同。在西方，父母养育子女，目的是使得他们成长为独立的、自我实现的个体；而在中国，父母养育儿子——养育女儿则完全是另一回事——是为了将来儿子能反过来支持他们，并使家庭血统能够无限延续下去。

按照家庭主义的规约，中国的丈夫和妻子必须至少生一个儿子——当然，儿子越多越好，而这对夫妇所有的儿子、儿媳以及他们的后代都要生活在一个屋檐下。"五世同堂"就是中国人的理想家庭。然而，只有不超过6%～7%的家庭能达到这种理想状态。

基本的人口统计能说明为什么只有极少数家庭才能达到"五世同堂"，或哪怕是"三世同堂"的理想。在一个平均寿命大约只有三十岁的国家里，很多父母在儿子结婚后不久就故去了。更甚者，很多家庭只有一个儿子能够活到成年，在这种情况下，一个家庭很难发展成联合家庭。

此外，经济上没有形成长子继承制体系是大多数家庭无法形成联合家庭的另一个重要原因。早在公元前2世纪，中国就破除了经济上的长子继承制。这种制度被破除之后，一个家庭里所有的儿子在父亲故去之后都有权利均分家庭财产。因此，随着世代的推移，每个人的土地占有份额会逐渐缩小(因为中国的家庭实行祭祀上的长子继承制,所以长子会比其他儿子多继承一份家产以侍奉年老的父母和祭祀祖先——前提是他能一直活下去)。

当然,这种财产不断分割的过程也会受到限制。在特别贫穷的家庭里,儿子们什么都分不到,所以被迫去当佃农和小贩以谋生。此外,事情也会反向发展,因为只要有一点儿可能,比如通过当官、经商或哪怕是因为能熟练地侍弄农田而发了财,中国人都会去购买田地,从而使自己的财产有所增加。不过,这种分割和继承意味着大多数农田的面积都太小,无法支撑农民及其所有已婚子女生活。所以,中国传统社会才形成了长子婚后仍旧在家里与父母同住并照顾父母的习俗。长子以外的其他儿子在结婚以后必须搬出去。虽然大多数情况是如此,但至少一个儿子必须在婚后与父母同住。在家庭主义系统中,这是既定的道德。

然而自相矛盾的是,富人家的财产虽足够支撑一个联合家庭,却尤为容易被分割。富人往往比穷人结婚要早,所以生的孩子更多。此外,比起穷人,富人会娶妾并因此生育更多的子女,而妾所生的儿子也被赋予了分割父亲遗产的权利,当然,他们所得到的份额通常会比父亲原配妻子所生儿子得到的份额要少。生在富裕家庭里的孩子们能得到更好的养育和更好的医疗待遇,因此活到成年的几率更高;而穷人家所生的六七个孩子里要是有两个能够活到成年,便是"烧高香"了。[4]富裕家庭的高出生率和低死亡率意味着家里会有更多的儿子能长到成年,并因此有机会分割父亲的财产。

有时候，某个富裕家庭的家长本人如果较为强硬，能在有生之年让儿子、儿媳以及孙辈跟自己共同生活，那么这个家庭就能发展成联合家庭。有些时候，他的儿子们在他死后仍在一起生活，那么这个家庭就成了兄弟联合家庭（fraternal joint family），但这种家庭很少能够在一起生活很久。最年长的哥哥一般都会要求弟弟们对他顺从，但因为没有经济上的长子继承制体系作为支撑，兄弟间没有哪个人拥有凌驾于他人之上的法律权威或经济权利。因此，在这种家庭中，兄弟间经常会因为对共同财产的管理和共同收益的处理而发生矛盾。所以，我们也就不难理解在中国兄弟之间很难相处好的现象了，"兄弟们在成年之后有一种彼此敌视的先在倾向"。[5]

此外，妯娌间的嫉妒和敌意会让兄弟之间的紧张关系加剧。如果某个兄弟的小家庭在大的联合家庭中得到了更多份额的财产，或没有担负起与其得到份额相匹配的工作量，对此，妯娌之间往往比兄弟之间产生的怨恨要更大。妻子会不停地跟丈夫抱怨种种不公平，使原本已经关系紧张的兄弟对彼此更加质疑，直到他们觉得再也无法忍受彼此。接下来，即使这些兄弟仍旧生活在同一个屋檐下，也会分开过——所有的兄弟都建立一个属于自己家的厨房，不在一起做饭也不在一起吃饭。最后，他们可能会选择分家产从而成为一个独立的经济体。

另一个导致大多数联合家庭只能存在很短时间的原因是向上或向下流动的无情法则。其实，所有社会都会出现这样的现象：儿子既有可能在职业生涯中上升到比父亲以往更高的位置上，也有可能会"比父亲混得差"。这些现象其实可能就是巧合，因为有些儿子能力就是会不如父亲。可中国人总是有一种无法抑制的、用道德感来看待所有社会和政治现象的倾向，他们喜欢把一个家庭的衰落归结于后辈的挥霍和不道德。人们总是认为，富裕家庭里的成功人士的孩子缺乏父辈乃至祖父辈的奉献精神和进取心，所以他们在长辈去世后会大把花钱——赌博、娶妾，如果是在19世纪，他们也会抽大烟来挥霍家庭财产。中国有句俗话叫"富不过三代"。当然，也有例外。由于向下流动的力量总是存在，加上没有经济上的长子继承制，家庭成员之间又容易起争执，再加上死亡率高等，足以解释为何大多数家庭都无法维持联合家庭的理想状态了。

然而，家庭的解构却总会受到大家族的抵制。家族是一个由拥有共同祖先的后代所组成的群体，它是家庭主义在直系家庭基础上的延伸，涵盖一个男性祖先的所有父系血缘亲属。有时候，一个大家族甚至包括两三千位男性成员。[6] 家族组织在中国南方非常发达，有时候整个村子的居民都属于一个家族。中国北方地区也有家族组织，但北方地区的家族组织不像南方地区的家族组织那样拥有权威和财富。

强有力的家族组织会组织编写族谱来维系所有成员对家族的认同，壮大家族声誉，同时也承担着各种公共职能(比如祭祀祖先，惩戒犯错误的成员，照顾有需要的成员等)。没有族谱，后辈就容易分散，会失去家族认同感。族谱记载着一个家族的集体记忆，人们能够依此确定家族成员身份以及彼此的关系和顺序(这十分有助于一个人在祖先祭祀过程中行为得当)，最重要的是，人们还能够据此确定谁拥有受益于家族财产的合法地位。

对强有力的家族组织来说，要持续存在下去最重要的要素就是拥有共同财产，拥有可用于建设宗祠和给家族里的年轻人提供教育机会的经费，有时候家族甚至需要出资建立家族防御工事。共同且永久地持有家族共同财产，有助于抵制拥有共同祖先的家族在传承若干代之后出现的个体家庭分家倾向以及衰落趋势。比如，在安徽省桐城市，一些当地的望族传承了四五百年的时间，其中有一些家族甚至从明代一直传承到了20世纪。这种所谓逆家族解体而动的力量其实主要来自于家族组织及其家庭主义的价值支撑。

The Changing Status of Women
女人地位的变化

帝制时代的中国，男人和女人生来就是不平等的。在史前时代，当中国社会处于母系氏族时代时，这一点其实无关紧要；然而有史以来，女人却成了社会中最受歧视和盘剥的社会群体。过去的几个世纪里被强调过无数次的儒家关于女性的理想，在班昭 (约45—约117) —— 班固的妹妹 —— 那里得到了完全不同的表述，她这样描述所谓贞洁烈女的言行：

> 谦让恭敬，先人后己，有善莫名，有恶莫辞，忍辱含垢，常若畏惧，是谓卑弱下人也。晚寝早作，勿惮夙夜，执务私事，不辞剧易，所作必成，手迹整理，是谓执勤也。正色端操，以事夫主，清静自守，毋好戏笑，洁齐酒食，以供祖宗，是谓继祭祀也。三者苟备，而患名称之不闻，黜辱之在身，未之见也。三者苟失之，何名称之可闻，黜辱之可远哉！[7]

其实在帝制时代早期，女性地位要比后来高很多。汉代至唐代的女性经常可以很自由地与男性交往，离婚对她们而言并不是什么可耻的事情，而且女性对于贞操的态度，无论是在婚前还是在婚后都比较开放。即使是到了宋代晚期，一个上层社会的女性如果没有兄弟的话，她也可以继承她父亲的财产。13世纪以后，对女性的压制开始变得严重起来。新儒学在宋代晚期成为主流的社会思潮，这强化了从前班昭提出的以父权制为准绳的对女性言行的严苛标准。随着蒙古人的统治在1368年被推翻，对中国本土的生活方式的推崇得到强势复兴，提倡禁欲的新儒学关于女性的理想在整个中国社会得以普及。女性的贞操成为一种虚幻的崇拜：一个女人如果被强奸了的话，自杀就是唯一可以证明她美德的选择；寡妇再嫁会受到谴责，儒学家们还经常为"寡妇是应该殉葬来表达对已故丈夫的忠诚，还是应该活下来侍奉公婆和养育孩子"的问题进行争论。

无论如何，这就是帝制时代晚期中国社会的旧式理想。然而，现实却往往与理想相悖。明清两代，寡妇再婚几率其实很高，有时候这是出于经济的需要，有时候是因为公婆逼迫她这么做，这样公婆就可以占有她的嫁妆和她已故丈夫的那份财产。此外，对生活在农村的底层人来说，女性贞操并不是最重要的美德。

到了帝制时代晚期，一些女性的地位才逐渐得以提升。从16世纪晚期开始，教育设施和书籍出版逐渐得到普及。从某种程度上讲，女性从这时开始才有机会分享当时越来越普及的教育资源，尽管有数据表明当时女性的识字率大概只有1%～10%。上层社会的女性无疑更有机会接受教育，在18世纪末19世纪初，一些女性还成了著名诗人、书法家和画家。据说，这些成为诗人、书法家和画家的女性也很容易成为女学者。这一时期，包括诗人袁枚(1716—1798)和改革家兼官员的龚自珍(1792—1841)等少数男性开始认识到，诸如"女子无才便是德"的老话很没有道理，他们对男尊女卑的宗法观念提出批评，并呼吁给予女性以更多的受教育机会，呼吁社会抛弃关于女性贞操的苛责。

学术界直到近期才开始进行关于帝制时代晚期女性史的研究，但这些研究中所涉及的概念仍基本是假设性的。实际情况似乎是，直到19世纪晚期，女性解放的倾向仍旧没有在社会中发挥什么效力，到了清代早期，女性地位甚至下降到了中国历史上的最低点。

Girls and Childhood

女孩和童年

一个女孩即使在刚刚出生时也很难给父母带来真正的欢愉，因为按照家庭主义的硬性要求，只有生男孩才能传宗接代，而且男孩才能帮家里干农活，在父母年老时侍奉他们，并且在父母亡故之后承担起祭祀祖先的职责。相形之下，女孩是父母的负担和"赔钱货"，在她17岁左右嫁人之前，父母要供养她吃穿，当她刚刚长大能帮家里做家务和干农活时，她却很快会嫁到陌生人家里。有一句老话叫做"生女孩就像是家里遭了夜贼"。

当然，也有例外。如果一个女孩是她母亲的第一个孩子，那么她的出生也会给家人带来些许欣慰，因为这表明她的母亲有生育能力，也预示她母亲有生男孩的希望。年轻母亲的某位年长且经验丰富的朋友甚至会从这位年轻母亲头胎生育女儿的事情上看出更加积极的趋势，因为大女儿将来会成为弟弟们的好帮手。其实，绝大多数家庭都希望家里有一个女儿，当然，最好只有一个女儿。

一家如果生了好几个女儿，就会被认为遭到了诅咒，对贫困家庭来说，更是如此，因为这意味着这个家庭需要养活更多只消耗不产出的人口。有时候，一些家庭会在一个女孩刚出生时就把她溺毙在水里，或(父母更常见的选择是)直接把她扔掉让她自生自灭。然而，对中国杀女婴的频率的描述可能存在夸张的成分，因为其实在处于困境时，父母被逼无奈时也会放弃刚出生的男婴。根据对1851年到1948年之间的杀婴统计，这一期间女婴被杀死的比率约为5%，男婴被杀死的比率约为2.5%。

就算一个女婴出生后没有被父母杀死，也没有因其他原因而夭折，在她成长的过程中也会不断有人提醒她，她是一个"没用的女孩"，而她得到的待遇通常更取决于她在兄弟姐妹中的排行而不仅仅取决于她的性别。一个女孩如果是家里的长女的话，她的家人也会把她抱在怀里或背在背上。这个家人有可能是她妈妈，虽然妈妈哪怕有些许不快但也会给她喂奶，而她的爸爸也可能会因为第一个孩子出生感到高兴，爷爷奶奶也总是会因为第一个或第二个孙辈的出生感到高兴，而不论孙辈的性别是什么。出生顺序较为靠后的女孩得到的爱和照顾就自然更少些。女孩断奶的时间普遍比男孩还要早几个月。如果一个女孩生病了，父母带她去看病的时机通常较晚，为她祈福的意愿也总是较弱，但男孩生病了就不会是这样。有一个常见的现象是，一个穷人家的女人如果刚生了一个女孩，她就会去一个富人家给那家孩子当奶妈，而她自己刚出生的女儿则必须靠米粥而不是母乳存活下来。

当然，中国的小孩无论男女，在童年时代都会受到宠爱。比如说，大人对待小孩如厕的态度非常宽松，不会让孩子们感到紧张，也不会训斥他们——美国人在这方面却正相反。在长到两三岁之前，孩子们在如厕方面都顺其自然。如果孩子们因此弄脏了自己，妈妈也只会温和地嘲笑他们。此外，只要在父母可承受范围内，父母对孩子不听话或耍小脾气也会很容忍。只要孩子们还不至于让自己或兄弟姐妹陷入险境，父母就不会非要让孩子们像大人一样行事，对待男孩子们尤其如此。

孩子受到如此宠爱的状态在六岁前后会突然停止。男孩子们仿佛突然就到了该上学或下地干活的年龄了，因此他们也不能再像小孩子一样行事了。他们仿佛突然就被要求具备成年人的理智，由此准备开始像个成年人一样生活了。这种变化对于男孩来说尤为突然，因为女孩们早就被教会照顾弟弟妹妹了，但男孩们在这个年龄段之前却一直过着被纵容的、无拘无束的日子。当父亲的在此之前对待儿子也一直是热情的、不拘礼节的和幽默的，但现在却突然变得严格和严厉起来，他要求儿子一丝不苟地执行他的命令，儿子稍有偏差就会受到严厉惩罚。在今天的美国，父亲习惯像朋友那样跟儿子相处，而中国的父亲没有这种概念,他们总是倾向于严厉地对待儿子,让儿子觉得父亲是严厉的、苛刻的和遥不可及的,因为他们认为这是言传身教地教育儿子所必需的。对儿子来说,父亲似乎是令人敬畏的和不苟言笑的人,所以只要有可能儿子就会避开父亲。因此,父子之间多的是规矩,少的是温情。

此外,无论是男孩还是女孩在成长过程中都有过被体罚的经历。中国家庭里流行这样一种教育方法,即用来鼓励孩子正确行为的唯一方法就是惩罚他们的不恰当行为,而且惩罚的方法似乎都是体罚。一位中国母亲曾经说过:"你以为你训斥他们的时候他们会听你的吗?这有什么用?你只有把其中的一个拉过来结结实实打一顿,另几个也就跟着听话了。"然而,孩子受惩罚并不完全是因为父母要教育他们,有的母亲是被繁重家务所累,或者觉得自己命不好,因此就毫无道理地打自己的孩子来发泄怨气。当有人说一个母亲打孩子"不看地方"时,她笑着说:"我打孩子时从来就不看地方,那时候我都气疯了,哪有工夫看?我手里有什么我就拿什么打他们。"另一位母亲则这样说:

> 我也是那样,你气坏了的时候必须打他们,要不他们就跑了,过一会儿你自己也就忘了。就像昨天……我又热又生气,我就抓住老大打了一顿。我觉得可能真打疼她了,但他们几个太气人了,我就抓住离我最近的那个打了一顿,然后他们就都老实了。[8]

父母带着怒气打孩子的时候通常是非常狠的,所以经常会把孩子身上打得淤青，有时候还会打得孩子出血。

对女孩来说，母亲给她缠足是她走向成年的最痛苦阶段。缠足习俗始于唐代晚期或五代时期（9世纪—10世纪）宫廷当中的舞女，后者缠足是为了获得更好的艺术效果。此后，皇宫里的女子也开始羡慕起小脚女子，并且学着舞女的样子缠足。在元代（1271—1368），这种做法在整个社会流行起来。到了明代早期，留有天足的女子已经成为人们的嘲笑对象，到了19世纪，五到八成的中国女性都会缠足。那些留着天足的女子通常来自社会最底层，或来自某些少数民族及拥有特殊文化的少数群体，如满族、苗族、客家人等族群。不同地域之间也有差异，在四川、福建和湖南等省的乡村，女性缠足比率相对较低，而在河南和陕西省，即使是女乞丐和女挑夫也都是小脚。

缠足的后果是严重的。缠足就是用长约三米、宽约五厘米的绑带把除大脚趾外的四个脚趾绑起来，使其都蜷曲在脚底，然后再把绑带紧紧地缠在脚后跟上，使脚背成为弓形。缠足力度是逐渐增大的，而由此带来的疼痛也一直不会停止，血和脓浸透了绑带，接下来，缠足女子脚上的肌肉也萎缩了，皮都掉了，有时候甚至有一两个脚趾也会烂掉。这个过程彻底结束后，缠好的小脚就成了"三寸金莲"。此后，女孩子们的脚不再疼了，但她们在余生当中却得一直跛着脚走路，在没人帮助的情况下很难走出家门。

给女孩子们缠足的另外一个目的是提升她们的性吸引力。男人们痴迷于缠足女人穿的绣花小鞋，缠足女人摇摇摆摆地走

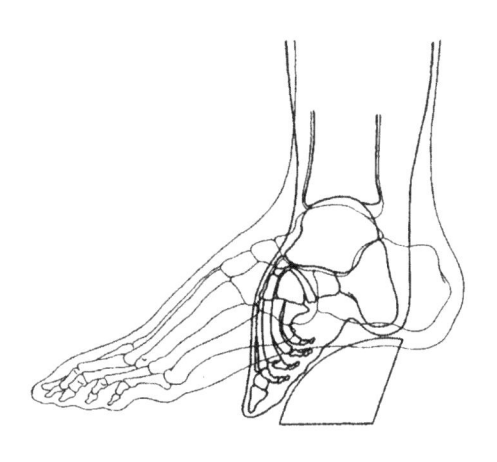

缠足 | 此图是缠足与天足的对比 | 图2.1

路和她的翘臀都能唤起男人的性冲动，男人们都幻想着爱抚女人的三寸金莲——这甚至不输于女人的性器官对他们的吸引力。对传统社会的中国男性来说，女人有漂亮的脸固然很好，但拥有一双小脚却更有吸引力。小脚不仅是美的，更代表着小脚女人出身上层社会并受过良好教育。长着天足的女人，找到一个好丈夫都不容易。

关于男人鼓励女人缠足，还有一种更为黑暗的社会学解释。缠足限制了女性的活动范围，因此在实际上有助于强化新儒学12世纪以来宣扬的女性美德以及将女性隔离在社会之外的理想。一个女人被限制在家里，没有学习的必要，也没有了解外界的必要，这样她就能保持无知，自然也就比不上男人。因此可以说，缠足也是确保男性地位和使女性臣服的方法。

Women and Marriage

女性与婚姻

18世纪以来在西欧社会占主导地位的是所谓"欧洲婚姻模式",在这种模式中,女性通常在20岁到25岁才步入婚姻,甚至有些女性终身未婚。相比较而言,中国女性结婚的年龄普遍要早得多。在家庭主义体系提供的结构性支撑下,中国的年轻人甚至在没有获得经济独立时就可以结婚。在欧洲婚姻模式下,年轻人在结婚前通常需要先经济独立,这甚至意味着他们需要等到父母退休或故去才能结婚。不过,从列宁格勒(Leningrad,1924年为纪念列宁而更名,1991年恢复原名为圣彼得堡——译者注)到的里雅斯特(Trieste)这条线以东的区域中的很多社会都遵循着"中国婚姻模式",年轻人很早就步入婚姻,只有日本较为接近"欧洲婚姻模式"。

当一个女孩长到17岁左右,她就做好准备迎接结婚这个人生转折了。[9]虽然这件事对她来说非常重要,但她自己的意见,包括她未来丈夫的意见却从来不会被问及。在中国,婚姻被看作是整个家庭的事情——婚姻由家庭来决定,结婚也是为了家庭。对于新郎的家庭来说,缔结一桩婚姻的主要目的就是找一个能给家庭传宗接代的女性，如果她能够适应新家并适合持家就更好了。如果某家娶了一个又懒脾气又坏的女人，那简直就是对这个家的诅咒；如果这个女人身体不好，就会成为婆家的负担；如果这个女人太有吸引力，就有可能发生私通事件，从而使婆家蒙羞。

在缔结一桩婚姻时，婆家也会将新娘家的经济和社会地位考虑在内。新娘的家庭地位最好比较高，但又不要太高。《礼记》曰："昏礼者，将合二姓之好。"所有的家庭都会意识到，有利的婚姻能够提升家庭的声誉，并且能带来无法计量的经济和政治好处。如果新娘的家庭地位太低，那么婆家可能就得在招待她娘家人(经常会有这样的事情)时感到很别扭，也会很费钱，而且婆家也会经常面临娘家借债和请求帮忙的麻烦。因此，父母在张罗儿子婚姻的时候，儿子是否喜欢要嫁给他的女人，并不是最重要的原因。

女孩的家庭也会考虑自身是否能因女孩嫁给一个有前景的丈夫并因此在经济和社会地位上受益。然而，毕竟女孩是嫁到别人家去，所以女孩的家庭在受这场婚姻影响的程度上要远远低于她将要嫁去的家庭，因此女孩父母也会相对较多地考虑女孩未来的幸福。比如，将来要与她共同持家的婆婆是否宽容？她要嫁的男人是否能干？是否大手大脚？她丈夫或公公是否赌博或嫖妓？(偶尔去嫖妓，并不是什么大事。)与缔结婚姻过程中所有需要讨价还价的事情一样，彩礼和嫁妆的数量也是一个敏感的事情，需要媒人从中周旋。[10]

理想的状态是，未来的新郎和新娘之间彼此并不认识，在入洞房之前甚至从未见过对方，反过来，如果两个人婚前就对彼此有感情，则非常容易引起争议。如果年轻人有权利选择伴侣，他们就会容易受到感情、外貌或性吸引力等因素的影响，如此上述这些"短暂的"和"不重要的"因素就会凌驾于家庭需求和幸福之上。当一桩婚姻被妥当地安排好了之后，新娘在来到婆家之后第一件事就是被正式地带到公婆和家庭其他长辈面前，然后才被送入洞房，而这个时候她才会见到她的丈夫。

对新郎来说，结婚之后他的生活并没有发生太大变化。他仍旧生活在他的原生家庭(natal home)和熟悉的环境里，他甚至很明确地知道他的未来会是怎样的。对新娘来说，婚后初期确实是她生命中最痛苦的一段时期，她从自己的原生家庭里脱离出来，置身陌生的环境和陌生的人群当中，对接下来的日子乃至长久的未来会发生什么全然不知。最好的情况就是她发现自己的丈夫对她很体贴，也不是很讨厌，并由此跟丈夫产生爱恋之情，这样她就会拥有一个伴儿和可依赖的小港湾。然而不幸的是，丈夫和妻子在新婚时对彼此通常比较有距离感，因此互相比较冷漠，他们的感情一般都是在步入婚姻很久之后才可能培养起来。在卧室之外，夫妻之间很少互动，他们在公开场合甚至彼此不讲话，除非丈夫需要命令妻子为他做什么。他们如果感情外露就会招致他人的严重不满。

婚姻绝非是为了增进一对新人的感情和幸福程度，相反，却是为了实现家庭目标，即生育男性继承人给整个家庭传宗接代，生育女孩以分担家务并在将来她的公婆年迈时提供照顾。夫妻之间如果有感情，那么他们就会将自己的打算和幸福凌驾于家庭目标之上，这也会减弱婆婆对儿子的掌控，有时甚至促使年轻的夫妇想分家单过。因此，新婚夫妇之间的感情，被认为对整个家庭的团结和壮大具有破坏性，而非建设性。

在新娘的新生活当中，婆婆比起她的丈夫还要重要。两个女人通过这桩婚姻建立了一种紧密和长久的联系，她们一起做饭，一起收拾家，一起下地干活，一起缝缝补补。在这对关系当中，婆婆占据着支配地位，新媳妇很难满足这位年长女性的"严格"要求。实际上，婆婆通常会以容忍和友好的态度来开启她与儿媳的关系，但是年轻的儿媳对于干家务活相对生疏，毕竟她在自己父母家里学到的与在新家里学到的不太一样。另外，儿媳对于婆婆继续掌控她的儿子也具有潜在的威胁——关于这一点，当我们接下来讨论"子宫家庭"(uterine family)时会更为明显——这也是为什么两个女人之间很快就会出现裂痕的重要心理和实际因素。

或早或晚，两个女人之间的紧张关系和冲突就会不可避免地出现。相对于儿媳的谦恭，婆婆总是显得霸道、专横和残忍。相应地，一个女人刚结婚的第一年通常也是她一生当中最为紧张的一年。如果她遭到婆婆的打骂或者虐待，她是无人可以求助的，她的丈夫和公公都不愿意掺和进来。她可能会跟自己的娘家父母抱怨，但人们认为婆媳之间的矛盾是不可避免的，如果没有这种矛盾反而是不正常的和令人觉得奇怪的，所以儿媳偶尔挨打被认为是没有什么大不了的，她的父母通常也不愿意介入。通常邻居家女人的存在却有可能节制婆婆虐待儿媳的行为，因为邻居家女人如果将婆婆虐待儿媳的闲话传到村子里，婆婆的脸面就会没处搁。

绝大多数新媳妇都会觉得自己的新生活无法忍受，但是想要逃脱却没那么容易。一个女人想要逃回自己娘家或长期待在娘家是不可能的，因为她已不再属于娘家，她的父母也会把她看成是负担，并且认为这样会让他们很尴尬。理论上，她是可以离婚的，但实际上离婚是被严格禁止的，除非她再婚，否则她将无法维持生计。而且，那些可能接受"二手货"的单身汉通常都很穷困，毕竟他们都是因为支付不起彩礼才没结婚的。在这种情况下，离了婚的女人如果年轻漂亮，就很有可能沦落为妓女。

离婚的女人也有可能自杀。在中国，20岁左右的女性大量自杀是个悲惨的事实，而这个年龄段的女人基本都是刚刚订婚或结过婚（如图2.2所示）。对于被虐待的新媳妇来说，自杀远远比我们想象得要有吸引力。她认为她死后会变成厉鬼回来折磨那个折磨过她的人，她的婆婆也知道那个厉鬼会一直等着报复自己并因此备受煎熬。新娘一想到她的原生家庭会因她自杀而把婆家告上衙门，她婆家会遭到清算，而她婆婆会丢尽脸面并且最终会在她坟前哭泣和忏悔，她就会觉得很满足。

一个新娘子从紧张和不愉快的氛围中解脱出来的时机通常是她第一个孩子出世的时候。她希望这个孩子是个男孩，不过即使是个女孩，也至少证明了她有生育能力，能给这个家庭生育男孩传宗接代。其实，她在没有生第一个孩子之前，一直就没有被当作是这个家庭的真正成员。现在，她成功地在这个家庭里占据了一个位置，并且相对有所保障了。

不过，她不可能像她丈夫那样受到这个家庭的认可。在她丈夫看来，这个家庭是一个由他们所能追溯的祖先到无限延续下去的血脉所组成的封闭世系，他自己才是这个家庭稳固的和不可或缺的成员，是他之前的家族掌管者的继承者和受益者，他因此也要负责延续家族世系，并负责掌管家庭荣誉、积累财产。

在年轻的媳妇看来，家庭的概念却有所不同。从童年开始，她就明白自己并不是原生家庭的真正成员，而是"属于另一个家庭"。实际上，如果她在结婚之前死去，她的父母就会面临一个不知如何安放她灵魂的尴尬局面。按照传统，她不属

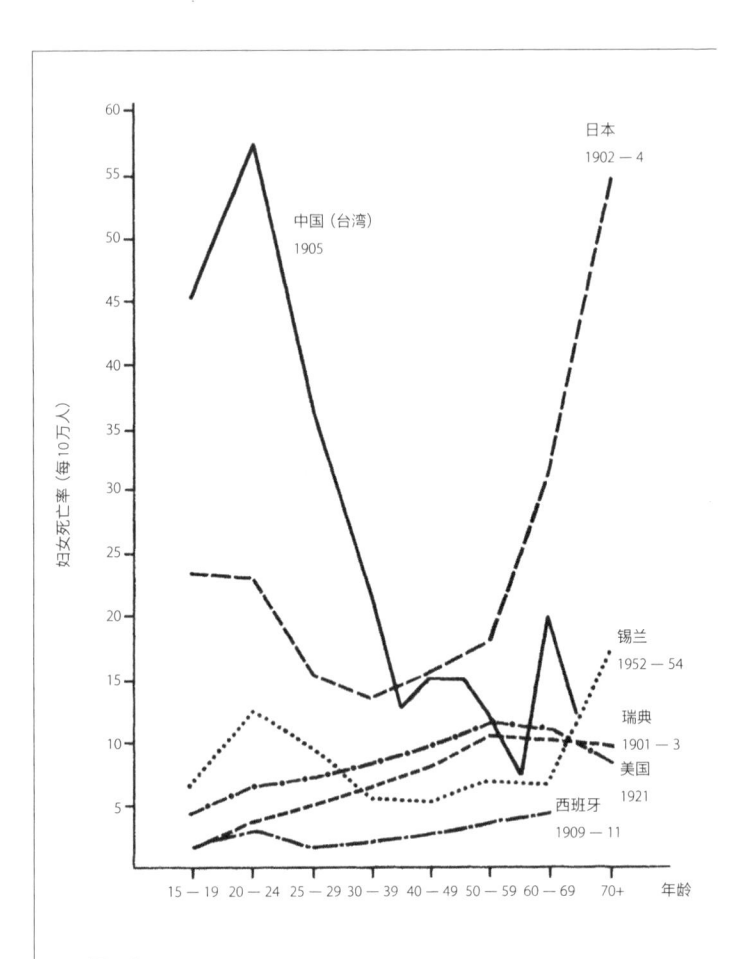

[图2.2]
女性自杀率剖面图

来源：马格里·沃尔夫:《中国的女性及其自杀》，载马格里·沃尔夫编:《中国社会的女性》（加州，斯坦福:斯坦福大学出版社，1975)，第118页。经授权再版。

于任何家庭，她的牌位也不能放在她原生家庭的祭台上。但同样情况下，男孩却可以，就像一个村民所说的那样，"如果你把一个令人厌恶的东西放在祭台上，祖先一定会很生气"。[11] 因此，很多家庭都把象征女孩灵魂的、装有夭亡女孩骨灰的小布袋安置在家里某个黑暗的角落里——虽然中国一些地方的民众都认为把女孩灵魂安置在家里任何的角落都会给家里带来霉运。

在结婚后相当长的一段时间里，刚嫁过来的女人总是会觉得自己不属于丈夫的家，总觉得丈夫的家人对她持怀疑态度甚至可能怀有敌意。另外，她怎么也感觉不到与丈夫家族祖先的情感联系，因此她总是感到很孤立，至少在最初阶段是这样的。

年轻的媳妇只有在有了自己的孩子后才能找到对这个新家的归属感，但这只限于她对由母子构成的家庭的认知，也就是说，她对家庭的概念是"子宫家庭"，这与她丈夫对家庭的认知全然不同，后者是一种"姓氏家族"(surname family)的概念，即这个家庭包括这一姓氏有血缘关系的所有成员。女人的"子宫家庭"将在她儿子把儿媳娶进门并生儿育女之后得到扩展。不过，儿媳的到来却给"子宫家庭"带来了新的矛盾，因为儿媳的存在至少对婆婆继续掌控自己的儿子带来了挑战，婆婆的安全感因此受到威胁。这也是中国婆婆强烈反对儿子恋爱结婚的原因——一切基于爱情的婚姻并不利于"子宫家庭"的扩展，相反都会使其面临解体的危险。

在女人眼里，她的丈夫与她眼中的子宫家庭之间的联系也是不稳定的。有人说，"父亲固然很重要，但他并不是这个家庭天然的成员，有时候他甚至是子宫家庭的敌人"。[12] 比如，如果这个丈夫继续被他母亲所掌控，那么他对自己妻子所建立的子宫家庭的支持力度就很小。此外，因为丈夫更加珍视整个姓氏家族，所以他可能会为姓氏家族的排场消耗很多财产，或为某位经济困难的兄弟提供经济支持。这种因姓氏家族而产生的花销，对认为财产只属于子宫家庭的女人来说就是浪费。

然而，随着年龄的增长，女人关于子宫家庭的概念也会逐渐转变，最后与她丈夫的父系家族(patrilineal family)的概念统一起来。这个时候，她和丈夫才真正地形成了共同利益并且建立了共同的感情。在婆婆去世后，她开始成为这个家庭的掌事人，在家里的地位也非常稳固，由此她也建立了对这个家以及邻里和所在村落的无比熟悉的感觉。她不再是一个心怀恐惧的外人，而是这个家庭的女性家长，也许已经也有了她可以折磨的儿媳。[13]

婚姻的变形

我们刚刚探讨的婚姻，即一个女人在她16岁到18岁这个年龄段出嫁并脱离原生家庭的形式是婚姻的主要形式，其实还有另外两种婚姻形式：一种叫做"次要形式"(minor form)（这里指我国古代甚为流行的"童养媳"婚姻形式——译者注），在这种形式当中，女孩在很小的时候就被送到已经订婚的家庭当中；另一种形式叫做"入赘"(uxorilolal mariage)（"入赘"俗称"倒插门""招婚"——译者注），也就是成年男性嫁入女性的原生家庭。[14]这两种婚姻形式比前文提及的主要婚姻形式更能凸显中国社会中与"家庭主义"相关联的社会价值观。

在婚姻的次要形式中，已经订婚的新娘通常在她还是个婴儿——通常是六个月左右，最大不超过一岁——时就被送到她未来丈夫家中，然后像是这家的女儿一样被养大，甚至可能是吃未来婆婆的奶长大。然而，实际上，她的养父母对她通常都很严苛和冷酷。养母如果有同样大的亲生女儿，通常会给她提前断奶，她因此非常容易生病，但是却得不到很好的治疗。在成长过程中，她通常会受到虐待并且要干重活。因此，童养媳的死亡率要远远超出在原生家庭长大的女孩的死亡率。

直到15岁左右的时候，她与未来丈夫的关系通常是兄妹或姐弟关系。很快，在她月经来潮后，家人就会为他们举办一个简约的婚礼，有时甚至不办任何仪式就让他们圆房。

从法律上讲，婚姻的主要形式和次要形式其实没有本质差别，但从心理角度来看，两者则有很大的差别。在婚姻的次要形式当中，夫妻亲密程度和对彼此的满意度要比主要形式中的夫妻弱得多，因为他们曾像兄妹或姐弟一样被抚养大，所以他们对婚姻感到极度厌恶。成为兄妹或姐弟的他们——至少在心理上如此——对发生性关系也非常反感，最终必须由他们的父亲或家庭强迫他们在新婚之夜圆房。

虽说对置身于次要婚姻形式当中的夫妇来说，这种婚姻并不怎么好，但婆婆却觉得颇有裨益。首先，这种婚姻形式比主要的或传统的婚姻形式给婆家带来的经济负担要轻，在"收养的女儿"真正嫁给自己儿子之前，给她提供吃穿所用的花销远远少于主要形式婚姻的花销，婆家后者需要给新娘娘家彩礼，而且还需要给新娘和她的家人买礼物，一场婚宴有时能花掉婆家整年的收入。

当然，很多父母倾向于给自己儿子选择次要形式的婚姻，主要考虑的还不是结婚成本的问题，而是还有其他更重要的原因。很多富裕且地位高的家庭与贫困家庭一样，也为儿子养童养媳，同时也会在自己女儿还是婴儿时就把她送到未来丈夫家养育。实际上，一个家庭选择给自己的孩子定下一桩次要形式婚姻的最主要原因，是想要通过收养一个女儿并从小把她养大这种方式，来避免主要形式婚姻中必然出现的紧张的婆媳关系。一个女孩如果在其丈夫家而不是自己的原生家庭中被养大，就会在其早期社会化过程中熟知丈夫家的生活方式，并且符合她未来婆婆对她的期待。然而，她未来的丈夫却很难与"姐"或"妹"一样的妻子培养出浪漫的感情，而恰因如此，这个儿媳妇也很难对婆婆所珍视的子宫家庭形成威胁。

入赘，是第二种所谓非正统的婚姻形式，其虽不如次要婚姻形式常见，但也绝不罕见。一个没有生育男性继承人的家庭通常就会选择这种婚姻形式，否则他们就要面对家族后继无人，以及他们自己在年老之后无人照顾、故去之后无人祭祀等问题。对于一个中国人来说，这就是最令他焦虑的未来。

然而，这个问题是有法可解的。一种方法是从丈夫的兄弟或妻子的姊妹家过继一个儿子，或者从遥远的村子里买一个儿子。这后一种方法通常不被看好，因为从亲戚或熟人那里过继来的儿子通常会忽视养父母而重视自己的亲生父母，而从陌生人那里买一个儿子要花很多钱，而且这个买来的儿子的忠诚度也是一个问题。

缔结一桩入赘婚姻给没有男性继承人但有女儿的家庭提供了好选择。这样的家庭会去物色一个可以入赘过来娶他们女儿的男人（那些无儿无女的家庭则倾向于先收养一个女儿，然后再让一个男人入赘，这样要比直接过继一个男孩容易得多）。

入赘也有很多种形式。一种形式是，入赘的男人就像一个男媳妇（male daughter-in-low）一样脱离了与原生家庭的联系，姓妻子家的姓氏，并且同意自己的孩子也姓妻子的姓氏。在另一种形式中，入赘的男人仍旧姓他自己的姓，他的孩子中有一部分姓他妻子的姓，并且只在他妻子家生活一段时间。在第二种形式中，入赘的男人并没有继承妻子家财产的权利，他妻子父母的财产也只会留给他妻子和那些姓了妻子姓氏的孩子。

不过，无论婚前是如何约定的，入赘的丈夫都会很悲惨，因为中国社会关于家庭的价值观是儿子必须延续自己家族的血脉世系，服侍自己的父母并祭祀自己的祖先。一个远离自己父母的男人怎么都会被认为是不人道的和不道德的，他会被乡里乡亲所轻视,即便是本应觉得欠他人情的妻子的家人也会像对待佣人那样对他。即便如此,入赘的人也不在少数,几乎每个村子都会有一些穷得拿不出彩礼也没有继承财产可能的光棍汉。入赘,虽然是个降低身份的事情,但对这样的男人来说毕竟是能够娶到媳妇和获得经济保障的方法。

次要婚姻形式和入赘并不是普遍存在于中国各地的婚姻形式。在中国北方,这两种形式都不太常见,而在长江流域的江苏和安徽等地以及在华南的广东一带则较为常见,在那里,次要婚姻形式几乎占据所有婚姻形式的两成到四成。在有些地区,比如江西南部,这个比例几乎达到了七成到八成。有学者曾详细研究过台湾北部一个叫做海山的地方在20世纪早期的婚姻状况,发现那里人们的首次婚姻中四成都是次要婚姻形式,一成是入赘婚姻。在离海山约二百四十公里的地方,次要婚姻形式就很少见了,比例大概是从零到15%,但入赘婚姻仍旧占据了10%。由此可见,要对中国社会的婚姻情况作总体概括是危险的,因为多样性才是规律。

纳妾和外遇

丈夫纳妾也是解决没有生育后代的婚姻的一种方法,而实际上,男人纳妾无论是为了传宗接代还是只是为了自己取乐,都是一件提升声誉的事情,因为小妾是上层社会才能负担得起的"奢侈品"。中国是实行一夫一妻制的社会,这意味着一个男人一次只能娶一个妻子,[15]但中国社会对男人纳一个或多个小妾并没有设置法律上的障碍，而且也不将此视为道德上的污点。

小妾总是来自于下层社会，大多数时候，小妾都是农家女儿，她的父母把她卖给地主为后者提供性服务；有时候，地主家的女佣也会引起地主的兴趣而被收房；此外，女艺人或妓女也比较容易成为小妾。地主纳妾时不会给小妾任何好处，也不会举办婚礼，小妾在社会和法律地位上也大大低于地主的正妻。小妾通常需要卑微地承担起没有人愿意干的活儿，并且给正妻当佣人。她可能因地主的一时之念就被从家里赶走或被卖掉。然而，小妾并不仅仅是提供性服务的家奴，与正妻一样，她也必须从不同于地主的异姓家族中选取，因为她的孩子也会成为地主的继承人——虽然她的孩子与正妻的孩子不可能享有同等地位；而且在她死后牌位也会被安置在地主家的祭台上，当然有可能只是被放在一个不显眼的位置上，而且不过一代就会被挪走。

小妾的地位高低其实更取决于她与地主及其正妻的关系好坏，而与其法律地位关系不太大。通常情况下，地主都是自己选小妾——当然也有一种情况是地主的正妻和父母并没有考虑他是否喜欢就给他选了一个小妾——所以，地主和小妾之间经常会产生真正的情感。如果这个小妾给地主生了个儿子，特别是在地主的正妻没有子嗣的情况下，她的地位就会很高。其实，小妾只有生了儿子才能获得进入这个家族世系的资格。然而，社会逐渐不允许地主和小妾之间产生过多的感情，只有在地主需要寻找性满足时他们才被允许在一起。

绝大多数时候，小妾在家中地位的高低一般取决于正妻的态度。有时候妻子会鼓励丈夫纳妾，或者是因为她想要逃脱总是必须给丈夫提供性服务的繁重任务，或者是想要借此提升家族声誉。《红楼梦》里的邢夫人就总是支持自己的丈夫纳妾，她说："大家子三房四妾的也多，偏咱们就使不得？"在这种情况下，小妾就会受到较多的包容并且过得比较愉快。然而，更多的情况则是正妻对小妾心怀嫉妒，这种情况下，小妾就跟儿媳一样，如同生活在地狱中。如果这个小妾是被自己父母卖给人家的，那么她也不可能从原生家庭那里找到支持和安慰，而且地主也认为女人的事情不在他管辖范围内，因此不愿意掺和到两个女人之间的争斗当中。由此，纳妾在中国传统社会的家庭生活中总是作为破坏性因素存在的。

纳妾在中国是一种制度性存在，这表明中国社会并不十分看重丈夫对妻子的性忠诚，只要他不在邻居和亲属当中找乐子，那么他通常都会得到原谅。这适用于所有的社会阶层的男性，只不过是穷人去家附近的集市上逛低级的窑子，而上层精英去城镇的高等娱乐场所罢了。很多男人都会发现他们只能在妓院里找到浪漫的爱情，而在家里则没有这个可能。嫖妓被认为是一种陋习，却只是一种微不足道的陋习。妓院经常被当做做生意和政府官员谈论正事的场所。此外，很多文人也经常会因为跟妓女在一起而写出他们一生当中最好的诗歌。中国传统社会对嫖妓的高容忍度在一个著名的孝子故事上得到了最好的证实——一个儿子为了满足父亲的愿望带父亲逛妓院。

因为对嫖妓的容忍，那些沦为妓女的女孩和女人并不会受到强烈的道德谴责，正如在西方社会一样。很多女孩或女人进入这个行当是因为家里太穷，而且她们的收入还会成为家里重要的经济来源。在这种情况下，每个人都在进行道德让步。乡里乡亲也都知道彼此的经济状况，因此他们并不会去谴责一个"遵从父母之命，牺牲自己过正常日子的权利去当妓女的女孩，如果这个女孩在村子里举止端庄，他们还会夸她是个特别孝顺的女儿，肯为她父母还债，比其他女孩强多了"。[16]

妓女并不是唯一违背儒家关于女性贞洁理想的群体。对于拒绝再嫁的寡妇，政府通常通过建立贞洁牌坊的方式赐予荣誉，但这样的"贞洁烈妇"就如同"联合家庭"形式一样，通常只见于上层社会的富裕家庭，却很难产生于底层社会的贫穷家庭。那些年轻的、经济困难的寡妇通常会选择再嫁。[17]在19世纪末20世纪初，台湾北部的海山地区34岁前守寡的女性当中有四成的人后来都生了私生子，私通"虽不被允许，但实际上却很常见，而且也会得到容忍"。[18]

婚外情发生的几率因婚姻形式的不同而有所不同。在海山315位走入主要婚姻形式的女性当中，16.5%的人可能有过私通行为。比较而言，236位步入次要婚姻形式的女性当中，37.7%的人可能曾与丈夫以外的人发生过性关系。为什么次要婚姻形式下的女性发生私通的比例要远远高于主要婚姻形式下的女性呢？一种可能的解释是，"童养媳"很难跟她那"兄弟"般的丈夫达到性满足，因此只能在外面寻找这种感觉。然而，真正的原因可能并非是因为纯粹的欲望问题，有研究者指出，那些出轨的女性主要是想要给她丈夫家生育一个男性继承人，但她那个"兄弟"般的丈夫却总是避免跟她发生性关系，所以她必须去找丈夫以外的人——有时候甚至是婆婆授意她这样做的——这样她才可能怀孕。[19]这都是在服务于家庭主义。

中国传统乡村社会中人们的性生活似乎是一本正经的，但实际上，一些关于乡村生活的研究却充斥着强奸、私通和勾引等一种原始性冲动的想象。[20]

私通行为在穷苦人那里的发生率要高于精英阶层，后者还是相对受制于儒家关于女性理想的学说。无论这种判断是否正确，认为中国传统社会中的女性是被隔离在社会关系之外，特别是隔离性接触的观点都是十分不妥的，就像说典型的中国家庭都是五世同堂一样不妥。

The Content of Social Interactions
社会互动的内容

当对中国社会或任何其他社会中的社会行为进行分析时，对社会关系的内容和结构进行区分都是一种十分有用的方法。在两种不同文化当中，社会关系的结构可能是相同的，社会关系的内容——激活社会关系的前提和本能——却可能是不同的，而这最终将导致形成全然不同的社会关系。在父子关系和夫妻关系上，帝制时代晚期的中国社会与当今的美国社会并无结构性差别，但这两个社会关于上述关系的心理属性的不同却使两者在社会互动方面截然不同。

中国社会与西方社会在社会关系内容方面显著不同，西方人因此在与中国人打交道时经常会感到很困扰，有时甚至使他们感到恼火。一位俄罗斯外交官在1972年曾经这样发泄他对中国人的怒气：

> 永远不要以为你了解中国人。不要相信你会弄明白他们。中国人是不可知的，我们永远理解不了他们。你知道吗？让我来告诉你：根本问题在于他们不讲道德，他们为形式而活，为表现而活，为面子而活，根本就不在良

知的层面上考虑问题。道德和良知呢？先生！(他很激动，捶打自己的胸膛……)个人良知是我们西方基督教文明最为珍视的品德。我告诉你，西伯利亚不识字的伐木工和美国教授之间，法国农民和莫斯科学者之间都有着成百上千个共同点，但是这些人跟中国人都没有任何共性。[21]

这个俄罗斯人无疑是在抱怨令他十分沮丧的事情。即使是那些与中国人建立了长期和深厚友谊的西方人，哪怕是曾经沉浸在中国人热情和慷慨以及他们丰富生活中的西方人，也会意识到中国人的互动模式和行为动机与西方人完全不同。

对行为原因进行分析，特别是对中国这样一个规模巨大、情况复杂的社会当中人的行为原因进行分析，将是一个十分困难的任务。比如，身处不同社会经济阶层的个体或成员(例如没受过教育的农民与思想复杂的文人)在行为动因上必然带有其所属社会关系或阶层的某些特征——认识到这一点也非常重要。然而，抛开上述考虑，我们或许能概括出中国人社会行为的几大特征。

首先，中国曾是一个以社会地位为本位的社会。中国人都十分清楚社会是一个由不同阶层构成的结构，每个人都拥有属于自己的十分清晰的位置，而一个人和另一个人之间的关系则取决于他们各自的位置。虽然两个人在社会分层中处于同一阶层，并因此处于同等的社会地位(比如，两个关系十分紧密的朋友)，但大多数地位关系都是一种垂直结构：一个人地位相对较高或相对较为权威就必然意味着另一个人地位相对较低并需要依附地位较高的人。

中国人的社会地位和社会关系的绝大多数特征都可以在中国人的家庭当中找到，而中国人在一生当中在社会互动中的反应受到家庭社会化进程的深刻影响。中国的父亲对儿子来说总是高高在上的、严厉的和不可挑战的形象，而儿子对父亲都是顺从的、卑微的和忠诚的（至少表面上是这样）。在不同程度上，夫妻、母女、婆媳、兄妹、兄弟等其他家庭成员之间的互动关系也基本上都是垂直的和不平等的关系，即权威角色与依附角色之间的关系。家庭以外的社会关系，比如说师生、雇主和被雇佣者、长官与僚属之间的关系，基本上都类似于家庭内部的垂直和不平等关系。

各阶层之间的相对地位主要取决于年龄、性别、财富和权力以及教育等因素。在家庭成员当中，年龄和性别则是决定性因素。兄长对弟弟具有绝对权威，兄弟对姐妹的关系要优先于姐妹之间的关系。在家庭以外，财富和权力是决定性因素。因为中国社会赋予了教育很高的地位，教育成为决定社会关系的重要因素之一。上述五个因素对一个人社会地位的影响程度是各有不同的，而它们之间进行不同的组合就会带来社会关系的微妙差别。一个中等家庭出身但受过良好教育的年轻人，可能会比出身富裕家庭但没受过教育的地主或商人享有更高的社会地位,但同样是他却可能必须对自己出身高官家庭的妻子表示顺从。上述因素虽然可以进行各种组合,但无论怎样组合其决定的社会关系却总是垂直的,而不是平行的。

当然,中国人非常享受亲密的友谊关系,这种关系崇尚平等,任何一方都不期待在这种关系中谋求自己的利益。可很显然,"中国社会的确是建立在这样的基础之上,即没有任何两个人真正是平等关系,必然会有一个人在地位上要高于另一个人"。[22]

这种上下级关系或权威—从属关系模式对中国社会的人际互动关系形成了深远影响。社会关系中的上级对待下级,比如父亲对儿子,婆婆对儿媳采取的都是严苛和严厉的,有时候甚至是故意刁难的态度;老师似乎是无所不知的,他绝不能容忍来自学生的任何挑战,并且会对学生的不顺从和独立进行严厉惩罚,体罚是很常见的事情。20世纪40年代中国的工厂主也是那个时代中国权威角色的代表:

> 无论任何时候,只要他们经过工人的身旁,就会大声催促工人"快干活",甚至连看都不看一眼工人们正在干的活。他们下命令的时候也总是非常狂暴和粗鲁,仿佛他们面对的是一群奴隶。另一些官员,哪怕他们只是助理工程师,也总是越权去给工人下不必要的命令,好像只是为了显示他们拥有下命令的权力。[23]

互动关系中的下级对待上级总是特别顺从,在对待上级的态度上"总是迂回的,非常不愿意提出批评意见,并且特别乐于取悦有权力的人"。[24]因此,有人说中国人社会行为的"第一特征就是对权威表现出明确的服从态度"。[25]

在中国,当一个人第一次见到某个人时,总是尽快去了解这个人的背景:他是个什么官?他家里有什么背景(他的父亲是官员还是学者,是穷还是富,或者是个无名小卒)?他有钱吗?他过去在哪里上学?他拥有什么学位?通过搞清楚这个人拥有多少财富和何种权力、受过何种教育等判断出这个人处于哪个社会阶层,才有可能采取合适的态度来对待这个人。

中国人社会行为的第二个特征是,中国人倾向于建立一个由"有用的"人组成的人脉圈子或者关系圈子。中国人早在儿童时期,在家庭社会化过程中就清楚地意识到,一个人作为独立的个体是无法在社会上立足的。他们因此放弃个人独立自主权而去寻求他人的支持、指导和保护。一个中国人写道:"中国人关于互相依存的观念,与西方人依靠自己的观念是截然相反的。"[26]人们非常渴求与有钱有权以及有影响力的人建立关系,即使与邻居、同事或同学之间的关系也被塑造成为一种将来可以利用的关系。

关系本身只是一种联系,赋予其内容和力量的其实是感情。感情有时被翻译为"感受"(feelings)或"感觉"(sentiment),

它指的是有感情的、带有感情的关系。两个人可能有关系，但他们之间的感情可能好，也可能不好，或者根本就没有感情，因此他们关系的效力取决于他们之间感情的有无或好坏。

在这种社会价值观指导下，很多中国人都倾向于在一段关系中首先搞好感情。家族和亲属关系尤为如此，因为亲属之间互信互助是中国社会崇尚的道德责任。这也是中国社会不需要建立当今美国社会那样复杂的社会服务和慈善基金体系的重要原因之一，因为按照传统，家庭成员有义务支持那些失业、生病和年老的亲属。[27]这同时也是中国社会裙带关系盛行的原因之一，比如政府官员或工厂主会为自己的叔叔或妻子的兄弟安排工作，不论这个人是否适合做这个工作。另一种承载着感情的关系形式是师生关系或同学关系，抑或是一个人离开本土之后的同乡关系。

无论关系的本质如何，只要其中任何一方不再为维持或改善关系而努力，这段关系就会失效。通常，关系中的某一方社会地位越高，另一方就越要费心去维系好他们之间的感情。维系感情有很多种方式，对地位高的一方采取恰当的尊重和顺从的态度无疑会有助于迎合这种上下关系；帮忙或送礼则是另一种培养感情的方式，宴请一个可能对自己有用的人也是维系良好关系的常见方式。中国人在自己家庭或家族遭受不幸时经常会花费很多钱在请客和送礼上，因为他们认为这种润滑关系的做法将来可能会换来好处。一位中国学者对此做了如下解释：

"当一个中国人这样做的时候,他通常对对方的回报和反应有所期待。给他人帮忙被认为是一种'社会投资',将来会有很好的回报。"[28]

中国人社会行为的第三个特征是关注"面子"。"面子"是取决于他人判断的一种自尊。一个人如果在别人那里有声望或者有个好名声就是"有面子"。中国人用"脸"或"面子"来指代我们所说的"face",其实两者在意思上是有差别的。"脸"的意思是一个人因道德高尚,拥有好名声而带来的自尊。因为中国人非常看重恰当的和道德的行为,也非常在意是否"丢脸"。比如一个人自诩道德高尚却被发现说谎或有欺骗行为就是"丢脸"的事情。中国人给太多行为都赋予了道德含义,所以"脸"也包含我们所说的一个人的行为符合其社会地位的意思。一个富人如果太抠门就被邻里认为是很"丢脸"。限制婆婆虐待儿媳的一个重要原因是她"怕丢脸",即招致村里其他女人的负面评价。

如果一个人的社会地位很低,也不在乎道德虚名,那么他就不会太在意是否"丢脸"。社会底层的农民或工人如果陷入土地纷争并因此大打出手就不会觉得"丢脸",因为整个社会对他们的言行标准较低。如果地位高的人陷入这种纷争当中,人们对他们的期待则是言行得体和拥有自控力。如果一个人故意表现出与其社会地位不符的言行,比如一个富有的地主无情地抢掠一个穷困寡妇的土地,人们就会骂他"太不要脸"。

"有面子"和"有脸"一样,意味着受到别人的尊重。不过,"面子"并不是来自于他人给予的正面道德评价,而是来自于一个人自己拥有的财富和权力,受过的良好教育,有能力强的朋友等。因为中国社会以社会地位为本位,大多数中国人都渴望"有面子"。比如说,富裕的村民建立乡学,修桥以便利公共交通或请戏班子唱戏来娱乐乡里等慈善行为,不仅仅是出于好意,而且还是在显示他有能力负担这些巨大的开销,这样他就"有面子"了。不太富裕的农民在儿子结婚或在父亲去世后大办宴席,哪怕这会使自己的经济状况雪上加霜,但为了给自己和自己家"挣面子"他仍会这么做。反之,如果他们过分俭省,就会"很没面子",也很"丢脸"(因为小气既有道德意味又暗示着他们的社会地位)。

人们并不认为"太要面子"是积极和正面的品质(而"要脸"则受到赞赏),一个人如果"太要面子"通常会遭到嘲笑。"太要面子"这个词一般来说是贬义的,因为它意味着一个人在追求超过他原本应有的社会地位。1911年辛亥革命取得胜利后的满族人就是"太要面子"的最好例证,他们在失去原有地位之后无法适应较低的社会地位和穷困生活,比如,一个满族人本来没钱却一定要去茶馆买一块点心,吃完之后没有吃饱,所以想把从点心上掉下来的芝麻也吃掉。不过,他怎么能这么做呢?他过去可是贵族,怎么能像一个农民一样从桌上捡起芝麻放到嘴里呢?于是他用手指蘸着口水装着在桌子上写字,在这个过程中,他趁机吃掉粘在手指上的芝麻。他还装做生气的样子拍桌子把掉在缝里的芝麻弹起来,并继续用手蘸口水写字,然后吃掉芝麻。这个滑稽故事讲的就是这个"太要面子"的满族人在尽力找回他本已经失去的社会地位,但他最终变成了人们嘲笑的对象。[29]

其实,我们经常忽略一个明显的事实,随着时间推移,中国社会制度和中国人的社会行为已经发生了变化。16世纪和17世纪的欧洲社会也与今天大有不同了。在帝制时代晚期,中国社会在很多方面已经发生了巨大变化。在英国,婚姻的缔结是出于"对家庭实际利益的算计","16世纪早期,在英国有产阶级当中,人们就像买牛卖牛一样买卖孩子,没人认为当事人有权对此有所抱怨"。[30]在底层社会,夫妇之间很少有感情。在法国,农民看重他的马胜于看重他的妻子。"如果马和妻子同时生病,农民会马上冲到铁匠那里照顾他的马,而让他的妻子听天由命。"妻子可以再找,但是马如果死了却是经济上的重大损失。[31]

在10世纪到17世纪的欧洲,父母对自己未成年的孩子投入的感情很少。可能是因为孩子经常夭亡,所以父母就愚蠢地不对他们投入感情。就算孩子活过婴幼儿时期,父母对他们也没有什么感情,因为关于父母养育的主流理论是长辈必须碾压年轻人的意志。孩子被要求对父母绝对服从,对不服从的惩罚是对孩子进行残酷的鞭打直至打出血或者打出血泡。在英国精英阶层，家里的长子对其他弟妹拥有绝对权威，因为父母将长子看成是继承家族姓氏和财产的人选。不过即便是对长子，父母也很少给予爱护。"对这个时期有产阶级人际关系进行理解的关键就在于，个人不重要，家庭最重要"。[32]

欧洲人并不缠足，但年轻女性腰身却被塞进钢制或者鲸骨制作的束身内衣中，她们因此躯干变形，甚至变得残疾。在1665年，一个两岁的小女孩死了，医学检查表明，"她的紧身衣使她非常痛苦，阻碍了她肺脏的发育，她的胸骨遭到压迫而内陷，两根肋骨已经折断，紧身内衣压迫了她的要害器官引起窒息，因此造成了她的死亡"。[33]

这些关于18世纪以前欧洲社会的描述提醒我们，帝制时代晚期的中国社会生活中令人不愉快的那些特征并不是中国或亚洲国家独有的，此外，社会价值观和社会实践也不是一成不变的。虽然我们现在对中国社会家庭生活、婚姻生活以及女性地位在16世纪到19世纪之间发生了怎样的变化仍不十分清楚，但我们却知道在19世纪末20世纪初，这种变化开始加速了。在对中国经济方面发生的变化进行考察之后，我们会更加清楚地了解上述领域的变化。然而，首先，我们必须考察作为家庭主义强有力支撑的民间信仰问题。

Notes
注释

1. Daniel Harrison Kulp, *Country Life in South China: The Sociology of Familism* (New York: Columbia University Teachers College, 1925), pp. 187-88, 105.

2. C. K. Yang, *The Chinese Family in the Communist Revolution* (Cambridge, Mass.: Technology Press, 1959), p. 20.

3. Ibid., p. 9.

4. 杰拉德·温菲尔德（Gerald F. Winfield）曾写道："在中国绝大多数现代医院里，女性在其一生中怀孕5至12次，甚至多达15次，才能有一两个孩子存活下来，更多的时候是一个都没有存活下来。参见 Gerald F. Winfield, *China: The Land and the People* (New York: William Sloane Associates, 1948, p. 109)。

5. Maurice Freedman, "Ritual Aspects of Chinese Kinship and Marriage," in *Family and Kinship in Chinese Society*, ed. Maurice Freedman (Stanford, Calif: Stanford University Press, 1970), p. 178. 孔迈隆（Myron L. Cohen）发现，兄弟联合家庭至少能在分家在即之时保持稳定，参见 Myron L. Cohen, *House United, House Divided: The Chinese Family in Taiwan* (New York: Columbia University Press, 1976, pp. 142-44, 195-96)。

6. 一些家族因为增殖很快，所以逐渐衍生出很多生活在不同社区中的支系，但支系仍在一个祠堂进行祭祀以象征他们之间的团结。传统上，这种伞状组织被视为高等级的家族。此外，宗族也拥有共同财产、祠堂等相同要素等，因此看似与家族相似，但其在严格意义上是不同于家族的。虽然宗族成员也共有姓氏和财产，但他们并不一定是来自于同一个血缘世系的后代。

7. 转引自 R. H. van Gulik, *Sexual Life in Ancient China* (Leiden: Brill, 1961), pp. 98-99。

8. 转引自 Margery Wolf, *Women and the Family in Rural Taiwan* (Stanford, Calif.: Stanford University Press, 1972), pp. 70-71。

9. 20世纪以前，大多数中国女性在17岁左右结婚，而男性则在19岁左右结婚。

10. 对任何阶层的家庭来说，婚礼都是一个重要的经济事件。无论是新郎家还是新娘家都要为婚礼花上全年一半甚至更多的收入。新郎家要支付彩礼，而这笔彩礼将成为新娘原生家庭的财产。作为回馈，新娘也要带着布料、衣服、家具以及钱等嫁妆嫁到新家，而且是要大张旗鼓地带到新家里去，这样邻里乡亲才能看到这些嫁妆并为之赞叹。嫁妆通常不属于新郎的原生家庭，而是会成为新郎和新娘所共同建立的新家的财产。另一些钱花在订婚喜饼以及大型的订婚宴和婚宴上以及婆家给新娘买的金银首饰上。因为"要面子"，所以就要实实在在地花钱。

11 转引自 Arthur P. Wolf, "Gods, Ghosts, and Ancestors," in *Religion and Ritual in Chinese Society*, ed. Arthur P. Wolf (Stanford, Calif.: Stanford University Press, 1974), p. 148。

12 "子宫家庭"是卢蕙馨（Margery Wolf）提出来的概念，参见 Margery Wolf, *Women and the Family in Rural Taiwan* (Stanford: Stanford University Press, 1972), pp. 32-41，转引自该书第33页。

13 "子宫家庭"这一概念的理论价值主要体现在其洞见到了中国社会中的男女两性在心理和社会属性上的差别，不过其也有不尽人意之处。比如，女性究竟在何种程度上内化了男性核心家庭的价值观，我们其实不得而知。假设女性深以此种价值观为然，那么无论子宫家庭的概念看起来多么充满理性，中国的新娘们对此也不会太感兴趣。另外，其实子宫家庭的概念可能主要是对婆婆和儿媳生活在同一个屋檐下的主干家庭和联合家庭来说具有一定的有效性。实际上，据我们所知，三分之二的中国家庭都主要是由父母及其子女组成的夫妇式家庭，而且通常都很贫困。在这样的家庭里，丈夫与其原生家庭的血缘关系较弱，与其妻子儿女的关系较强。从这个意义上讲，子宫家庭更是用于那些能够维持主干家庭及联合家庭形式的富裕家庭，而不是用于那些无法维系上述两种形式的贫困家庭。

14 此处主要借鉴了武雅士（Arthur P. Wolf）和黄介山（Chieh-shan, Huang）有关于此的精彩论述，参见 Arthur P. Wolf and Chieh-shan, Huang, *Marriage and Adoption in China, 1845-1945* (Stanford, Calif.: Stanford University Press, 1980)。

15 在中国，男人能再娶的机会其实并不多。一个男人只有其首任妻子婚前失贞或做出严重损害姻亲的事情从而给家族造成重大损失时才能再娶。

16 Margery Wolf, *Women and the Family*, p. 208.

17 武雅士和黄介山指出，没有孩子也没有财产的寡妇"通常"会再婚（参见 Arthur P. Wolf and Chieh-shan, *Marriage and Adoption*, P. 228），然而巴博德（Burton Pasternak）却坚持认为寡妇再婚的最重要原因在于她家里缺乏成年男性劳动力［参见 Burton Pasternak, "On the Causes and Demographic Consequences of Uxorilocal Marriage in China," in *Family and Population in East Asian History*, ed. Susan B. Hanley and Arthur P. Wolf (Stanford, Calif.: Stanford University Press, 1985), p. 321］。

18 Wolf and Huang, *Marriage and Adoption*, pp. 159-60.

19 Margery Wolf, *Women and the Family*, pp. 182-83.

20 相关例证参见 Jonathan D. Spence, *The Death of Woman Wang* (New York: Viking Press, 1978), pp. 104-105, 108-09, 117; William Hinton, *Fanshen: A Documentary of Revolution in a Chinese Village* (New York: Monthly Review Press, 1966), pp. 163, 164, 181, 228, 229。

21 转引自 Simon Leys, *Chinese Shadows* (New York: Penguin Books, 1978), p. 181.

22 Wolfram Eberhard, *Moral and Social Values of the Chinese: Collected Essays* (Taipei: Chinese Materials and Research Service Center, 1971), p. 6.

23 Kuo-heng Shih, *China Enters the Machine Age: A Study of Labor In Chinese War Industry* (New York: Greenwood Press, 1968), pp. 118-19.

24 Richard H. Solomon, *Mao's Revolution and the Chinese Political Culture* (Berkeley: University of California Press, 1971), p. 112.

25 Francis L. K. Hsu, *Under the Ancestors' Shadow: Kinship, Personality, and Social Mobility in China* (Stanford, Calif.: Stanford University Press, 1971), p. 265.

26 Francis L. K. Hsu, *Americans and Chinese: Purpose and Fulfillment in Great Civilizations* (Garden City, N.Y.: Natural History Press, 1970), p. 109.

27 在帝制时代晚期，照顾鳏寡孤独以及残障人士的机构主要是教会、家族及私人慈善机构等。我对此的印象是这些机构数量很少且彼此相距很远。

28 Lien-sheng Yang, "The Concept of 'Pao' as a Basis for Social Relations in China," in *Chinese Thought and Institutions*, ed. John K. Fairbank (Chicago: University of Chicago Press, 1957), p. 294.

29 这个故事摘录于 Hu Hsien-chin, "The Chinese Concept of 'Face,'" in *Personal Character and Cultural Milieu*, ed. Douglas G. Haring (Syracuse, N.Y.: Syracuse University Press, 1956), p. 460。

30 Lawrence Stone, *The Family, Sex and Marriage in England, 1500-1800* (New York: Harper & Row, 1977), p. 190.

31 Ibid., p. 103. Ellipses in source.

32 Ibid., p. 112.

33 Ibid., p. 162.

第3章

GODS, GHOSTS, AND ANCESTORS: The Popular Religion

神、鬼和祖先：民间信仰

很多外来观察者认为，中国人非常理性，他们没有曾使欧洲社会蒙羞的那些宗教偏见和迷信。20世纪二三十年代，中国最知名的学者胡适曾指出，"中国人不像其他种族那般重视来世……他们没有时间沉迷于对神的存在的思考"。[1]

实际上，数个世纪以来中国所有社会地位和经济阶层的人都很关注神秘和超自然力量。中国人认为，神灵和灵魂无所不在，虽然它们是无形的，但却真实存在。每个村镇里最高大和华丽的建筑通常是庙宇，道路甚至田间小径旁也有数不过来的供奉各种神灵的神祠；实际上每个家庭中至少有一个祭坛和上供的地方。每家每户进门处都张贴门神（spirit gates）以阻止恶灵进入。不论你在哪一天去哪个村镇，都会看见有人烧香、烧纸钱、上供、放鞭炮，而这恰是中国人活跃的信仰生活的最明显证据。人们认为鬼神是无所不在的，比如，平时总会有人告诉小男孩鬼神无处不在，当小男孩夜晚在路旁撒尿之前，会对鬼神说"我要撒尿，请躲开点"。

中国人对超自然认知的起源至今笼罩在史前时代的迷雾当中。据周代（公元前1046—公元前256）的可考文献，我们在20世纪仍可见到的民间信仰的某些基本要素其实在那时已经基本形成了。比如，那时的人们已拥有祖先崇拜的观念，认为世上存在着很多能影响凡人命运的鬼神，而且相信可以通过占卜和祭祀对鬼神施加影响。

包容性是中国社会本土信仰的标志性特征。民间信仰到汉代时已融入了诸如"阴阳""五行"等改良了的宇宙观概念；汉人移居到北方平原地区之后又融合了当地的很多信仰要素；在接下来的几个世纪里，中国民间信仰又融入了佛教和道教的神学理论和神灵观并因此变得更加丰富。

从公元2世纪到10世纪的近八百年间，佛教和道教因受到特定朝代统治者的推崇而拥有大量信众，所以中国本土信仰与儒学思想几乎淹没在这两种宗教当中。佛教在中国尤为流行，唐代的中国几乎就是个佛教国家，寺庙拥有无上的政治和经济权力，对中国人的宗教情感有着很深厚的影响。

公元9世纪到12世纪期间，道教和佛教开始走向衰落。在元代，虽然皇帝曾向道士咨询和寻求精神慰藉，但大众却不太信仰道教。佛教也逐渐失去活力，寺庙不再是普度众生的场所，却成了人们避世的场所。和尚在智识和道德方面不再是表率，也不再具有传达教义的职能。在众多佛教流派中，只有禅宗和净土宗这两个流派因强调宗教实践而非哲学思考而保持着活力，但到了帝制时代晚期，就连这两个流派也面临着教义和制度衰落的困境。[2]

随着道教和佛教的衰落，儒家思想和本土信仰逐渐走上了复兴之路，当然，它们也是因为融合了佛教和道教思想和特点才得以复兴的。比如佛教的灵魂转世和因果报应观念就被融入了民间信仰当中，而且佛教的菩萨也被纳入了民间信仰的万神殿。此外，民间信仰还从道教那里吸收了巫术和神化历史上或传说中的伟大人物等做法。尽管民间信仰经历过种种与其他宗教的融合，但从基本要素方面来看，帝制时代晚期和现代化早期的民间信仰仍旧是两千多年前孔子时代的那个民间信仰，并没有发生根本变化。

The Demographics of the Supernatural Realm
关于超自然力量的数据统计

民间信仰是多神论的和万物有灵论的，山神、树神、佛教的菩萨和道教的神话英雄等神灵都在民间信仰的万神殿里和谐共存。信仰这些神灵的凡人们并不关注超自然力量体系本身在神学层面上的矛盾，而是更在意信仰的神灵是否灵验，即神灵对他们祈求保佑、治愈疾病和生育男丁等事情的回应程度。

在人们的想象中，生活在他界当中的神灵通常不能被肉眼所见，但对绝大多数中国人来说，神灵世界却是一个无比真实的、能对人们生活产生直接影响的世界。当然，人们也能反过来影响神灵世界。

民间信仰的信众认为，神灵世界是人类社会图景的映射。神灵世界里也有官僚和普通民众，也有警察和士兵，乞丐和流氓。有些神灵很好，但另一些神灵很坏。虽然这些神灵拥有超越凡人的力量，但他们仍旧被赋予了凡人的性格特征。他们会骄傲、嫉妒、愤怒和高兴，也需要食物、钱财和住所。由于他们拥有干涉凡人生活的能力，所以对凡人来说，赢得神灵的支持、避免遭到神灵的厌恶是非常重要的。

神、鬼和祖先是神灵最为主要的三种类型。在凡人的想象中，神是权力最大和最令人敬畏的，就像是现实社会当中的官员。实际上，民间信仰的万神殿是帝制时代中国官僚体制的映射，万神殿中既有掌管一方的官员，也有类似皇帝的最高神灵，他们共同构成了金字塔式的层级关系。

灶神是神灵世界官僚体系最底层的神，在每家每户那里扮演着监督者的角色。在传统中国社会，每家每户的厨房里都有炉灶，这个炉灶既是做饭的地方，也是这家人作为一个整体的象征。无论这个家庭是农民阶层的婚姻式小家庭还是上层社会的数代同堂的联合家庭，分家之后新形成的家庭都会从老炉灶里带走一块炭火放在自家炉灶里，并在炉灶上方的碗柜上贴上灶神像。

每当春节快要到来之时，灶神就会返回天庭向玉皇大帝报告他监管下的这家人的言行。人们认为所有的神灵与人间的官僚一样都需要受奉承和贿赂，所以在春节庆祝活动开始之初就会给灶神的嘴上抹上糯米糕或其他种类的糖，或用好吃的和酒给灶神上供，他们这样做的目的是希望灶神在天帝面前替自家说些好话。

大多数中国人认为神灵世界官僚体系中还有一个土地神（earth god），或"土地公公"。土地神信仰早在公元1世纪就普遍见于中国各地了。作为"仙"，土地神类似县官，负责掌管特定地域内的事务，管辖范围通常包括一个或几个村子，抑或一个城市。土地神的首要职责是保护一方百姓不受游魂野鬼侵犯，同时他也会监督其管辖范围内的人们，记录他们的言行并向上级神灵报告。正因如此，人们无论生老病死还是婚丧嫁娶都会向土地神报告，就连想要搭建或拆除一栋建筑也会征求土地神的许可。土地神与其信众之间的关系非常紧密，但土地神的职权范围是严格控制在一定地域之内的。当一位农民移居到另一个村子时，他与从前村子的土地神之间就没有关系了，因为以后他就归新的土地神管辖了。

在中国，土地神庙到处可见。一般说来，土地神庙就是一座小房子，通常建在村子中心地带。其实农民更倾向于在小路或者田间地头搭建更小的，甚至和家里狗舍差不多大的土地神庙，这样他们才能随时举行仪式，而不是非要赶到镇中心才能办这些事。一些家庭甚至在家中的神龛里供着土地神像。

在灶神和土地神之上，还有很多能力更大的神，但他们高高在上，与人们的关系很疏离。比如，上帝公(shanp-ti-kung)被认为是直接领导土地神的神灵，城隍(city god)则是管理城市的神灵。此外还有另一些神是一般意义上的监督者，他们像是官僚体系里的巡视员，到处巡视然后向上级报告。位于神灵体系最高层的是玉皇大帝，他在神界的地位如同中国皇帝在凡间的地位。

其实也有很多神灵并不被认为是官僚，他们更像是拥有智慧和魔法能力的圣人。比如来自于佛教的慈悲女神观音，其主要职能是送子；被封为天后的妈祖最初是保护航海者的女神，她能治病、能降雨，还能带来好运；战神关帝是忠诚的象征，而且还能为他的信仰者带来财富。

中国传统社会有你能想象到的所有类型和各种功能的神，正如一位长期在中国生活的外国人在1910年写道：

> 各类自然神和保护神，治病的（包括被恶灵附体或者牙疼病）神，掌管财富、地位和幸福的神，战神，保护老年人的神，死神，生育神，掌管村镇的神，商业神，山神和江河湖海神，天神和地狱神，日月星辰神，路神以及没有路的地方的神，风云雷电神，掌管人身体各个部分和器官的神，以及所有能被感知到的事物和大量不能被感知到的事物的神。[3]

这些神并非无所不能，他们与凡人之间的差别在于层级不同而不在于类型不同。很多神其实只是拥有神力的、卓越的祖先，比如上海保护神秦裕伯（1296—1373）生前其实是明朝翰林，而掌管江西某县的神灵则是这个县的县太爷——现在他已经不是了。

比神低一级的则是普通男女的灵魂。这些普通男女在故去之后是变成祖先还是变成鬼魂全看他们的命运了。关于一个人拥有多少"魂"，一直是个有争议的问题。中国人相信每个人都拥有36个"魂"，但是宋代大儒朱熹（1130—1200）断定人只拥有10个"魂"，其中7个属性为阴，另外3个属性为阳（由此可见，儒家最著名的哲学家也是民间信仰的信徒）。

对普通人来说，他们其实只要关注两个魂的存在就足够了。其中一个是阴魂，阴魂对一个人的生命来说是必备的，但它在一个人死后就不太重要了。阴魂通常在已故者的棺材或坟墓旁边徘徊，但它最终会在游荡过程中慢慢消失。相对而言，阳魂是不朽的和较为复杂的。一个人死后，他的阳魂会被派到地狱去面对神界的法官，后者会当着阳魂的面宣布这个人生前做过的错事和对他的惩罚，比如让他下油锅，把他从中间劈开，用碾子碾死他等。在经历这些磨难之后，阳魂会喝下一碗孟婆汤以忘记所有痛苦——这种观点显然来自于佛教的因果报应说——然后再次投生到阳世。

很多中国人相信，在亡者入殓期间或在此后49天（人们认为亡灵需要49天才能在地狱转一圈）当中某些特殊时刻举办上文提及的仪式，亡者的灵魂就会免遭惩罚。以烧纸钱的方式给地狱中的官僚提供祭品（贿赂）能够减轻亡者灵魂遭受折磨时的痛苦，而给亡者遗体穿上绣有佛经或其他灵验符号的衣服也是这个用意。讲求实用主义的中国人由此找到了在神灵世界行走的方法，就如同他们在凡间一样。因此，比起西方虔诚的基督徒，中国人对地狱的恐惧感要弱得多。不过，在中国，一个人想要在死后免去痛苦的折磨，必须要有男性继承人才行。

尽管中国人关于已故者阳魂再生的观念中暗含着一些矛盾，但他们的确相信灵魂会在超自然界的某些地方继续存在，而且仍需要吃饭、住宿、穿衣和花钱，只不过这些待遇只能靠世间的人以仪式献祭等方式提供。有孝顺的后代为其提供必需品的灵魂就能成为祖先，而没有后代为其提供必需品的灵魂就会沦为鬼魂——正因为如此，在人们的想象中，鬼魂总是处于饥饿状态，并且总是心怀不满和恶意的。

为亡者灵魂举办提供必需品的仪式就这样一直延续着，逐渐成为祭祖仪式，而这即可被界定为中国人"最基本的宗教"。[4] 对中国人来说，为近世祖先，尤其是为亡故的父母和祖父母献祭是比什么都重要的事情，也唯有如此，他的父母和祖父母才能享受到祖先应有的待遇，而不至于像鬼魂一样在地狱里游荡。

中国人往往从典型的实用主义立场出发，认为他们不必给故去的所有祖先献祭，就算没有别的原因，家里的祭坛也放不下那么多人的牌位。相应地，一般家庭通常也只祭祀那些最重要的或最有权势的祖先（比如这个世系的创始者或生前当过官的祖先），或那些能被在世的人记住的祖先（祖父母或高祖父母，但不会再超出这个范围）。较为次要的或更久远的祖先的牌位会通过某种仪式被烧掉或埋掉，所以也必然会从祭坛上撤下来。据推测，这些被烧掉或埋掉牌位的亡魂会彻底消失，但并不会沦为饿鬼。

最重要的是一个人在活着的时候就要做好准备，这样他在死后才会有人给他提供必需品。因此，这个人至少要有一个儿子。女儿在这方面是完全无用的，因为女孩注定是要出嫁的。儿子必须承担起照拂他父母灵魂的职责。儿子从父母那里获得了带给他生命的恩赐，如果他不孝，在父母死后不祭祀父母，那么父母的灵魂就会给他或他的家人带来疾病、死亡和各种不幸。不过，祖先通常都很宽容慈悲，会保佑子孙后代的幸福，但其中仍讲究互惠原则。[5] 因为一个灵魂究竟是变成祖先还是变成鬼魂，取决于其是否受到后代祭祀，而没有男性后代，也没能通过收养或缔结入赘婚姻来获得一个男性后代，则会被认为是非常可怕的悲剧。

阴间那些没有被祭祀的灵魂或非正常死亡及暴死的人的灵魂通常会成为鬼魂。夭折婴儿的灵魂也通常被认为是鬼魂。如果一个婴儿夭折，他的父母就会认为这个孩子是假借孩子的样子来害他们的鬼魂。在山东，人们把夭折的婴儿埋得很浅，这样方便野狗把尸体挖出来吃掉，对此山东人是这样解释的，"肯定有个恶灵藏在孩子的身体里，否则那孩子不会那么早就死去，如果野狗把他吃了，恶灵就会进到狗的身体里，也就不会再附到这对父母下次生的孩子身上了"。[6]

未婚女子或已嫁但未育就死去的女人的灵魂，自杀的、溺死的以及意外死亡的女人的灵魂也有成为鬼魂的危险。其实，也并不是所有夭折的婴儿和那些不幸的人的灵魂都会变成鬼魂，前提是他的父母或亲人即便有可能受到恶灵影响也仍肯"动脑筋"。比如一个男孩在度过幼年时期之后死了，他的父母把他的牌位摆到家族祭坛上并让他的兄弟姐妹祭祀他——这种做法其实并不少见，不仅如此，就算这个死了的男孩是兄弟姐妹中最年幼的，他的家人也仍愿意按照"第一个死去孩子就算是最年长孩子"(the first to die had actually been the eldelt) 的说法让兄弟姐妹祭祀他。

不幸的是，女孩死后就不会有这样的待遇，因为女孩的原生家庭通常不把她视为家族成员，所以她的兄弟姐妹及其后代也不会祭祀她。也有些父母比较关爱死去女儿的灵魂，他们会把女儿的牌位或装有女儿骨灰的布袋送到寺院、尼姑庵或萨满那里，和尚们为获得报酬就会为这个死去的女孩做一些基本的仪式。

另一个解决办法是给死去的女孩缔结一桩冥婚（ghost marriage）。这个已故女孩的父母会通过各种方式找一个在世的男人与已故女孩的灵魂结婚，这样这个女孩就能成为另一家世系的成员并受到这个世系的后代的祭祀。缔结冥婚的通常办法是，已故女孩的父母把装着写有女孩名字和生辰八家的纸装进一个布包里然后扔在路边，如果路过的男人捡起布包，那么命中注定他就必须娶这个已故女孩。最幸运的就是这个男人已婚并且已经有了一个儿子，这意味着这个女人会被默认为这个男人的"第一个"妻子，而这个男人的儿子今后必须担负起祭祀她的职责。

鬼魂一般被认为是恶灵，他们总是饥饿的和卑劣的，因为凡间没有人给它们提供在灵界舒适生活的必需品；他们也可能是愤怒和卑鄙的，因为他们是死于暴力或不公正；他们也可能是恶毒的，仅仅因为他们是陌生的，因为人们一般都会认为陌生人很可疑并且很可能会给别人带来伤害。在这里，我们就遇到了一个中国人关于超自然力量的悖论：一个人的祖先对另一个人来说可能就是鬼魂。比如说，一个年轻的农民说他看到一个白色幽灵穿过田野飘向他所在的村子，而他的伙伴确认这是同村老林家已去世的老母亲在她忌日前一天前来接受祭祀的。林家的祖先，对这个农民来说就是鬼魂，他会因此感到害怕。

中国人通常把鬼魂与乞丐、流氓、强盗等同视之。不过，他们虽然蔑视鬼魂，但也知道鬼魂不是好糊弄的。在现实世界当中，乞丐在某种意义上都被视为敲诈者，如果不给乞丐一些救济，他们就会做出一些害人的事。同样鬼魂也有可能给那些没有慷慨地给他们供品的人带来疾病和厄运。中国人因此在农历每月初二或十六给那些潜藏在住所附近的鬼魂上供。中国人经常把鬼魂委婉地称为"好兄弟"(Good Brothers)，他们认为，如果直接叫他们"鬼"，可能会惹怒他们并招惹灾祸。

Religious Worship and Festivals

宗教崇拜和节日

中国人通过祭品的差异区分三种不同的超自然神灵。中国人把祖先看成是受供奉和祭奠的家族成员，因此会邀请祖先回家享用其生前喜欢的食物。人们在祖先祭坛上摆的都是做好的现成食物，他们会把肉切好放上调料，连汤都是热的，也会根据祖先生前的喜好，比如把祖父喜欢的辛辣食物和祖母喜欢的米糕等摆上祭坛；人们给祖先上供时就和他们生前吃饭时一样，所以也会在祭坛上摆上米饭和筷子供祖先使用。

这种家庭成员之间，或社会地位相同的人之间的亲密感和舒适感，完全不适用于人们与神灵或鬼魂之间的关系。神高高在上的地位会打破家庭饭桌上轻松愉快的气氛，这跟县官不能与普通农民一起吃饭是一个道理。因此，给神的供品就等于送给神的礼物，神在接受礼物之后会在私密场所里享用。供品通常包括三到五种已经煮熟但未切片也不加调料的整块肉，比如一只鸭、一条鱼，或整扇猪肉，也包括一些蔬菜。供品的形式和规格因神的级别不同而不同。比如，给级别低的土地神的供品最简单，是人马上就能吃的食物，而给玉皇大帝的供品不但个头很大，而且基本上都没有经过加工（比如拔光了毛只留下几根尾羽的整鸡，肠子绕在脖子上的整猪，带着根和叶子的整根甘蔗），此外还有三杯酒和一盘水果，但不会有米饭和筷子，因为神是不会在祭祀的人面前吃东西的。

对声名狼藉的和什么都吃的鬼魂，人们会给他们各种形式的食物，做熟的和切块的，或者生的和整个的。这些供品旁边都会有一个用来洗手的盆或碗，因为超自然界（supernatural world）没有供鬼魂洗手的地方。到了20世纪，每家每户甚至开始给鬼魂上供香烟和啤酒，因为人们有时候把鬼魂看成是一群喜欢抽烟喝酒的无赖。还有就是人们总是把鬼魂看成可疑的陌生人，因此绝不会邀请他到家里享用供品，如同乞丐在后门接受救济一样，鬼魂一般只能从家和寺院以外的地方获得供品。一般情况下，人们都会离鬼魂远一点，因为鬼魂是不净的，而被鬼魂触碰也会变得不净。给鬼魂上供用过的碗也必须碗底朝上空置三天后人才能再用。

民间信仰的很多仪式都是在家中私下进行的，而给社区民众生活增添色彩和活力的公共性宗教仪式，才是中国社会生活的突出的特征。相形之下，西方社会中的神职人员基本不会引导信众共同举办公共性宗教仪式，教堂也不是信众的集合地，而是上帝的"官邸"，信徒们基本上都是单独来造访或寻求帮助。中国的寺庙建有很多扇门的大殿，通常色彩绚丽（当然这些后来都因维护不力而褪色了），高高的屋脊上装饰着飞檐。对着正门的大厅尽头是这座寺庙的主神神像，主神两边以及沿着两侧墙供奉的是相对次要的神灵及其妻妾或助手神灵的神像。一座规模宏大的寺庙通常包括很多这样的大殿，这些大殿前后连接形成若干"进"，供奉主神的大殿通常在最后一"进"。中国的寺庙无论大小，通常都供奉着十数个神灵，而且经常完全不考虑这些神灵所属的派别是否相容。作为中国民间信仰最主要场所的道观是最包容和折中的，道观中通常供奉着佛教菩萨、儒家圣贤、当地以及道教的各类神灵。相对而言，佛寺在这方面界限更分明一些，但佛寺里供奉的神灵中也经常会有关帝或者天官、地官、水官三位天神（三官大帝）。

信仰者可以在一天当中任何时间到庙里来，无须受神职人员的掌控，而且他们可以径自去祭拜他们认为对解决自己关注或在意的问题尤为灵验的神灵。如果一个神灵很灵验，那么供奉这位神灵的寺庙香火就会很旺，信众也会大量增加，甚至财政捐助也会相应增加。在中国传统社会，关帝、妈祖等神灵都很灵验，所以关帝庙和妈祖庙几乎遍布全国各个角落，而其他神灵只在某些地方拥有声誉。如果一个神灵不灵验了，那么供奉这个神灵的寺庙很快就会被废弃，而只是一时灵验的神灵也很快会被遗忘。

在明清两代，中国社会是没有安息日或者休息日的，但诸多具有宗教色彩的节日却把农民和匠人们从日常的沉闷中解放了出来。春节是一年当中最主要的节日，从农历腊月打扫家宅开始——每家每户都对家里过去一年积累的尘土进行彻底大清扫，这象征着对所有邪恶力量的清除——新年的庆祝活动要一直持续半个月之久。春节也是家人团聚、放松和集中享用一年当中其他时候都很难吃得起的大鱼大肉的时刻。很多商家都歇业一个星期左右，所有欠债都要还清，人们要祭拜祖先、走亲访友，并且会给孩子们装有很多钱的红包。在除夕夜，人们要通宵守岁，嗑瓜子、喝烧酒、玩扑克或赌博。在大年初一早上，全家人都要在祭坛前跪拜祖先，接下来是年轻人跪拜父母和家族其他长辈。

中国的很多节日，比如春节，都是在家庭内部或之间而不是宗教场所庆祝的。这种"家庭场合的"(domestic)节日还有很多，比如初春的清明节，人们要以家庭为单位祭扫祖先的坟墓；再如盛夏的端午节，南方人要赛龙舟、吃粽子——用芦苇叶包着糯米做成的食物；再如中秋节，亲朋好友要一起吃月饼、赏月。

在宗教场所进行的节日，对比那些主要在家里或以家庭为单位过的节日，通常不是在全国范围内具有普遍性的节日，但每座寺庙里供奉的重要神灵的生日却是全村一年一度的重要节日。观音是佛教中最受欢迎的神灵,这位神灵一年至少要受到三次祭祀;台湾人最信仰的祖师公是由三兄弟共同组成的一个神灵,每个兄弟的生日都是一个节日。即使是等级较低的土地公也拥有属于他自己的节日,即农历二月的第二天,而且人们会在农历每月初二和十六(除了春节期间)进行祭祀——虽然这祭祀没有那么精致。

对生活在传统中国社区的人们来说,这些关于神灵的节日充满活力、生动多彩并且令人感到兴奋。其实,只有为数不多的民间信仰很严肃,还有就是那些庙会也有着狂欢节一样的氛围。某些重大的庙会也是已经从村子里嫁出去的女人带着她现在的家人,去城市里工作的男人以及各种亲朋好友回到村子里重温旧日情感的好时机。

庙会举行之时通常也是农村集市举办之时,农民们在集市上通常会买卖役畜、农产品和手工制品。此外,人们在节日期间通常也会大摆筵席,所以这时的食品市场会比平时更加拥挤、嘈杂和活跃。远道而来的商贩还会摆起摊位,卖糖果、设赌局,抑或是卖有轻微麻醉作用的槟榔。

宗教节日有非常突出的宗教性质。比如在典型的村落节日里,一些年轻人会抬着端坐在华丽轿子里的神像在村子里巡游以对守护神的驻地进行视察,而这些守护神常年负责保护村子不受恶灵的侵扰。在巡游队伍行进过程中,一群成年男人或小男孩敲锣打鼓放鞭炮以吓走那些入侵的鬼魂,其余村民则手持香火在门外迎接路过的巡游队伍。在守护神的驻地,巡游队伍的首领带领大家举行非常戏剧化的仪式：烧冥币，打响鞭，把嘴里含着的酒向四处喷洒，以示把鬼从这个地方驱逐出去。

与此同时，村子里每家每户都会向庙里上供，在寺庙院子里的方桌和长条凳上摆满供品。绝大多数到寺庙里的人都会叩拜神灵，空气中弥漫着烧香产生的烟雾。这个时候通常也会上演地方戏——戏班子在离寺庙很近的戏台子上唱戏，打击乐器和弦乐器发出非常响亮的声音。这些戏剧性的表演宗教性质并不突出，却具有很明确的娱神功能——其实这些活动更是在娱人，人们几乎对所有故事都了然于心。

晚宴中有一部分食物是此前供奉给神灵，后来又被人们从寺庙里拿回来的供品。晚宴过后，会有更多的地方戏上演。然而，人们的注意力主要集中在渡火仪式上，人们认为这个仪式能提升神灵的法力。人们先是点燃一大堆篝火，然后把烧红的木炭摆成一个直径达十五米的大圆圈。一群经由占卜而被神灵挑中的、经过某种净化仪式的年轻人抬着里面坐着神灵的轿子围着这个大圆圈走三圈。然后，仪式主持者向大圆圈撒盐和抽鞭子，接下来，这群年轻人再抬着轿子穿过圆圈。

另一个主要的宗教节日中元节则类似西方的万圣节，其主要特征是不面向神灵和祖先，而是面向饿鬼。根据传统，阎王会在每年农历七月初一打开地狱之门，所有暴死或没有得到后代祭祀的鬼魂在这一天都可以暂时从被监禁于地狱的悲惨状态中解脱出来，到人世间游荡。为了安抚饿鬼使他们不至于伤害在世的人，人们会在寺庙外面给他们提供精致的食物。神职人员——大多数时候是僧人，有时候会是道士——则会在寺庙或道观内主持进行超度仪式。人们还给鬼魂奉上用纸扎制的大房子、宫殿、车马等，并且把这些东西和冥币一起在仪式上烧给鬼魂以满足他们的需求。人们甚至会请戏班子唱戏以娱乐这些鬼魂。

对于饿鬼会在农历七月到处游荡，人们非常关注。在七月游泳或划船被认为是极为危险的，人们相信那些溺水而死的人的鬼魂会溺死游泳或划船的人；此外，鬼魂在黑暗中异常活跃，所以人们认为夜幕降临之后很危险；人们还认为在七月份往地上泼水也会打扰并激怒恶灵，而且这个月也绝不能在室外的竹竿上晾衣服，因为这会阻挡鬼魂夜间在外游荡。然而，中国的民间信仰从来都不是太严肃，重要性仅次于春节的中元节期间也总是会有令人愉悦的庆祝仪式和宴会。

农历七月最后一天，饿鬼会被召回地狱，地狱之门会关闭直到下一年。总是会有些"好兄弟"没有回到地狱，所以中国人总是会害怕这些麻烦的和寻求复仇的灵魂。

The Clergy
神职人员

由于民间信仰弥散在家庭、社区和某些社会组织当中,所以民间信仰仪式并没有通常意义上的神职人员来主持。信仰者个体一般都是在没有神职人员参与的情况下进行祈祷和占卜,而家庭、家族、行会以及相似的社会群体的祭祀仪式都是由世俗领袖主持。实际上,中国的宗教场所要么被忽视,要么就是由非神职人员来看守。

在特殊场合,比如举行葬礼或者庙会时,或某个人生重病时,人们就想找某些拥有关于宗教仪式及下界知识的专业人士来帮忙:他们会找来一个或多个宗教专家,如僧人、道士、萨满或堪舆师等。

在帝制时代晚期,僧人与社会的联系是非常有限的。很多和尚和尼姑都切断了与俗世的联系,把自己局限在寺庵当中专注于自我救赎。他们并不为佛教赢得信徒而进行鼓吹,除了为比较富裕的人主持葬礼,几乎不怎么迈出寺庵大门。即使有人来寺庵里祭拜,神职人员也不必参与其中。很多中国人认为佛教崇拜对象,比如最广为人知的观音菩萨,以及影响相对小一些的阿弥陀佛和释迦牟尼等其实也是拥有法力的神灵，他们与民间信仰万神殿里其他神灵在本质上没有区别。反过来，在帝制时代晚期，佛教寺庙已经变得与民间信仰一样包容，里面供奉着土地神等非佛教神灵，而且提供抽签和算命等服务，而这都是与纯粹的佛教相悖的。

道士可分为两类，一类是出家道士，他们常住道观，全职从事宗教活动，需要禁欲；另一类是火居道士，比起出家道士或和尚，他们融入世俗社会的程度很高。绝大多数火居道士会结婚并需要养家，除从事宗教活动以外，他们通常是一副世俗人模样打扮。因为只靠从事宗教活动无法养家糊口，他们都有固定工作，比如做生意或当工匠等，但一般不选择务农，因为他们需要不定时应召去做祭祀活动，而务农对此会有影响。

其实，道士与僧人一样，都处于民间信仰的边缘。虽然民间信仰的绝大多数公共场所通常被认为是道教性质的，但里面并没有道士。相反，这些道士住在自己家里向人们出租他们的服务，他们其实是宗教仪式专家。他们会去顾客家里主持婚礼或葬礼，治病或驱逐恶灵，他们有时也会被召到庙宇里主持神诞仪式和净化仪式等。换句话说，他们更像是西方社会当中的律师和医生，或是独立的承包者，公众因为他们掌握神秘知识偶尔会雇佣他们做事。不过他们只有保持神秘才会被人们所需要，因此他们很少向大众宣讲道义，总是怀有戒心地保守秘密，并且只会把他们的神秘技艺传授给自己的儿子。

一个人要当道士，最起码也得识字，而且还要经过一段实习期。他需要作为助手，用几年时间来学习仪式舞蹈、唱诵和各种手印，学习主持各种仪式；他需要记住多达数百种的仪式文本，掌握一些驱逐恶灵、治愈疾病的法术。技艺高超的道士会受到道观的任命。能当道长的人一般都掌握了内丹术，即能冥想，会控制呼吸和召唤宇宙中的大量神灵。道教的大量神灵当中，钟馗被描述为"三米多高，长着红脸、红胡须，穿着红鞋子，眼睛突出，佩长剑"的形象，他能够治病，驱逐恶魔，向敌人施黑魔法。[7] 道行高的道士还拥有爬上剑梯而不受伤的本领。道士们因掌握不同等级的神秘技艺而被定为不同等级并拥有相应的头衔。

通过神灵附体与下界进行沟通是萨满的特殊技能。这些神灵中介基本都处于社会最底层，也没有受过专门训练。广东有三位女性，先是经历丈夫或孩子死去等最为严重的人生危机，后突然被某位已故亲属的灵魂附体，最终因反抗无效而成了萨满。

民间信仰中有萨满这样的角色存在，与中国人关于愤怒神灵的信仰有关。人们认为有恶意的灵魂或不满的祖先经常会使人生病或者给人带来厄运。比如祖先神会因为后代没有给他必要的供奉而生气，鬼魂会因为自己悲惨或过早地死去而发怒；

再比如，一个男人已故发妻可能会对丈夫的续弦妻子产生嫉恨心理，他（她）们的灵魂因此会通过各种方式来折磨活着的人。这时候，人们就需要萨满帮助了。萨满会与下界灵魂沟通，辨认出愤愤不平的祖先，或搞清楚愤怒的灵魂究竟是谁，并了解如何安抚后者。

不同的萨满采用的方式不同，广东某家族举行的群体降神会上，一个女萨满让自己的灵魂去往神灵世界，在进入深度昏迷状态之后，她的灵魂开始了一段长途的和艰难的旅行。在旅行当中，她的灵魂遇到了生前住在同村的几个人的灵魂，其中一个老人的灵魂通过萨满的嘴说，他很好，他只是想告诫活着的亲人："儿媳妇要听婆婆的话，儿子要听妈妈的话，谨言慎行，不要争吵。"

萨满的灵魂遇到的另一些灵魂却很麻烦，一个两岁就死去的女孩的灵魂抱怨说她父母太过忽视她导致她没有得到及时救治，而参加降神会的村民都斥责这个女孩的神灵，说她太小还不明白这些事情。即便如此，这个女孩的父母此后还是在每月初一和十五给这个女孩的灵魂烧银纸钱，以便安抚她的灵魂让她不要再折磨家人。

另一个做豆腐的小伙子的亡妻在生前就是个泼妇，她死后灵魂不断折磨村子里的人。萨满的灵魂发现这个女人的灵魂绑架了村里三个小孩的灵魂，而这三个孩子也因此生病了。这个女人的鬼魂通过昏迷的萨满的嘴说她很饿，只有得到赎金才能放回三个孩子的灵魂。接下来,人们给这个麻烦的鬼魂烧金纸钱作为供奉。然而,三个孩子的母亲还是被激怒了,她们对着鬼魂大喊道:"别再这么干了,如果还这样,神界就会派兵抓你、打你。所有孩子都有父母,你为什么害这些孩子,你别再做这些坏事了。"这些斥责表明并不是所有的灵魂都会受到尊敬并且听人劝。[8]

另一些萨满自己并不陷入昏迷状态,而是让他们的委托人陷入昏迷状态,然后再让委托人的灵魂进入下界。还有一些萨满,也叫做乩童(tongji),在进入昏迷状态之后成为人神中介,会被神灵附体。接下来,乩童变为发布神谕的神灵,告诉人们怎么治病,驱逐给村子带来火灾的恶灵,并解决下界神灵带来的其他麻烦。乩童会戏剧化地展示他的特殊能力,比如让自己受皮肉伤来催促神灵快点到来并对他附体。进入昏迷状态后,他会把一根很粗的钢针扎进舌头里,把一把短剑插入面颊或者上臂,或用长剑或者刺球(一种拴在绳子上的,上面带有很尖的刺的球)抽打后背或前额。村民们认为乩童流血是神灵到来的标志。当乩童的血洒在冥币上,则表示驱逐恶灵;血与水和酒混在一起,就具有了神奇的治愈能力。

堪舆师是另一种宗教专家,人们认为他能影响在世的人的命运。中国的堪舆术或"看风水"是一种建立在对生气认知基础上的准科学,中国人认为生气存在于某个地方,一个人适当调整自己就能从生气中获益。给建筑或城市进行选址和定位时,人们就会找风水师,而给墓地选址时则会去找堪舆师。

风水在坟墓选址过程中发挥何种作用是有争议的,堪舆师自身和普通民众对此的观点就各不相同。在堪舆师看来,不同地形的不同配置,包括地貌、规格和山水的走向等代表阴或者阳。堪舆师用特制的风水罗盘去测量龙虎、五行、八卦和二十八星宿和其他表征等最为吉祥的组合。在这些要素以有利的方式组合的地方,就是生气活跃流动的地方。如果把某一家祖先的遗骨埋在生气活跃的中心地带,那么这一家的后代就会发财致富、事业有成、身体健康、子嗣繁荣。

堪舆师坚持认为一家人能够有上述好运主要取决于祖先的遗骨埋在了恰当的地点,而祖先灵魂本身对这些好运并无影响,他们认为:

> 已故的人是消极的力量,而在世的子孙在堪舆师的帮助下才是玩转仪式的人,墓地选对了,好的气息自然就来了。已故的人既不能给自己的遗骨传送气息,也无法保留气息。[9]

普通民众也认为墓地选址很重要,如果墓地的风水选得好的话,亡故者就会更加舒服并满意,反之他们就会给在世的人带来厄运。因此,要使亡故者遗骨保持干燥,不被虫蚁侵蚀,而且从墓地往外看视野要好(对中国人来说,就是以墓地为原点往外看，要能看见令人感到愉悦的山水），空气要好，要能被阳光照到。如同一个村民所说，"如果祖先在墓里感到舒服，他就会保佑我们，如果他感到不舒服，他就会让我们生病，给我们带来麻烦"。[10]

尽管堪舆师和普通民众对此观点并不一致，但对测量风水的结果的态度却是一致的。堪舆师用风水罗盘来测评阴阳两种力量的平衡，这样总是能选出在审美上令人愉悦的地点，而普通民众可能完全被各种堪舆师的测量方法和术语搞糊涂了，但是他们也会因为父母的灵魂安放在一个舒适和安心的地方而感到满意。

堪舆师和他们的委托人之间持有不同信仰，这在民间信仰的语境中并非是特殊的现象，比如僧人与佛教信徒之间，道士与道教信徒之间都存在鸿沟。这是因为宗教专家掌握的是神秘知识，而且他们在传授这种知识时是保守且有选择的。道教仪式"原本就不想让所有的信徒都能见证和看明白的，除了开创者，它对所有人都是封闭的"。[11]实际上，道教各派别之间也彼此保密，他们都认为自己的仪式和法力比其他派别的更加神秘和有效，有时候各派别之间的分歧会上升为大规模的争斗。

佛教僧侣在信仰方面相对要开放一些，但他们基本也不从事传道工作。前文曾经提及，很多佛教追随者都独立于社会之外，有关于此有一种很恰当的说法，即"神职人员不是传道者"。[12]佛教和道教都处于民间信仰的边缘而不是核心地带。神职人员和民间信仰的信众两者之间在宗教观点上有很大的不同。

虽然民间信仰的信众偶尔会从神职人员或人神中介那里寻求服务,但其实这些神职人员的社会地位很低,只是认识几个字,而且在道德水准上也总是颇受质疑。因为僧人都是不结婚的,所以人们总是怀疑他们是同性恋,而且他们对于女人的渴望也总是被传得神乎其神。一些道教流派据说沉迷于纵欲,所以道士总是被认为在性方面很不检点。如果一个人总是跟神职人员交往过密,那么他的名声可能会受损。19世纪的某个家族曾警告家族成员说,"最近某些家族跟和尚、道士交往过密,名义上虽说是想要获得男性继承人和长生不老,但他们好像不知道这会败坏家族名声,而且就连尼姑也是不被允许进入家门的,朱熹曾经说过'三姑六婆,实淫盗之媒'"。[13]实际上,很多民间信仰中的神职人员声誉很差,而且他们大多都来自于不能养活他们的贫困家庭。

The Social Utility of Popular Religion

民间信仰的社会效用

民间信仰在中国社会存在的时间如此之久，对社会浸润如此之广，充分证明了它能满足中国人最基本的宗教需求。民间信仰在中国人情感生活中的重要作用是为人们所公认的，它具有非常重要的社会性和世俗性功用。

不过，与世界上其他地方的制度性宗教，比如佛教、基督教、伊斯兰教及犹太教等相比，中国本土民间信仰是一种非制度性的宗教。基督教拥有独立的教义、神职人员和仪轨，基督教教堂独立于其他社会机构。在中国，民间信仰总体上是弥散性的，它与家庭、家族、商业行会以及村落等社会组织相结合，没有独立的教义和仪式，所谓的"祭司"也是上述社会组织的首领。因此，中国的民间信仰与基督教和伊斯兰教相比，没有独立的组织力量，但却有着非常普遍的社会影响力，此外，它对中国社会保守性特征的形成也具有重要作用。

比如，民间信仰是中国传统社会家庭主义的主要支撑力量。由于持有祖先崇拜的信仰，中国的家庭并不仅仅是社会和经济组织，而且兼有宗教组织性质。从这个角度讲，中国的家庭具有神圣性,拥有崇尚孝道、尊重老人等家庭主义价值观,而且特别强调作为整体的家庭,其在意愿和意志上绝对高于每个成员或个体。

中华帝国的神圣不可侵犯似乎同样是民间信仰弥散于社会当中的结果。"天命"是朝廷得以存在的最根本的和合法的依据。在民众眼中,天或天神是决定自然和人的命运的超级力量,它可以选择"天子"作为帝国的统治者,而只有这位天子才有资格祭祀天神并代表民众与天神沟通。将帝国的统治者与超自然力量联系在一起,对帝国统治而言是有力的支撑。

天神之下,还有众多从属于天神的、权力较小的神灵,他们与天神一起分享统治帝国的权力。正如帝制时代晚期一块石碑上的一段话所说:"地方官统治阳间,土地神统治地下的阴间,他们之间紧密合作。"[14]除城隍神——几乎每座城市都有非常宏伟的城隍庙——之外,还有数不清的共享统治权的神灵,包括土地神、谷神、河神、虫王、关帝、妈祖、雷公电母、风伯雨师等。

实际上,国家宗教是一国民众所信仰宗教的不可或缺的组成部分。因此,只要礼部意识到民众信奉的某位神灵非常灵验或能够代表国家想要培育的价值观,这位神灵就会获封一个荣誉称号从而成为国家认可的神灵,朝廷还会出资为这位神灵建庙。比如,据说一位河神因为协助人们在大运河上运送谷物至北京而获封为官方神灵。地位更加尊贵的战神关帝,在历史上曾多次受到各朝各代加封,关帝庙也由朝廷出资定期翻新,原因是关帝被认为是保护国家和人民的神灵,而且他也是对王朝

"忠诚"和为人真挚的象征。

朝廷本身也十分看重国家宗教，如果各府各县的官员不能按时祭祀自己统辖范围内的、被官方认可的神灵，那么他们就会被判打一百大板。在太平天国起义时，咸丰帝曾数次求助天神，希望后者能够帮助他镇压起义。1864年，太平天国首都天京沦陷，同治帝精心筹备了庆典仪式，向天神和地神献祭，宣布这场胜利是"昊苍眷佑，列圣垂慈"[15]的结果。

几个世纪以来，虽然一些非常理性的儒家学者试图破除人们关于超自然力量的信仰，但大多数帝王和官员与广大民众却都笃信超自然界中的神灵具有影响俗世的能力。其实，帝王和官员们都非常清楚这种信仰有助于维护社会和平、有序和民众的顺从。儒家认为："明则有礼乐，幽则有鬼神，如此，则四海之内合敬同爱矣！"[16]不过，国家只鼓励民众信仰能督促他们守法的神灵，不鼓励他们信仰可能会导致政治不安定的神灵，比如朝廷就禁止民众信仰"无生老母"——帝制时代晚期的一个异端教派的守护神。

民间信仰的社会功用也有轻松的一面，因为民间信仰仪式及相关节日是人们在全年当中不可多得的放松、交流和享受多彩生活的机会。民众平素忙于艰难谋生，生活极端单调和灰暗。他们从事繁重的劳动，食物乏味，几乎没有娱乐。而在宗教节日期间，亲人能够聚餐、交流、玩游戏，整个村子都变成了充满戏剧性和刺激性的舞台。除了赤贫的人，家家都可以享用日常餐桌上很少见的肉和点心。寺庙里的戏曲、村子里的渡火仪式、道士和乩童的神技展示等都是人们接下来可以连续谈论数周的话题。

西方的制度性宗教能够提供民间信仰所不能提供的独立价值观。儒家学说很早以前就已经为中国民众提出了道德戒律，负责传道的神职人员——主要负责解释道德戒律和判断对错——通常是由信奉儒家学说的学者和官员来担当的。不过道士和僧侣以及服务于民间信仰的人基本没受过教育，而且在道德上受到的质疑较多，他们因此无法承担传道的角色。

民间信仰也有强化世俗道德的一面。儒家学者非常重视家庭主义价值观，但他们也意识到对于那些没受过教育的民众来说，儒家的理性哲学没有太大的作用。而祖先信仰，特别是没有受到应有待遇的祖先会发怒并且向子孙后代施以报复的信仰，却对维系家庭主义有很大帮助。同样，民间信仰强调诸如诚实、尊重生命和财产以及维护社会和谐等观点，而且会用"犯错者死后将会在地狱中受尽折磨"的威慑强化这些观点。因此，即便是最为理性的儒家学者，也会感激民间信仰通过强调超自然惩罚而为儒家推崇的道德戒律的实施提供助力。

Changes During the Twentieth Century

20世纪的变化

19世纪末20世纪初,强大的变革力量进入中国,民间信仰遭受到全方位的冲击。特别是在清朝最后十三年的统治阶段曾试图在地方推行管理和教育现代化,民间信仰在组织和经济上因此都遭受到了猛烈冲击。后来的政府在这一点上承继了清朝的做法。为给公共机构和新的警察署提供办公场所,给学校提供教室,政府宣布接管宗教场所。为给自己的管理工作提供资助,政府没收了宗教场所占用的土地。管理现代化和教育现代化的浪潮使北方寺庙遭到特别沉重的打击,但这种破坏其实在某种程度上波及了全国。

此后,反宗教的暴风雨从未减弱。从1917年开始,新文化运动开始对所有传统信仰和价值观发起冲击,冲击对象也包括与祖先以及鬼神信仰所伴生的迷信。20世纪20年代,全国范围内的"非基督教运动"蔓延为反对所有宗教信仰的运动。成立于1927年的南京国民政府力图压制大部分民间信仰,比如,当时的浙江省政府宣布"迷信是进步的绊脚石,推崇神灵的权威就是鱼肉人民"。[17]国民党虽然还容忍道教、佛教和基督教的存在，但是宣布将灶神、财神等完全没用的神的庙宇"夷为平地，让这一切都消失"。[18] 他们认为民众在买香和冥币等宗教用品上的花费都是无意义的浪费。不过，虽然1939年连云南这样半自治的省份都禁止人们烧香了，但其实国民政府强化相关禁令方面的能力是较弱的。

国民政府发出的政治禁令对民间信仰的冲击其实远远不及现代科学思想日益兴起，城镇化和社会变迁日益加剧对民间信仰的侵蚀。城市中的知识分子是第一批接受世俗化影响的群体，他们很快将这种影响传播到工人、商人以及其他城镇居民那里。到了20世纪30年代，很多城市和较大乡镇的工匠组织日渐忽略原来所崇拜的行业神，他们原来所极力发展的大型行业宗教组织也逐渐从城市中消失。

科学和现代主义理念也逐步深入乡村人的内心。1927年之前，某些地方仍然在新建或维修寺庙，但是"随着乡村与外界接触，特别是接触现代教育的机会的增多，再加上其他影响，人们对神灵的信仰逐渐弱化"，[19] 而那些"其他影响"可能包括猖獗的军阀——军队经常在寺庙中扎营，他们甚至砸烂寺庙建筑的木框架用来烧火——对寺庙造成的严重损毁，还有就是人们在经济上都非常贫困，无法像从前那样在信仰方面花费太多。

即便如此，民间信仰仍旧顽强地存在着，一项关于20世纪三四十年代中国乡村的研究表明，即便是人们对神灵的依附有所减弱，但也只是相对的，因为民间信仰依旧支配着普通民众的生活。

注释

1. Hu Shih, *The Chinese Renaissance, The Haskell Lectures, 1933* (Chicago: University of Chicago Press, 1934), p. 80.

2. 虽然这一时期佛教陷入了制度衰落的境地，但并没有消失。在晚明的世俗社会，佛教甚至还经历了复兴的历程。此番复兴是由儒家泰州学派倡导的一场平民运动，有关于此参见第七章。

3. R. F. Johnston, Lion and Dragon in Northern China (New York: Dutton, 1910), pp. 359-60.

4. Yang, *Religion in Chinese Society*, p. 53.

5. 与民间信仰的其他方面一样，祖先与在世人之间的关系也是很复杂的。莫里斯·弗里德曼（Maurice Freedman）强调祖先是非常友善的 [参见 Maurice Freedman, *The Study of Chinese Society* (London: Athlone Press, 1966), pp. 301-12]，而芮马丁（Emily M. Ahern）却发现，祖先通常是心怀恶意并且爱惩罚后人的，她指出，"中国人认为祖先不太讲道理，总是变化莫测"[参见 Emily M. Ahern, The *Cult of the Dead in a Chinese Village* (Stanford, Calif.: Stanford University Press, 1973), p. 200]。

6. Arthur P. Wolf, "Gods, Ghosts, and Ancestors, "in *Religion and Ritual in Chinese Society*, ed. Arthur P. Wolf (Stanford, Calif.: Stanford University Press 1974), p. 147.

7. Michael Saso, "Orthodoxy and Heterodoxy in Taoist Ritual, " in *Religion and Ritual in Chinese Society*, ed. Arthur P. Wolf (Stanford, Calif.: Stanford University Press, 1974), p. 335.

8. Jack M. Potter, "Cantonese Shamanism, " in *Religion and Ritual in Chinese Society*, ed. Arthur P. Wolf (Stanford, Calif.: Stanford University Press, 1974), pp.208-15.

9. Maurice Freedman, *Chinese Lineage and Society: Fukien and Kwangtung* (London: Athlone Press, 1966), p. 126.

10. 转引自 Ahern, Cult of the Dead, p. 181。

11. Saso, "Orthodoxy and Heterodoxy, " p. 325.

12. Arthur P. Wolf, "Introduction, " in *Religion and Ritual in Chinese Society*, ed. Arthur P. Wolf (Stanford, Calif.: Stanford University Press, 1974), p. 17.

13. Yang, *Religion in Chinese Society*, p. 333. Romanization modified.

14. 转引自 ibid., p. 157。

15. Ibid., p. 134.

16. Ibid., p. 145.

17. Clarence Burton Day, *Chinese Peasant Cults: Being a Study of Chinese Paper Gods*, 2d ed. (台北：成文出版社，1969), p. 191.

18. Ibid., p. 193.

19. Sidney D. Gamble, *Ting Hsien: A North China Rural Community* (Stanford, Calif.: Stanford University Press, 1968), p. 405.

第4章

AGRICULTURE:
An Overview

农业：概况

中国传统上是一个农耕社会，在田间耕作、在村子里生活就是中国人生活的实质内容，而且，中国人这种生活状态一直维持到了共产主义革命爆发之前。当大部分西方国家在17世纪后纷纷经历农业、商业和工业领域一系列经济革命之后，中国社会却仍在延续着上千年的以农业为主导的状态。不过，我并不赞同卡尔·马克思所说的中国社会在西方人到来之前仍在"公然地逆生长"，[1]实际情况是，帝制时代晚期中国社会在农业技术方面的确没有发生变化，但商业活动水准却提升很快，而这深刻地改变了世代生活在村落里的人们的生活和生产。

The Methods of Peasant Agriculture
小农生产方式

在中国本土，农业意味着农耕，而不是放牧。动物是用来牵拉和驮运东西的，它们的粪便被当做肥料使用；绝大多数农户都至少会养一头猪、几只鸡，可能还会养几只鸭。中国人很少以动物为食（其实这是以动物为中介摄取植物产品），而是直接以植物为食。中国人90%以上的食物都来自于谷物和蔬菜，2%～3%来自于肉类，而这深刻影响着中国农业经济乃至整个民族文化的特征。

中国在国土面积上大于美国，拥有若干农业区域。不过，在总体上划分为北方农业区和南方农业区是对中国农业的最基本划分，即淮河以南的稻作区（rice-growing region）和淮河以北的麦作区（wheat-growing region）（如图4.1所示）。

当然，南北农业区的边界并不像术语表述的那样泾渭分明，因为无论是在地理上还是在经济上，两者都有相互重叠之处，而且在这两个区域里也都存在其他作物。尽管如此，这种划分对我们来说仍是有用和有效的。

两大主要农业区在经济和文化方面有重要区别。首先，从

[图4.1]
中国两大农业区域

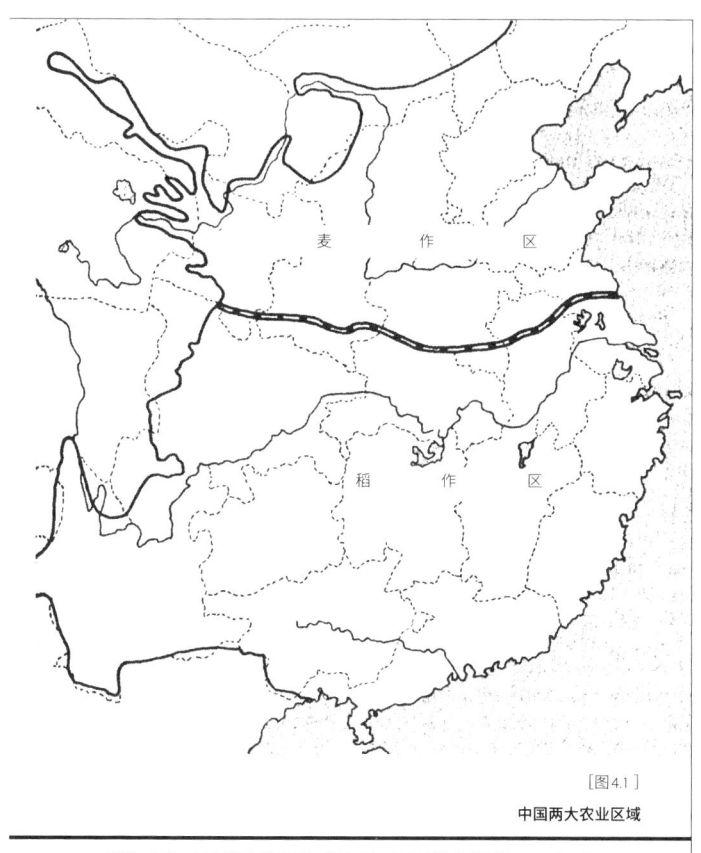

来源：卜凯：《中国的土地利用》（芝加哥：芝加哥大学出版社，1937），第25页。

耕地面积上讲，北方农区几乎是南方农区的两倍，但从土地租赁率来看，前者则大大低于后者。其次，20世纪30年代，北方土地灌溉率约为18%，而南方为62%。此外，南方农区的农业商品流通得益于当地纵横交错的河流和四通八达的运河而十分便利，而北方农区则靠马拉人扛故而在农业商品流通方面更费力、缓慢和昂贵；南方农区山脉交错，族群众多，甚至彼此相隔几里的村民在方言和社会习俗上就会有很大差异，也就是说，南方农区语言和文化多样，但北方平原地带的文化却具有显著的同质性。

两大农业区虽有十分显著的差异，但也有很多相似之处。无论是南方还是北方，农田面积都比较小，基本上不会超出一个农民或一个农民直系家庭成员的劳动能力范围。20世纪30年代，中国北方农田平均面积约为31亩，南方约为17亩。在如此之小的耕地面积上，中国农民更像是在进行园艺劳动，而西方农民进行的才是真正意义上的农耕。

在有些情况下，某个家庭也能成功攒下面积较大的农田。不过，一片二三千亩的农田已经相当大了，当然，有些家庭、家族或寺庙甚至拥有6000亩左右或更大面积的农田。然而，如此大面积的农田虽然为一人或一家独有，但其实这些农田也都是分成小块耕种的。地主一般只留下很小一片农田——也就是6亩左右，来养活他自己和子孙。他会把其余农田分成很多小块租给佃农。拥有90~180亩农田的富农一般会自己耕种，但也有人会雇佣很多农工来承担绝大部分农活。不过，在中国这种"通过管理运营的农田"比较少见，比如，在20世纪30年代的南方，甚至在河北、山东等地，这种性质的农田占农田总面积的比例也只有10%左右。

将此与美国相关情况进行对比，对我们会很有启发。20世纪30年代的美国，每户平均人口为4.2人，但他们拥有的平均农田面积为950多亩。相比之下，中国每户平均6.2个人只拥有25.5亩农田。因此，无怪乎中美两个国家的农民在食物消耗、生活标准和耕种技术以及生活方式等方面迥然不同了。在中国，90%以上的土地都作为农田耕种粮食作物，只有2%的土地用做牧地和林地。由于可用来放牧的土地面积太小，所以儿童或成年人都用绳子牵着牛或其他动物在田间地头或路边，甚至祖先的墓地上吃草——这也是中国劳动力低廉和农民善于运用所有现有资源的明证。

无论农民人均拥有的农田面积有多小，他们都倾向于把它分成更小的块儿。比如，在20世纪30年代初，无论是南方还是北方，每户农田普遍都被分成了5.6份，而且这些小块农田之间彼此距离很远（如图4.2所示）。农民的家与他那块农田的距离平均在0.6千米左右，他在村子这头的农田和他在村子另一头的那块农田之间距离可能有1.6千米左右。此外，比较发现，麦作区各块农田之间的距离要大于稻作区的相应距离。

有人指出，农民是特意将他们的农田分隔开来的，因为这样他们才能从不同的土壤和水湿条件中获益。据说每个农民都想要较干旱和较湿润的农田搭配着来，这样他才能种植不同作

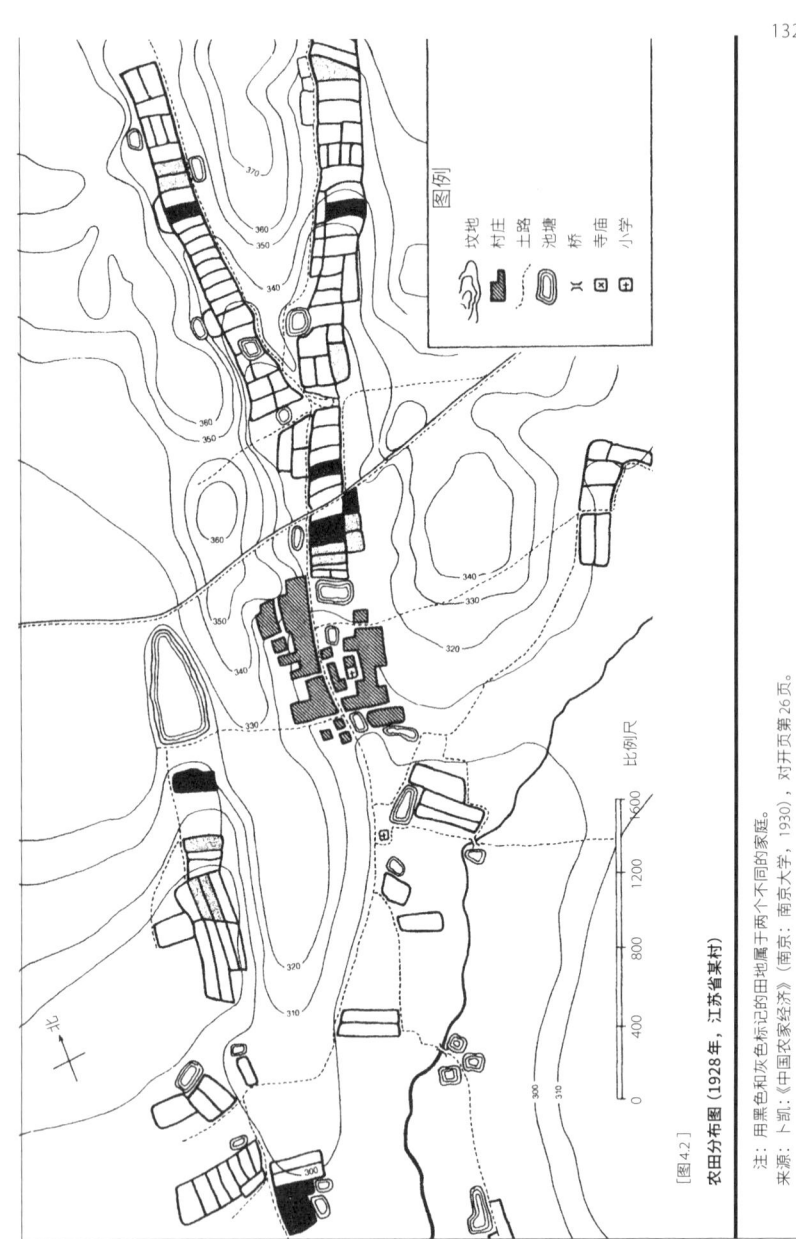

[图 4.2]

农田分布图 (1928年，江苏省某村)

注：用黑色和灰色标记的田地属于两个不同的家庭。
来源：卜凯：《中国农家经济》（南京：南京大学，1930），对开页第 26 页。

物，而这等于是在旱灾或涝灾等天灾频发时给自家收成上了一份保险。不过实际情况是，农民只要手里有点钱就会买田，但因为农田周转率较低，所以他们只能是哪里有田可买就买哪里。因此，农田相对分散其实是偶然发生的，并不是农民理智选择的结果。

劳动密集是中国农业的最核心特征。农民很少运用风力或水力，而且基本上都把牛、水牛、驴、马、骡子、骆驼（主要在中国西北地区）等畜力用于运输，此外，这些役畜卖得很贵，饲养起来花费也很多，因此至少有三分之一的农民都买不起也养不起役畜。相形之下，人力资源却比较充足，也比较便宜。很多人家养不起牛或水牛，于是男人和女人——主要是男人，因为女人基本上都绑了小脚，干不了什么农活——自己拉犁耕地和背负重物。用来灌溉的水泵也是人力脚踩的翻车。除此之外，修梯田，备肥料，多熟制等也是中国劳动力密集型农业的特征。

与自然水平土地不一样，山坡和山腰上土地原本不能用来种植水稻，于是中国农民就修筑梯田来开拓稻田，但生长于梯田中的水稻在生长季的大部分时间里都需要人工灌溉。此外，即便是在中国北方的麦作区，农民们也通过修筑梯田来增加耕种面积，减少水土流失，减缓珍贵的雨水下渗速度，使农作物根部能充分吸收水分。然而，修梯田需要付出艰苦努力。农民不仅需要运走大量泥土，还需要用石头垒矮墙才能修筑起梯田。数代农民将山坡和山谷修筑成梯田，在田间用石头铺路并修建密如织网的灌溉线路，这个过程究竟要耗费多少人力，我们几乎无法想象。尽管如此，中国北方大部分田地和南方近四分之一的田地都修成了梯田。一块梯田的面积一般不会大于一间小屋子的占地面积，有的甚至只有一张桌面那么大，但哪怕只是增加这几平方米的耕种面积，农民可能就能填饱肚子，因此农民不会吝惜力气再去建设另一片梯田。

土壤保持也是一件耗时耗力的事儿。虽然中国很多农田都耕种了上千年的时间，但由于农民一直在坚持不懈地给这些宝贵的农田施肥，所以它们仍旧能够有所产出——在这一点上，中国远远超出了美国或俄罗斯，后两者的农田一般被两三代人耕种过后就会出现地力枯竭的迹象。中国农民每年都要辛苦地进行堆肥和施肥工作，6亩（大约1英亩）农田一年大约需要五六十吨肥料。不过，最可惜的是，中国农民在开发和运用有机肥料的过程中，却把稻草和其他植物茎秆收集起来作为燃料而不是肥料。尽管烧掉稻草和其他植物茎秆后剩下的草木灰也会被撒进农田里，但大量宝贵的腐殖质还是因此流失了。

到目前为止，最宝贵的肥料就是牲畜和人的粪便。"收集粪土就是收集黄金""粪池子就是宝贝罐子"等俗语最能说明农民对此的态度。农民们甚至勤劳地把鸟兽的粪便收集起来做肥料。在城镇里，专职的收粪人还要为获得收集粪便的优先权而付费，然后再把这些花钱收来的粪便转卖给农民。总之，中国农民不会浪费任何能做肥料的东西。

富兰克林·H. 金 (F. H. King) 教授1911年曾在其关于中国农业的代表作中大力赞扬中国以粪便为肥的做法。他说，相形之下，在美国，每百万成年人口每年会往河流湖泊中倾倒3000~6000吨的氮、1000~2000吨的钾和400~1500吨的磷。他不无讽刺地说，"这些废物，被视为我们的文明取得的伟大成就"。[2]

毫无疑问，中国人以粪便为肥料大大地提升了农田的肥沃程度，但代价也很大，因为粪便是携带血吸虫、钩虫和华肝蛭等大量寄生虫的载体。比如，钩虫卵就会随着人或者动物的粪便排出，条件适当的话，虫卵就会孵化成幼虫，而幼虫就会附着在人的皮肤上并在人毫不知情的情况下刺入皮肤，进入人的肠壁，附着在肠壁上吸血。数百条这种长约半英寸的寄生虫每天都会吸掉半品脱的血液。很快，这个人就会因贫血变得瘦弱不堪，如果得不到及时救治的话很快就会死去。

每种寄生虫的生命周期都各不相同，但它们却都是造成中国人死亡率居高不下的首要原因。在很长的一段时期里，四分之一的中国人的死与这些寄生虫有关，而这些寄生虫又都是通过粪肥传播的。基于这个可怕的事实，一位权威的中国农业经济学家卜凯 (John Lossing Buck) 强烈反对富兰克林·H. 金的观点，他说，"从经济学的角度看，舍弃以粪便为肥料的做法要比因为采用这种方法所导致的不健康合算得多"。[3]实际上，如果对粪便进行适当的发酵，并对施过粪肥的农作物进行认真加工的话，粪便是可以成为安全肥料的。时至今日，中国农民在化学肥料很容易获得的情况下仍认为粪肥等有机肥比化学肥更有利于对土壤的长期维护。毫无疑问，他们都是对的。

复种是另一个能真正提高可耕地农作物产量的劳动密集型活动。在中国南方，两季或三季稻使农民能在一块田地上连续收获两到三次。为使多季稻能够适应有限的生长期，农民先是在苗床里培育秧苗，25～50天之后，再通过艰辛的劳动把这些秧苗移植到水田里。在北方，复种也是较为普遍的。农民在头一年秋季种植小麦，来年春季收割之后再种植玉米、棉花、大豆或其他能够在夏末收割的作物。为组合种植作物，农民一年要进行大量耕种活动，当然，这也会受各个地区不同气候及作物生长期长短的影响。

复种的另一个方法是间作，即在面积有限的农田种植生长期不同的作物。比如黄豆就可以种在沿着头年秋天成行种植的小麦旁边。在小麦收割完之后，再将棉花种在原来种植小麦的地方，而黄豆在棉花植株长到能够遮蔽它们之前就能成熟并被摘走。很多作物都可以进行间种。不过，这都需要人付出耐心和艰辛的劳动，不能依靠大规模的机械化生产。中国北方大约四分之一的农田和南方三分之二的农田每年都不只耕种一季。

其实在有些条件下，中国农民的劳动力密集式劳动是一种浪费，但当他们挣扎在生存边缘时，哪怕是为了增加一丁儿点收成，也必须付出长时间的艰辛劳动，这被称之为"自我剥削"(self-exploitation)。[4]

中国农民"自我剥削"的倾向体现在修筑梯田、施肥、复种等方面，不仅如此，很多时候他们支付的田租其实也是一种浪费，因为他们并没有获得相应的报酬，但他们仍旧选择交田租，因为多种一点田，就会多一点收成。比如说，一个女人织布换来的钱还不够支付她自己所需食物的五分之一，但从整个家庭的角度来看，多出五分之一的收入总强过没有。总之，对于农民而言，为生活所迫，而不是地主狠心，更具有剥削性。

The Changing Patterns of Landholding and Farm Labor
土地占有及农业劳动力的变化

19世纪和20世纪早期，中国和西方在农业经济上的相似之处在于两者都是私人占有小规模的农田，且可对其进行自由买卖。此外，不论是农田拥有者还是租赁者，在农田里劳动的人都是自由农，也就是说，土地拥有者和租赁者虽然经济上不平等，但两者在法律和社会地位上是平等的。

不过，在中国历史上情况并非总是如此。比如，在唐代之前，若干很大的士族拥有大量农田和房产，他们田里的劳动力在实质上是奴隶。后来，士族势力在唐宋两代逐渐走向衰落，政府先是没收了他们的庄园，同时又对其田产征以重税，他们的经济地位因此严重下降。宋代，士族的政治权力受到进一步削弱，新产生的士绅阶层成为官僚的主要来源。随着士族权力的衰落以及他们财产的流失，在田间劳动的农民逐渐脱去了奴隶的身份；到14世纪，大部分农民都获得了自由，他们可以拥有或租赁田地并按自己的意愿迁徙。

然而，直到16世纪和17世纪，一些农民仍以奴仆——也叫农奴或奴隶——身份被束缚在封建依附关系当中。对这些农奴的谋生方式及束缚他们的契约,我们至今尚未能完全地了解。不过,我们可对一个相对较小的地方——比如中国东部核心区一个距离上海只有八十多公里的太湖地区某地——的农业经济变化情况进行考察,从而回答上述问题以及关于土地占有的一般性问题。[5]

明朝初期,明太祖对一批有权势的大地主推行了如下政策,包括分散他们的地产,没收他们的财产,拆散他们的大家族,把他们的田产分给穷人。由此,14世纪太湖地区的主要土地占有形式成为一种小规模家庭所有形式,农奴很少见。

从明朝第三代君主永乐皇帝(1403—1424年在位)开始,这种小规模自耕农体系逐渐被打破。永乐皇帝推行了若干项耗资巨大的政府行为,包括先后七次派人赴东南亚、印度和非洲东海岸探险(1405—1433),1421年将首都从南京迁到北京并在北京修建宫殿和衙门,大规模修复长城等一系列大规模基建工程。为支付这些宏大工程所需费用,北京政府提高了田赋,小规模自耕农由此陷入了极端困境。一些农民因为无法承担这些新增的税负,纷纷向大地主"寻求避难",但他们也因此被迫把自己和家人以及田产都交给了这些大地主,因为后者已成为他们的主人。

结果是,一些大地主聚集了大量的田产,面积达1000~3000亩。庄园的主人几乎不用从事任何农业生产劳动——他们的田地由从属于他们的农民管理和耕种,而他们自己则在大别墅中过着悠闲的生活。大部分——并非全部——在田间劳作的农民都是农奴身份。无锡附近的很多乡绅(gentry landlord)都拥有近30万亩田产和3000个农奴,还有一些拥有500个农奴,也有一些拥有100个农奴。农奴通常都是在地主家附近的农田里劳作或者在地主家里当佣人,离地主家较远的农田通常都由雇佣工或者佃农来耕种。当然,也并不是所有农田都会被并入地主的大片田产当中,大庄园以外仍存在着一些拥有属于自己的小面积田产的自耕农。

农奴们受奴役的状况也并不相同,那些直接受命于主子的家生奴(hereditary bondage),跟奴隶差不多。一个太湖地区的观察者曾经写道,"我亲眼看到那些主子是如何对待那些农奴的"。

> 他们完全不把农奴当人看,对农奴们挨饿受冻完全不在意。农奴死后,主子甚至不让农奴的孩子为其服丧和哀悼,更甚者还对农奴的妻女进行性侵犯。[6]

大量农奴,特别是在地里干活的农奴与自由人是完全不同的。在地里干活的农奴基本上都不是家生奴才,他们把自己连同自己的财产,终身或在特定期限里交给地主;有些人选择当农奴甚至是为了能娶上媳妇，比如说把自己卖给地主20年，以此换得一场包办婚姻。

其实，有些农奴也有些钱财。比如说，某些商人就选择当农奴，但他们只是为了换得商业性贷款；有些人甚至在当了农奴之后仍有自己的生意；其中一些人甚至还是主子田产的管理者。这样的农奴也会很富有，拥有一些财产，或拥有属于自己的农奴。他们当中的某些人甚至还成功通过科考，跻身士绅阶层，或成为官僚体系中的成员。

16世纪，太湖地区整体经济及社会关系都开始发生变化，但基本仍以自给自足的农业经济为主。大庄园主一般都生活在乡村别墅，而不是市镇当中，平民基本上也是以农业为生。然而，棉花和棉纺织品本土贸易和丝绸海外贸易的发展，极大地促进了中国商业和制造业的繁荣，大量白银进入货币流通领域，太湖地区的政治和经济中心因此也很快从乡村转移到了市镇。庄园主也开始从事商业和制造业投资，并因此逐渐失去了与田产之间的联系——其实田产对他们财产增殖的贡献要远远小于商业活动。一些出身于乡村、地位低下的人逐渐成长为商业巨头，并作为新兴阶层成长为城市精英。在清代，绝大多数社会精英都生活在城市当中，而这在当时已经是一种惯例和常见模式。[7]这不仅意味着地主土地所有制逐渐走向瓦解，也促使精英阶层投资商业的兴趣远远超过了从事农业的兴趣。

与此同时，太湖地区人们的生活也在商业化过程中发生了改变。从16世纪开始，这里的农户就开始从事棉纺织、缫丝以及织布等劳动以填补家用，而且很多农户在手工生产方面投入了与农业生产上相同的精力。这样，男人们在一年当中的劳动密集程度变得更高，而女人们也能对增加家庭收入做出贡献。农民能从手工生产中获取年收入的半数，而且还可以在不同类别的手工生产中进行自由转换，这在一定程度上保护了农民既不受农业经济衰退的影响，也不会受产业经济衰退的影响。

上述变化也改变了农民与土地以及地主之间的关系。现在，农民在某种程度上对地主的依赖程度降低了。同时，由于农民们把大量时间和精力都投入到了手工生产上(而且17世纪人口数量有所下降)，农业劳动力出现了短缺，因此地主们急切希望有人能够到地里劳作。一个地主对他的朋友说过这样的话：

> "我这里等着出租的地太多了……就算我费劲儿得到了佃农的帮助，地也种不完……就算我找到了新佃农，新佃农也未必比从前的佃农强……所以，解散佃户是解决这个问题最后一条路了。"[8]

农民也因此在与地主讨价还价的过程中改变了以往的姿态。17世纪中期，太湖地区农民起义频仍。特别是明清交替之际，很多佃农和农奴都开始奋起反抗地主或者主子。比如，在1645年南京被清军攻陷后，"太湖沿岸成百上千的农民聚在一起，拿起犁耙和棍棒，大喊大叫着说要复仇……他们到处找他们恨的人，打破这些人家的门，推倒这些人家的墙，烧毁他们房屋并杀死他们……这种事件持续了一个月之久，从前那些有权势的人家不是逃走就是躲了起来"。⁹太湖地区其他地方的地主受到这种情势的威吓,纷纷解放了农奴,农奴们由此成了相对自由的佃农。

商业化进程在16世纪和17世纪早期的加速,以及农民起义在17世纪40年代达到高潮,使小规模自耕农成为太湖地区农业生产的主要力量。虽然这一时期仍有少量农奴存在,但他们大多是作为佣人在地主家里干活,而不是作为农奴在地里劳作。

太湖地区的社会和经济变迁对于其他地方而言并不具备代表性,对于整个帝国而言,太湖地区只是一个很小的和非典型的地方。包括太湖地区在内的整个江南地区是较为富庶的,商业化程度较高,这一地区在16世纪到18世纪期间受对外贸易的影响程度也很高。当然,太湖地区社会和经济动态似乎在某种程度对帝国其他地方产生了或强或弱的影响,因为农奴体系——其实农奴占整个农业劳动力的比例从未超过两成——在清朝统治时期基本上消失了。因此,直到1949年共产主义政权接管土地之前,中国社会的主要土地占有者和农业劳动力都是拥有小片土地的自耕农和佃农。

无论是直到14世纪仍占主导地位的自耕农,还是似乎在17世纪已消失了的庄园农奴,其实都作为封建制度不同层级的附属物一直存在到了20世纪。在某些地方,年节时分,佃农还会按惯例给地主送鸡、鸭或鸡蛋、鸭蛋,也还要在地主家婚丧嫁娶等仪式上帮工。直到1949年,实质性的奴隶制仍可偶尔在一些地方发现,特别是家奴也仍旧存在。¹⁰

Tenancy in the System of Small-Peasant Agriculture

小农经济的租赁体系

随着小农经济体系在唐代以后得到逐步发展,每个农民都期待拥有属于自己的田产——这是农民最热切的期待,只有拥有土地,他才能给他的家庭带来声望和财富,才能使他的后代将来在举办祭祖仪式上还能想起他。然而,每年都会有一些农民失去祖先当年费力获得的全部或部分田产。在20世纪30年代,全中国超过32%的农户都没有自己的土地,而42%的土地都处于租赁状态,且收成的50%～70%都来自于租赁的土地,所以高租赁率被认为是中国农业经济最为突出的特征之一。

农民总会因负债而失去土地,那些只能勉强糊口的农民总是有点倒霉,比如他们经常生病,每一两年就会遭遇收成差或农产品价格骤降等,这些足以让那些最为勤勉和俭朴的、原本拥有土地的农民最终负债。此外,婚礼或丧礼都需要花很多钱,这也会使很多农民不得不向当地放债者去借钱。这种债务的利息高达每年30%～40%,有时候还会更高,农民经常因无法还债而失去此前作为抵押的土地。不过,中国人很少借债去投资——比如买役畜、工具或另一些生产资料来提升生产力等，相反，他们总是迫于极端的需要才陷入负债状态，并因此失去土地。

其实，这里面存在一个悖论。在中国北方，旱灾、涝灾和蝗灾等给农民造成的损失要严重得多，人们因此会认为北方土地租赁率要高于南方，但事实却恰恰相反。很显然，除负债以外，一定还有别的因素会造成很高的土地租赁率。

一般来说，如果一个地方能产出大量盈余产品，运费较低，并且能聚集大量用于投资的资金，那么这个地方的土地租赁率就会较高，而上述几个要素在南方要比在北方齐备得多。实际上，20世纪30年代，广州和上海的土地租赁率分别是85%和95%。中国北方相对贫瘠和干旱的土地上产出的粮食等农产品很难满足耕作者及其家人的需求。相形之下，在中国南方，一定单位面积的稻田产出的粮食产量是同等面积的北方土地所产作物产量的三到五倍。也就是说，南方的土地产出经常有所盈余。此外，在中国北方，运输一般都是靠两轮马车或者直接用牲畜驮，用这种方式进行长途运输既费力，又很贵，而南方的水路则提供了一种相对便宜的运输方式。最后，土地租赁率高常见于商业更加发达的地方，原因在于，虽然官员、放债者，甚至土匪都会花钱置办田产，但此时已迁至城镇居住的大部分地主都主要靠商业活动赚钱了。

虽然中国人的财富大部分都集中在农业方面，但他们因此得到的回报却很低。人们每年种地的收入只能达到土地价值的5%～6%，而人们通过商业活动得到的年度回报却能达到他们投入的10%～20%，而放贷通常会带来30%～40%的回报。不过，人们还是把大部分财富都投入到购置田产上了，因为他们觉得这是财产保值较为安全的方式。此外，购置田产被视为是上等的和受尊重的投资方式，而相对有利可图的商业投资却被儒家视为暗含着敛财意味的行为。因此，虽然无利可图，但出于安全和声誉的考虑，中国的城市资本仍被主要投资到购置田产方面。

租约的种类

一方面，地主们意识到他们对租赁出去的土地进行的投资只能获得较小回报，但另一方面，佃农们却仍觉得田租给他们造成了极大的负担。土地租赁是个纷繁复杂的现象，而佃农的幸福主要受租赁形式而非租赁本身的影响。

田租一般是以固定数额的钱款或固定数量的粮食来支付，也可用事先约定占最终收成的某个百分比来支付。对于地主和佃农来说，每一种方式都各有利弊。从地主的角度来看，无论是用固定金额的钱款还是固定数量的粮食作为田租，都能保障他获取稳定收入，而不受自然变化和收成多少影响。当然，这种方式对于佃农也有好处，因为他完全可以通过努力劳动来提升生产力，并将由此增加的产值完全收归自己所有，而不需要跟地主分享——对于地主而言，这当然是不利的。反过来，如果缴纳固定数额的租金和固定量的粮食，对于佃农来说也有不利之处，因为如果遇到了一个歉收的年份，这对他来说就会是沉重的负担，而且他因此只能给自己和家人剩下很少的一部分。在中国南方，85%的租金都是以固定数额缴纳的。

然而，分成制在中国北方比南方要普遍得多，虽然北方的田地租赁体系只占据整体租赁体系的三分之一。在租赁体系中，地主一般会为佃农提供必须的生产资料，比如种子、工具或役畜，而佃农则根据地主提供了哪些生产资料将收成的50%、60%甚至70%作为田租交给地主。比起其他租约方式，分成制能给地主带来更多收益。然而如果地主想要受益于这种方式，他及他的代理人必须加强对佃农的监督，否则后者很容易在分成时欺骗他们。正因如此，分成制在南方并不太受欢迎，因为那里的地主通常居住在城市而不是乡村里。

租约的长短对于佃农生活的稳定和幸福也有很大的影响。佃农倾向于长租，因为这样他们才能在一定程度上获得相对稳定的生活，而且他们也才能受益于自己为提升田地生产力所进行的施肥、修建和维护灌溉网络等艰辛付出。在这件事上，地主有点进退两难。如果进行长租，那么地主就很难在物价上涨或田地生产力提升之后给佃农加租，也无法因为现任佃农懒惰或生病而换掉他。相形之下，短租则会让佃农不愿意在资产改良和田产维护上花费成本。

在中国北方，田地租约的时间通常很短，最多也就是一年，但目前我们仍不知为何会如此。在土地租赁率较高的南方，租约时间则相对长一些。其实，即便是在一个村子之内，租约也各有不同：一些租约没有期限，另一些则长达五年或十年。

佃农们很享受租期内的权利。永久租约的一般形式叫做"一田两主"(one-field, two lords)体系，这种体系在南方稻作区出现频率很高。在这种体系里，地主拥有"底土权"，农民只永久拥有在田地表层进行耕耘的权利。因为佃农这种权利通常不会被剥夺，而且这种权利是可以继承的，所以佃农堪称这片田地的"主人"，而且他还可把这块田地租给第三人，而如果这份合约的期限也是永久性的，那么这一体系就发展成了"一田三主"。无论如何，不管是一片田地拥有两个地主还是三个地主，这片田地的第一主人都不值得羡慕，因为他很难将拥有表层土地的主人驱逐出去，哪怕后者拖欠了田租，但他本人作为这片田地的法律上的主人却必须为此纳税。因此，在很多地区，拥有对表层田地的权利非常具有吸引力，这种权利经常会卖出比拥有底层田地还要高的价钱。

永久租约体系至迟起源于元代，一些学者甚至将此追溯到了宋代。虽然我们至今仍不能确定这个体系起源的确切时间，但可以肯定的是，这种永久租约经常出现在移民们首次涌向此前未开垦荒地的边界地带。很多时候，土地开拓者在人烟稀少的地方或者新开垦的地方寻找劳动力，并在那里修建稻田和灌溉系统。为吸引劳动力加入这项工程，开拓者通常会让这些劳动力永久租种田地。另一种情况是，第一批移民到来之后开垦了大片田地，他们自己耕种不过来，所以他们用永久租约来吸引其他劳动力前来耕种。

实际上，永久租约体系对于佃农来说非常有利，所以这种体系在中国很多定居区也很流行。比如说，我们都知道有这种情况的存在，一些佃农想向地主买下一片田地，但是另一些也租种这片田地的佃农却宣称他们拥有永久租约。无论"一田两主"体系起源于何时何地，这种体系在20世纪已经遍布于中国南方的稻作区。据统计，20世纪30年代，福建地区超过20%的佃农，浙江地区30%的佃农，苏南地区40%的佃农，安徽地区44%的佃农都是田地的永久租种者。这些数据可能有些言过其实，不过，如果它们真地接近真实状况，那么这将对我们理解中国土地租赁体系有非常重要的意义。因为拥有田地永久租种权的佃农虽然不是田地名义上的主人，实际上却是田地的真正主人，而高比例的永久租约意味着真正是佃农身份的农民远远低于人们原来所说的七成。

土地租赁体系究竟给那些没有得到永久租种土地权的农民造成了多么沉重的负担？它就是这么多年来无数改革者和革命

者所说的造成乡村社会不平等和贫困的根源吗？或者有谁能为此种说法做辩护？

当然，田租肯定是一种负担，但佃农在其与地主的关系中也并不是一味地处于弱势地位。比如说，佃农拖欠了田租，地主对此却无可奈何。长江下游地区的一个案例表明，1895年到1921年间，超过90%的地主曾经遭遇过佃农欠租的事情。更令人吃惊的是，每80个佃农里就有29个人拖欠地主家的田租达十年甚至更长的时间。江苏税收机构（负责向地主征税）的有关记录表明，至少有20%～30%的佃农总是处于欠租状态。为让佃农按时交租，地主们有时候会以佃农立即交租为条件给他们减租三到四成。地主们有时候也会把那些不能交租的佃农抓起来。理论上，地主们是可以驱逐佃农的，但实际情况却是，至少在某些地方，习俗会保护佃农免受这些惩罚，而地主必须承受这些损失。

农民也并不都是因为陷入绝境才去当佃农的。在大片田地上耕种，其产出效率通常要大于在小片田地上耕种，最适宜的耕种面积约为78亩，因为人们还需要在这片田地上留出农庄、边界以及坟丘等所需的面积。由此看来，一个农民拥有的农田面积不仅仅是衡量他占有土地的尺度，也是他总体生计状况的指示器。很多富裕农民选择去当佃农实际上是为了增加自己田地的面积。有时候，一些农民既是地主又是佃农，比如说，如果他们拥有的田地面积小且很分散，那么他们就会租种毗邻的田地，以便将这些田地连成片。

基于以上种种原因，地主所有制其实并不等同于剥削制度，一个人租种土地也并不代表他贫穷。当然，这也并不说佃农过得很轻松，绝大多数农民、佃农和地主其实都处于挣扎着求生存的状态。

Notes 注释

1 转引自 Arif Dirlik, "Chinese Historians and the Marxist Concept of Capitalism: A Critical Examination, " *Modern China* 8, no. 1 (January 1982): 106。

2 F. H. King, *Farmers of Forty Centuries: or Permanent Agriculture in China, Korea, and Japan* (Madison, Wis.: Mrs. F. H. King, 1911) , p. 194.

3 John Lossing Buck, *Land Utilization in China* (Nanking: University of Nanking, 1937) , p. 265.

4 A. V. Chayanov, *The Theory of Peasant Society*, ed. Daniel Thorner et al. (Homewood, Ill.: American Economic Association, 1966) , pp. 70-89.

5 接下来的探讨借鉴了以下精彩论述，参见 Chin Shih, "Peasant Economy and Rural Society in the Lake Tai Area, 1368-1840" (Ph.D. diss., University of California, Berkeley, 1981), Joseph P. McDermott, "Bondservants in the T'ai-hu Basin During the Late Ming: A Case of Mistaken Identity, " *Journal of Asian Studies* 40, no. 4 (August 1981): 675-701。

6 转引自 Shih, "Peasant Economy, " p. 51。

7 这种转变在1449年到1644年期间体现得最明显，比如在1505年到1644年间，绝大部分举人都出自太湖流域的桐乡县的农村——当然此间桐乡县城出举人的比例在不断上升，而1644年以后，超过80%的举人都出自县城了 (Ibid., pp. 135-38)。

8 转引自 ibid., pp. 178-79。

9 Ibid., pp. 169-70.

10 屈顺天（James L. Watson）对香港地区1900年农奴数量的估计是，不超过该地区总人口数的2% [参见 James L. Watson, "Transactions in People: The Chinese Market in Slaves, Servants, and Heirs, " in *Asian and African Systems of Slavery*, ed. James L. Watson (Berkeley: University of California Press, 1980) , p. 250]。

第5章

THE AGRICULTURAL SECTOR IN THE EARLY TWENTIETH CENTURY: The Problem of "Peasant Immiseration"

20世纪早期中国农民的贫困化

1933年，经济史学家R. H. 托尼（R. H. Tawney）写道："中国有些地方的农民就好像一直站在水没脖子的地方，水稍稍泛起一点涟漪，他们就能被吞没。"[1] 20世纪20年代末和30年代，很多观察者对中国农村的看法都与托尼的看法一样绝望。其实，当时对中国农村的考察大多是城市知识分子对自己返乡时亲眼见证情况的描绘：农村积贫积弱，农民愚昧无知，生活日益艰难。1936年，中国著名社会学家费孝通也曾这样描述长江流域，"毫无疑问，农民的生存状况越来越糟"，"中国农村的基本问题，简单地说，就是农民的收入降低到不足以维持最低生活水平所需的程度。中国农村真正的问题是人民的饥饿问题"。[2] 费孝通认为，除了极少数地主和拥有较大片农田的农民越来越富裕，大多数贫农的生活都很悲惨，后者的平均收入只能勉强糊口，甚至不够糊口，这个过程就叫做"贫困化"。

不过，认可中国农民正在经历贫困化过程的人们却分属观点彼此不同的两派。一派叫做"剥削"派，强调农民的贫困化完全是由地主阶级的剥削和帝国主义的掠夺造成的。他们指出，地主向农民收取过高的田租和利息，操控对自身有利的税收体系和掌控农产品市场等，由此变得越来越富裕，而广大农民却变得越来越穷。地主在聚集越来越多财富的同时购置更多的田地，从而使更多农民沦为佃农或雇农；帝国主义强行介入中国的经济体系，资本家的兴起和世界市场的变幻莫测使中国农村经济依赖性越来越强并且更加动荡。"剥削"学说的本质在于，如果能将帝国主义驱逐出中国并且平均分配田地，中国的贫困和饥饿问题就会得到解决。

另一派观点的关键词是"人口过剩"和"技术落后"，这一派反对把"剥削"视为问题的根源，认为农民陷入贫困化是因为中国资源稀缺而人口过剩，人均耕地面积太小，耕种方法和农产品交易方式落后、不科学。消除地主所有制，把土地分给农民只会让问题加剧，因为人均耕地面积已经够小了，已经不够用了。这一派认为，只有引进改良种子和能提升劳动效率的新知识和新技术，同时恢复过度使用的土地，才能使情况得到改善。

接下来，我们将对上述争论涉及的几个关键要素进行逐一考察，以期做出自己的判断。

Overpopulation

人口过剩

关于20世纪中国农民贫困化的探讨大多都以"马尔萨斯人口论"为基础,即认为人口增长会自然而然地超出食物供应的增长。认为中国"人口过剩"和"技术落后"的这一派指出,随着20世纪人口压力不断增长和食物供应量变得更为有限,中国社会的人口数量最终下降到了饥荒时代的水平。托尼1932年曾写道:"情况其实非常清楚,中国人太多了,而现有资源根本就无法支撑。"[3] 费维恺(Albert Feuerwerker)近期也写道:"其他任何(导致中国土地危机)要素在人口与土地不成正比这个残酷事实面前都显得苍白无力。"[4] 这是对"人口过剩""技术落后"观点的最简洁表述。

相关统计数据似乎为这个残酷结论提供了证据。明代,河北和山东等地一整片面积达100亩的耕地都算很小,因为大部分整块耕地都有二三百亩大。然而,随着人口的增长,20世纪30年代中期,在河北,整片耕地的平均面积已经减少为17.5亩,在山东,整片耕地面积已经减少到了14.3亩。总体上,中国社会从1890年到20世纪30年代初,整片耕地的平均面积下降了大约32%。

不过，如果由此就认为当时的中国社会因人口过剩而导致人均粮食占有量无法满足人们基本生存需求的话，可能就过于悲观了。为什么这么说呢？在一个处于或接近马尔萨斯所说的"危机水平"的社会里，人口数量在很长阶段里都不会大幅增长——因为在这样的社会里，人口增长只能依靠有限的食物供应来支撑，而马尔萨斯所说的饥荒、疾病和战争等"积极抑制"(positive checks)要素很快就会使这种增长被迫中断。当然，我们也不能否认1873年到1953年期间尚处于前现代社会阶段的中国在人口数量上的确实现了快速增长。其实，争论的焦点在于人口数量在这一时期的增长率问题，一些专家坚称这一时期人口年平均增长率为0.7%，而另一些则认为中国人口年平均增长率不会超过0.5%。

20世纪30年代到70年代另一件不寻常的事情是，中国人的平均寿命从32岁提升到了62岁，而在这四十年间，中国人在食物平均消耗量和有效的食物分配方面的状况并无实质性改善。[5]这表明，受马尔萨斯人口学说影响的历史学家们的观点不无道理，即前共产主义时期的中国社会人口死亡率之所以很高，并非因为食物短缺，而是因为当时卫生条件很糟糕、医疗技术很落后，各种致命的疾病几乎是无限制地传播和蔓延——当然，我们现在已能很容易地预防和控制这些疾病了。当时，每三个新生儿就有一个新生儿会在一周岁内夭折，而其中约有一成的孩子是死于新生儿破伤风，但在今天这种疾病完全可以通过对新生儿脐带做防菌处理和给孕期母亲注射疫苗得到彻底防治。此外，还有五成的孩子在五周岁之前夭折，原因主要是他们患上了腹泻、疟疾、儿童肺炎等疾病。在成人当中，天花、小儿麻痹症、麻疹、白喉，特别是肺结核等可用疫苗防治的疾病，以及痢疾、肝炎、霍乱、伤寒等水传疾病，还有钩虫、肝吸虫、肠吸虫等引起的寄生虫疾病等，都是致命杀手。中华人民共和国在1949年成立之后在全国开展了"爱国卫生"运动，寄生虫病和传染病在很大程度上得以根除。到了1987年，中国的人口数量迅速增长并超过了十亿。[6]这无疑证明，在1949年之前的中国社会，高死亡率主要是因为流行病而非食物短缺。

虽然20世纪早期中国人的食物基本能自给自足，但部分地区农村也因人口压力而导致生活水平不断下降，玉米、土豆、大麦、小米和高粱等粗粮逐渐成了穷人的主食。在17世纪，稻米为中国人提供了70%的粮食，但是到了20世纪30年代，这个比例已经下降到了36%，而在同时期，玉米、土豆及其他新大陆作物为中国人提供了20%的粮食。一个中国人忆及在山东农村度过的童年时说，"一年中几乎每天每顿都在吃红薯"。[7]情况稍微好一点的家庭会在红薯餐中加点小米，情况更好的家庭也能吃上一些麦子，不过只有那些富裕家庭才能在大部分时间里以小麦为主食。在中国北方其他地区，面条、米粥及用小米面和高粱面做的馒头是餐桌上最常见的食品。即便在中国南方相对富裕的广东省，人们一年当中也有三四个月要以红薯为主食。大量增长的人口被迫以不可口且容易令人厌倦的红薯、玉米和小米等为主食，这表明，这一时期中国人口不断增长对整个国家的食物供给能力造成了巨大挑战。

The Increasing Incidence of Tenancy
不断提升的土地租赁率

持"剥削"观点这派认为,在占人口比例较小的地主逐渐掌控了土地所有权,越来越多的农民失去土地之后,中国社会的贫富差距就变得越来越大了。

最近一项关于中国北方小农经济的研究也颇受"剥削"派观点影响,其强调商品化程度的提升给北方小农经济造成了不良影响,还强调种植经济作物比从事自给农业生产需要更多的投资,因此种植经济作物的农民在遇到收成不好、市场陷入低迷或经济危机发生时更容易受到影响。该研究因此得出结论说,"对小农来说,荒废一片棉花田比荒废一片高粱田的损失更大,前者足以使一户小农的经济情况陷入螺旋下降的旋涡,因为接下来小农可能不得不抵押并最终失去所拥有的土地,沦为佃农,然后出外受雇干零活,最终成为没有土地的雇农"。[8]

上述观点不无道理,但其在证明"土地逐渐集中到少数人手里"时却缺乏可靠证据。[9]此外,我们也有充分理由认为地主所有制并不是普遍现象。其实,种地这种职业的投资回报率从来都很低，很少超过5%，20世纪二三十年代，种地的投资回报率甚至仅为2%，这表明这种职业对投资的吸引力越来越低。此外，在这一时期，面对佃农日益强烈的抵制，地主也越来越难收到田租，到了20世纪30年代地主们在田租（19世纪田租曾下调了约三分之二）上的负担已越来越重。1925年以后土地开始贬值，而相形之下，对城市工业和银行业进行投资，或者把钱存在银行里却变得更安全且回报率更高了。

的确，20世纪30年代中国的土地租赁率虽没达到法国、丹麦和爱尔兰等欧洲国家那样高，但也是居高不下。其实土地租赁在中国并不是一个新问题或日益严重的问题，早在19世纪，长江流域和珠江三角洲地区的土地租赁现象已十分普遍。近期一项关于上述地区在20世纪二三十年代情况的研究显示，"没有证据可证明1870年后上述地区土地租赁比率大幅上升过"。[10] 由此可见，关于土地租赁率在民国时期大幅提升的说法也是不可信的，我们必须从其他角度去寻找使中国农民陷入贫困化的原因。

The Commercialization of Agriculture
农业的商品化

在中国尚未与西方发生碰撞之前,中国农民也很难完全实现自给自足。农民将自己种植的大部分粮食都留作自用,只出售很小一部分余粮,留出一两块地种花生、荸荠、甜瓜等经济作物。他们用出售余粮换来的现金纳税,买盐和工具及另一些他们自己不能生产的小玩意儿。此外在16世纪,某些地区的农民会专门种植茶叶、棉花或养蚕,他们因此也必须从其他专门种植水稻、小麦和另一些谷物的农民那里购买粮食。由此可见,明末清初,中国各地区间的贸易已经逐渐繁荣起来。不过,这一时期用作交易的农产品数量占农产品总量的比例仍很低。

19世纪最后几十年,中国的农村市场得到了很大拓展,到20世纪二三十年代,农村市场规模比19世纪早期拓展了至少五倍。在城市发展的带动下,交通运输成本不断下降(主要是火车运输的发展),外部需求不断提升,很多农民开始专门种植经济作物。在中国北方,棉花种植用于经济目的由来已久,在19世纪的前三十六年里,棉花产量是过去三百年的总产量的三到五倍。同样,大豆、花生、烟草、油菜籽、桐树等都成了主要经济作物。

受交通设施便利程度、土壤情况及与城市和主要市场距离等因素影响，中国各地在市场专业化程度上也有所不同。20世纪二三十年代，长江沿岸一些地区超过50%的农户品都进入了市场，而同一时期全国农产品市场化平均比例仅为30%～40%。

以市场为导向的农业生产对农民生计究竟有何影响，至今仍众说纷纭。在一般情况下，农民很可能从专业化种植和农业商品化中受益。专业化种植通常有助于提高生产力，而在适宜的气候和土壤里种植特定作物也会大大地增产。从回报角度讲，种植经济作物也的确要强于种植粮食作物。比如，香港附近的一个村子，单位面积的稻田能给农民带来107港元的纯收益，如果种植可出售的蔬菜则会带来2251港元的纯收益，而在同样面积的土地上种植桑树的纯收益是种植水稻的十倍。在中国北方，同样面积的土地，种植棉花的纯收益是种植高粱的至少两倍。

纯粹以市场为导向的农业生产也存在风险。不以维持生计，而以贸易为目的进行农业生产的农民易受制于市场，却无法掌控市场。农产品价格是由冷酷无情的供需法则所决定的，比如，棉花价格会因为美国南部棉花大丰收或伦敦和纽约的企业决定削减衬衣产量而大幅下降。同样，农民原本能够实现自给自足，现在却需要在市场上购买食物，但某些粮食作物产量下降或相邻省份受到战争威胁等因素却会导致食物价格突然上涨。

相对而言，小农更容易受市场不确定性的影响。小农仅靠生产自给自足的粮食无法谋生，因此被迫将自己大部分土地腾出来种植可能会带来更高经济回报的经济作物。相形之下，拥有较大面积土地的富裕农民一般则会留出足够大面积的土地种植粮食来供应自己和家人所用。

比起种植粮食作物，种植经济作物需要更多的投资。其中非常重要的一项就是，农民需要大量施肥保持土壤肥力，但借钱买肥料的利息很高，而且地主也会向种植经济作物的佃农收取更高的田租。比如，种植烟草的成本比种植粮食作物的成本要高出三至五倍。如果遭遇歉收、跌价和市场混乱等情况，种植经济作物的农户比从事自给农业的农户将遭受更大的损失。

> 即便在相对而言的丰年里，市价的大幅变动仍会使那些完全靠在市场上买粮食的农民面临很大风险。如果粮食涨价50%，那么一个把自己全部土地都用于种植经济作物的农民就会遭受非常惨重的损失，从而失去赖以维持生计的所有土地和积蓄。[11]

市场的变化莫测及其对中国农民的影响突出地体现在丝织业上。种桑和养蚕在中国有悠久的历史，但丝织业的快速发展则是在1870年以后。随着海外市场的拓展,到了1928年,中国生丝出口量已增长了三倍,丝织物出口量则增长了八倍。鉴于收益可观,大量农民从原本种植谷物和其他粮食作物转而从事丝绸生产。在浙江传统上从事丝织业的地区,蚕茧产量从1870年到1928年间增长了三分之一。在浙江海宁县,超过45%的耕地被用作种植桑树。江苏和广东两地蚕茧产量也增长了两倍,即便在地处传统丝织业外围的山东、安徽两地,其蚕茧产量也分别增长了4.5倍和8倍。

从1887年开始直到20世纪20年代末,丝绸是中国最主要的出口商品,中国农民在这个领域获得了非常可观的收益。

> 对江苏、广东和山东等地来说,蚕丝生产虽然是新产业,但蚕丝产量的大幅提升却给农民提供了新的收入来源。浙江北部传统的蚕丝产区,越来越多的农户从事桑蚕业,而且桑蚕业产出的价值也上升了,因此该地区保持了持续的繁荣。[12]

20世纪20年代末到30年代,以贸易为目的进行丝织生产活动的风险日益凸显。在持续繁荣了六十多年后,丝织市场总体上开始走向低谷。中国在国际丝织市场上逐渐丧失传统的优势地位,最初是因为产品质量下降,外国丝织品制造商开始转向日本市场——他们觉得在日本买到的丝线粗细均匀且很坚韧。因此,虽然日本进入世界丝绸贸易的时间要远远晚于中国,但到了1920年,日本蚕丝出口额已经达到42.05亿英镑,而中国同时期蚕丝出口额仅为1.35亿英镑。质量没有保证不仅损害了中国丝织业一个领域，甚至还削弱了中国整个出口业的发展。[13]

此外，还有一些因素给中国丝织业市场带来了持续性的冲击。20世纪20年代末，人造丝开始与蚕丝争夺市场（尼龙于1939年也加入了竞争）。1931年以后，中国相继遭到外国侵略和经济大衰退的影响。遭受到连续冲击，中国丝织业已是强弩之末。1934年，蚕丝生产中心浙江省吴兴县的蚕茧市价已经跌到1930年的9%。很多农民因此放弃他们一度最为珍视的桑树种植业，转而种植粮食作物。蚕丝产区的农民收入也大幅降低，一项对浙江某县的考察表明，当时农户收入已下降到1930年收入的57%。几乎所有农民都无法承受收入大幅下降所带来的痛苦。

蚕丝生产者的经历，同样也发生在烟草和茶叶等其他经济作物生产者身上，这反映了商品化给农民生计带来的影响。可以说，19世纪末20世纪初，走向商品化进程是中国农业能养活持续增长的人口的主要原因，但在市场低迷期和经济混乱期，依赖种植经济作物谋生的农民也如同蚕丝生产者一样受到重创。

Handicrafts
手工业

中国农村到处可见伪失业者和不充分就业者。因为农田面积很小,劳动力需求又总发生季节性变动,所以在一年当中男人的田间劳作时间只有110天左右,女人和孩子在农忙季节以外则无事可做。很多农村家庭都通过开展辅助性劳动,如沿街叫卖、养猪或给别人当临时农业劳动力和运输苦力等,赚取一点微薄收入。不过,所有辅助性劳动当中,最普遍的是手工劳动。

几乎所有研究者都认为,20世纪20年代至40年代,外来工业和中国近代工业对中国传统手工业造成了严重冲击,也对中国农民生计造成了毁灭性打击。直至今天,中国的共产主义历史学家仍然坚持以下观点:

> 通商口岸的完全放开和协定关税的签署(鸦片战争后)使外国人可以无限制地向中国倾销商品并攫取新的原材料。英国纺织品像潮水般地涌入中国市场,渗透到中国的乡村,摧毁了中国农民的家庭手工业……在外国资本主义的重创之下,中国自给自足的封建经济开始衰落,半殖民地半封建经济开始形成。[14]

不过，这种由来已久的说法在近期却遭到了质疑。比如说，一些传统手工业在20世纪30年代依然很强大。实际上在1933年，传统手工生产仍占棉布、丝绸、食用植物油和面粉生产总增加值的65%、66%、89%和95%，而榨油和碾米等传统手工业在市场经济带动下有所发展；收集猪鬃(制作刷子)和收集鸡蛋和鸭蛋的蛋白(用于制作糕点和给胶片显影)，编草绳(用于做草帽和草垫)，提炼桐油，收集动物皮，压榨豆油(做食品)，做豆饼(做肥料)等传统手工业也在出口贸易带动下得到了发展；此外，这一时期还出现了某些新兴工业，比如仿制西方的火柴、肥皂和香烟等。

一项关于棉纺织业——中国社会最大规模和最重要的传统手工业——的分析表明，评估中国传统手工业及其对农民生活影响并不容易。在18世纪，手工棉纺织是应强大的外部需求推动而得以发展的。所谓的本色棉布，即南京附近地区生产的棉布，非常受欧洲欢迎，因为这种棉布比兰开夏郡(Lancashire)的英国本土工厂生产的棉布质量要好很多。一项开始于1734年直到1800年的统计表明，南京布出口量一直在稳步提升，实际上，这种强劲增长趋势一直持续到了1830年。可接下来中国棉布出口却停滞了，传统的手工生产在效率上再也无法与欧洲和美国的现代工厂竞争下去。然而，1890年开始，中国传统手工织布却出乎意料地复苏了，从1886年到1890年期间每年出口量为34万多公斤，发展到1921年到1925年期间的每年出口量为380多万公斤。

在国内,手工棉纺织与机器织布形成了强有力的竞争。中国的消费者,至少在最初都是喜欢用6支到10支棉纱手工织成的本土手工织布的。相同面积的本土手工织布在重量上是20支到30支棉纱的英国机器织布的三倍,因此更暖和、更耐用,也更便宜。因此,虽然外国棉布进口量在19世纪到20世纪期间持续增长,但其主要是作为丝绸和亚麻的替代品卖给城市消费者的,而在广大农村,大部分中国人仍选择用手工织的布。

棉纺织业主要包含两个环节,其一是将棉花纺成棉纱,其二是把棉纱纺织成布匹。在纺纱环节上,手工纺纱后来几乎完全被机器纺纱所替代了。1875年时中国还完全用手工纺纱,可到了1905年已是手工纺纱和机器纺纱各占一半了,到了20世纪30年代末,手工纺纱只占14%。上百万中国人因此从这个传统行业中被淘汰出来。这似乎可以作为"剥削"派观点的有力支撑。

其实,这里面还有更多的故事。手工纺纱之所以消失,很大程度上是因为它太慢。手工纺纱3小时才能供应手工织布1小时所需的棉纱,相形之下,用机器纺同样数量的棉纱却只需5分钟,而传统织布业的瓶颈也由此得以突破;同时,机器纺纱比手工纺纱要结实很多,织布工人用它能织出更长的布匹,而且在织布机上更换棉纱的频率也降低很多,因此节省了很多时间和精力;此外,中国消费者也逐渐适应了更轻便的布。由此,机器纺纱最终彻底取代了传统手工纺纱。

与此同时，机器纺纱既好用又便宜在一定程度上推动了手工织布的发展，传统的纺织中心地区由此生产出比以往只有手工纺纱时质量更好的布。1933年是织布工非常困难的一年，因为在大萧条到来的前一年，手工织布产量大幅下降，但上海附近的南通县还是消费掉了2109.45万斤棉纱。要生产这么大量的棉纱需要234.4万名纺纱工，而南通县全县人口还不到这个人数的一半。"这表明超出棉纱供给量的棉布产量肯定是1933年棉纱总产量的一小部分，更是棉纱峰值产量的很小的一部分。"[15]

机器纺纱还使更多地区的人们开始从事纺织业。1898年，一位在华日本领事描述道：

> （福州附近的）居民从前并不掌握织布技术……但此地最近开始从印度进口棉纱，更多女性掌握了织布技术。据说现在福州地区内有一千多部织布机。[16]

在手工织布这个繁荣发展阶段，即20世纪20年代至30年代初，大约三分之二的棉布还是用手工织就的，且手工织布产量达到了机器纺纱技术引进之前的数倍。

当机器纺纱取代了手工纺纱之后，纺纱工人如何维持生计呢？很显然，他们中很多人都失业了，每年失业的纺纱工人数至少有200万；同时，也有10%的纺纱工转向织布行业，并因此得到了实惠,因为在薪酬方面,织布所得远远高于纺纱所得;也有一些纺纱工选择从事另一些种类的手工业,比如草编和畜牧等;还有一些纺纱工人转而利用机器纺纱提供的充足且便宜的棉纱从事另两种手工劳动:针织和花边制作。机器纺纱的发展带动了对原棉的需求量,原棉产量在1900年到20世纪20年代初增长了50%,一些失业纺纱工因此找到了新的收入来源。然而,中国经济在整体上是否在传统手工业消失过程中受益还是一个有争议的话题,不过,传统手工业受到冲击的确使中国成千上万的农民的生活变得更加艰辛了。

相比较而言,中国棉纺织业受外国制造业和现代生产方式冲击最为严重,其他传统手工业受冲击较轻。1895年以后,手工缫丝逐渐被机器缫丝所取代;国际市场上,中国茶叶也逐渐失去了与日本和锡兰茶叶的竞争优势;煤油取代菜油成为采光来源。不过,1933年时中国工业产出的75%,从附加值的角度讲仍来自于手工业(机器驱动的工厂、采矿业和公共事业等构成了余下的25%)。此外,手工业产品出口也依旧强劲,出口总价值(以同期价格作为衡量标准)在1875年到1928年期间增长了四倍,而在1930年到1931年期间,出口手工业产品的质量和价值都达到了历史最高纪录。[17]可见,中国并未因与西方接触而使自身传统手工业遭到毁灭性打击,相反其比在帝制时代晚期产出了更多价值。

The Increasing Harshness of Social Relationships
社会关系中日益凸显的不和谐

在中国，当个农民从来都不容易，但封建时期的士绅、乡贤和地主等地方精英却总以一种"地位高、责任重"的意识去尽力缓和乡村生活的严酷性。中国当代杰出的社会学家费孝通认为，传统精英之于农民的关系"并非是剥削，而是互惠与共赢"，这些有学问的、深受儒家学说影响的传统精英"参与乡村生活"，担负着领导和组织职责，而且还担起了"无形政府"的职责，建乡学、修路、修堤坝、解决纠纷等。[18]

在19世纪到20世纪期间，基层精英却逐渐离开了乡村，也就是说，基层精英原本所属的社会环境遭到了侵蚀。在19世纪中期的社会剧变中，基层精英大多逃离了乡村，定居于相对安全的城市，其中一些人也是因投资城市商业和工业而离开了乡村。这种所谓"社会侵蚀"的过程在20世纪不断加速，其间一个标志性事件是1905年科举考试的废止。此前，所有为参加科举考试而学习的人都以儒家道德观和社会价值观为意识形态，同时，他们因有学问而有声望，并因关注社区福祉和拥有与政府沟通的能力而成为乡村社会的领袖。随着科举考试的废止，这个群体失去了从前的优越地位，此后，各社会阶层之间的分野也日益模糊，儒家学说也不再是最受推崇的价值观。

"社会侵蚀"现象的发生，还有另一个重要原因，即受教育的年轻人不再回到乡村生活，他们到市镇的中学和大学读书，他们所学的知识与家乡无关，而且他们也适应了城市的设施与文化。费孝通说："今天的大学生回到乡村后无人与他讲话，没有人理解他，他自己竟然觉得被家族疏远了。"[19] 另一些中国学者也观察到了这一点，"中国社会过去几十年的变迁进一步加剧了城乡之间的社会和经济差异，受过教育的现代年轻人都愿意在城市里生活，而不想回到乡村去当什么领袖"。[20]

随着过去那些受过教育的和负责任的领导者角色逐渐从当地社会消失，新的地方"精英"阶层产生了。这些新的领导者——商人、放高利贷者和未受过学校教育的地主、民间武装头目、土匪头子等种种角色其实一直生活在乡村，但直到原来的士绅阶层消失，他们才扮演起当地领导者的角色。比之于前任，他们的构成更加复杂，不过他们拥有影响力并不是因为他们有学问，而是因为他们富有、体力好或胆子大。

比如说，20世纪20年代至30年代，南昌一个粤语村的领导者从前就是一个"成功的"土匪兼鸦片贩子。这个人是个彻底的文盲，但很富有且随时可通过他从前的土匪头子——现在是省政府官员——与政府取得联系，所以能在村里获得领导权并拥有影响力。这类领导者一般天性粗鲁和自私，再加上后天基本没受过教育和道德训诫，所以秉性难移。有人说，这些强人虽然"肚子里没有墨水"，也没有"可用来教育村民的政治意识形态……但这恰恰昭示了，这是一个没有背景也没有德行的'强人'能够获得成功的时代"。[21]

当然，这个时期的乡村社会领导者过去也不都是土匪或是拥有强力者，其实，这些新地方精英在性格和背景上非常多元。不过"社会侵蚀"学说的支持者们还是认为，这些人的共同之处在于他们都普遍缺乏慈善的家长作风，而从前的士绅阶层在同乡处于人生逆境时通常都给予帮助。这种认为中国社会的社会关系变得越来越不和谐的观点并未得出确定性结论，而且它还有美化传统社会的嫌疑。其实原来的士绅阶层也并不像"社会侵蚀"说认为的那样总是讲究道学的、慈善的、无私的以及关心社区福祉的。比如在饥荒时期，这些士绅阶层也会囤积粮食而造成粮食涨价，这样他们就能趁机大赚一笔。这种商业本能压倒了他们可能持有的"地位高则责任重"的儒家观点。[22]

费孝通认为，那种认为中国的社会矛盾在民国时期变得越发尖锐的观点也是值得质疑的。当然，关于共产主义土地改革运动的文学作品总是把地主描述得缺乏同情心、非常残忍和卑鄙。韩丁(William Hinton)在其代表作《翻身——中国一个村庄的革命纪实》里描述过这样一件事,"一个农民因为地主强奸了他媳妇而动手打了那个地主,就被拴住头发吊起来毒打,最后这个农民头皮从头骨上撕裂下来,摔在地上流血过多而死"。韩丁还说,那些没有按时交租的农民会挨打,如果地主觉得这还不够的话,就会"把农民从其租种的土地乃至家里赶出去"。[23]

然而,跟韩丁一样曾经研究过20世纪40年代末中国乡村生活的一位人类学家傅瑞德(Morton Fried)所描绘的地主与佃农的关系却完全是另外一种情景。傅瑞德并没有对这种关系予以理想化,但他显然也没有看到地主有过如同韩丁描述的那样耸人听闻的恶行。他曾提及一个地主无意驱逐一个众所周知的、既懒惰又无能,而且还是个鸦片吸食者的老农民的事情,还讲述了地主内部关于他们是否有权驱逐佃农问题上的争议。[24]

显然,20世纪早期中国农村社会的变化导致社会关系也发生了变化,但总体上我们却只留下这样一个印象,即社会关系总体上变得更加"吃人"了,那些有钱有势的人变得更为富不仁了。正如一个中国历史学家所说,"毋庸置疑,认为中国的精英从1902年到1949年间变得更加去道德化和与社会相脱节的观点的确反映了现实情况"。[25]可见,"社会侵蚀"的确使中国农民所处的社会关系更加紧张,生活也更加艰难,但造成经济停滞和个人痛苦的根源主要还是战争、暴力以及政局不稳等,正是这些压倒一切的因素使中国在1911年革命后很快又陷入困境。

Political Breakdown and Chronic Violence
政治崩溃和慢性暴力

在清政权被推翻，共和政权建立后不久，中国很快又陷入了军阀割据状态。这是一个彻底的政治崩溃时期，政权不断在军阀之间交替，而他们却从未把社会改革和经济建设列入政治日程。早在19世纪就日益突出的行政腐败趋势在这一时期更加凸显。水利工程年久失修，原来的土堤因遭到侵蚀变得更加脆弱，在涨水时也更容易发生决堤事件。河床清淤工作被忽视，导致河道输水能力日益下降，雨水多就涝，雨水少就旱。此外，蝗虫、螟蛾、老鼠的泛滥，黑穗病、锈病以及其他作物病害频发等使得20世纪30年代初中国农业收成减少了10%～20%。

洪灾和旱灾等自然灾害自13世纪以来爆发频率越来越高。宋代淮河流域每30年就会遭遇一次大洪灾，到了清代，每5.3年就爆发一次。在此前几个世纪，造成这些灾害频发的主要原因是过度砍伐森林和大范围的粗放耕种，但19世纪下半叶，特别是民国时期，自然灾害频发的重要原因却是政治崩溃。比如当时对虫害的防治往往就是管理漏洞造成的技术问题，同样，洪灾和旱灾的发生和灾害影响的扩大化也是行政无能造成的。

20世纪早期，饥荒也频频在中国农村爆发。过去由各级政府主持的荒政，比如维护每个县的赈济仓库和从有余粮的县往缺粮的县调度粮食等，现在都荒废了。因此，在这一时期，灾祸造成的伤害和毁灭比起从前王朝统治强大有效时更严重。

军阀并不操心农民问题，他们只关心建立一方政权并靠这个政权征税。战争与冲突已经成为地方性疾病。据统计，在1912年到1923年期间，中国有7个省份每年都会发生战争，而在接下来的六年当中，每年都发生战争的省份已达到14个。

在政治全面崩溃的大环境下，土匪团伙激增，增长速度甚至超过了军阀麾下的"正规军"，中国社会因此面临着更为严重的经济不稳定并陷入了更大的灾难当中。此外，各地迫于匪患横行纷纷大规模建设堡垒和村墙等，但防务建设需要大量经费，因此农民纳税比例又大幅提升。

打斗、掠夺及购买枪支和建设防务都会造成经济损失并需要大量经费支持，这些都不可避免地对经济发展造成影响。不过，这些都是造成农民经济贫困的原因吗？大部分从事民国军阀研究的历史学者认为答案是肯定的。首先,军阀都会毫无怜悯之心地向农民征税,很多省份的军阀都在征收田赋的基础上再征收附加税,不仅如此,新增税种在征收额度上都是常规税种的数倍。在四川省,军阀不仅征收附加税,还"巧立名目"提前向农民征税。比如,某个军阀在1918年就征收了1925年到1928年的田赋,1919年,他又征收了1929年到1934年的田赋,以此类推。到了1934年,四川很多军阀已提前征收了未来50年、60年,乃至66年的田赋。有一个地方军阀甚至已经提前征收了未来74年的田赋,也就是把2008年的田赋都征收完了。

其次,这个时期编入各种军队的武装力量——不包括土匪团伙、秘密社团和民兵等——的人数从1911年的57万人发展到了1928年的183万人。很明显,这使整个社会背负上了越来越沉重的经济负担。不仅如此,他们一旦开始行军打仗,就会给农村带来无尽的苦难——强占乡民食物和其他供给,征用车辆和役畜拖运设备,拆了木地板作为柴禾,强迫农民当搬运工苦力等。女性也休想幸免,除非藏起来,否则她们很容易在军队路过时遭到士兵的强奸。在这种无政府状态下,军队实际上与土匪无异,只要是能拿走的财物,他们就都会掠走并据为己有。

军队通常会沿交通干线,特别是河谷和铁路这样的交通干线行军,所以当军队行军或撤退时这些交通干线简直就成了"暴力输送管道"。连接两广的西江就是一条这样的"暴力输送管道","广东、广西和云南的军队异常频繁地沿着西江干流和支流行军、打仗,在周边地方制造恐慌,给当地民众造成不同程度的经济损失"。[26]20世纪20年代至30年代，在汉江上游地区，军阀和土匪阻碍当地航运正常进行，该地区的贸易因此陷入停滞状态，当地以种植经济作物为生的农民也因此陷入赤贫状态。

虽然我们应谴责军阀、土匪和掠夺成性的秘密社团的烧杀抢掠和奸淫等恶行，但却不应夸大这些行为所造成的经济影响。据统计，当时参军的15岁到44岁之间的男性数量不超过当时中国人口的2%，而当时军费也未超过当时中国国内生产总值的3.5%～4%，这个比例与当今各国军备开支比例完全不可同日而语。此外，军阀时代的暴力是插曲式地发生的，某些军阀比另一些军阀更会敲诈也更具破坏性，某些地方的战争比另一些地方的战争波及面更广，某些年代的情况比另一些年代情况更糟。比如，广西早在20世纪20年代初就曾饱受最严重的军阀割据之苦，这种苦难在1929年到1930年期间又再次降临，而山东和四川的农民则是在20世纪30年代初遭受到最为严酷的军阀统治。

不过，这一历史时期政治崩溃及战争频仍的确给经济造成了负面影响。比如，除田赋之外的一大批税种给农民带来了沉重的经济负担。政府每年会对农民进行二三十次，甚至更多的非常规税种的摊派，以满足各级政府各类不同的花销，或仅为抵消财政赤字。政府并没有建立起一整套有序的体系来评估和征收这些非常规税种，所以他们可以随意加倍征收。由于政府可以在一年当中任意时间征税并且征收任意额度，因此农民苦不堪言。[27]

20世纪20年代中国铁路货运量下降，就是内战破坏经济的证据。1921年到1922年，中国北方货运总量就下降了超过21%，到1928年，又下降了36%，而这正是军阀割据造成的铁轨不兼容、道路毁坏以及强占大量车辆运输军用物资导致的后果。北方地区军阀之间的争斗还造成了原棉产量的下降以及运抵天津工厂的棉花价格的疯涨。天津的大部分工厂都隶属于不同军阀集团，军阀集团在政治和军事上的命运一旦有所变化，这些工厂就可能失去财政支持。军阀战争也导致了河北和山东地区经济形势的恶化，两地农民被迫再次闯关东以寻求避难和谋生。

政治动荡造成的最为深刻的影响不是对农民生计的影响，而是给社会经济发展带来的没有安全感的阴影。即使是在间歇出现的和平时期，人们基于过去经历和对脆弱的政治体系的认知，所产生的对暴力的恐惧感，会阻止他们进行投资。铁路建设因此延误，大型的棉纺织公司放弃了在北方建设更多作坊、加工厂和大型棉花货栈的勃勃雄心。很多富裕地主放弃在家乡投资，转而将资金投入到通商口岸。这一转变所带来的影响是不可估量的，它压制了乡村经济的发展，使整个国家的财政和工业发展的重心转移到了东南沿海那些被外国控制的城市。

An Interim Assessment:Conditions as of 1930

中期评估：截止到1930年的情况

回顾上述影响农民生计的诸多因素——包括人口增长、田租的影响、农业商品化、传统手工业的命运、社会侵蚀、政治崩溃等，我们可以看出，要找出导致20世纪早期中国大部分农民陷入贫困的原因并非易事，而且我们至今尚未找到可证明中国农民生活水平在整体上大幅下降的确凿证据。本章开篇部分提及的两种观点中，"剥削"派观点更不可信，地主土地所有制和帝国主义侵略对传统手工业的冲击并非如同"剥削"派所说那样完全是负面效应。实际上正相反，不断提升的农业商品化程度具有强大的正面效应，相对而言，"人口过剩和技术落后"派的观点更接近事实——虽然人口过剩问题并没有这派学说的支持者所说的那样严重。

事实上，由于这两派对论点的论证力度都很薄弱，一些当代经济学家甚至认为中国农民在现代化早期并未经历贫困化过程，而是相反地在生活水平上有所提升。显然，这是一个惊人的观点，而能够印证这一观点的最有力证据就是在19世纪70年代到20世纪20年代末，中国人均消费棉布的数量实现了成倍增长，特别是人均消费棉布的面积从1871年到1880年期间的3.9平方米增长到1901年到1910年的4.4平方米，到了1923年到1927年期间，达到了人均6.9平方米的峰值(此后，1931年到1933年期间，这个数据下降为人均6.3平方米，1934年到1936年期间又提升到人均6.4平方米)。很多关于其他国家的相关研究表明，布的消费量是衡量一国民众生活水平上升或下降的最佳指标，而这些数据表明中国民众的收入水平在1870年到1927年期间呈现上升状态。

这一结论似乎在卜凯1928年所做的调查中得到了证实。该项调查涉及的来自遍布中国216个聚居区的调查对象中，超过80%的人声称他们的生活水平"近些年比较稳定或者持上升状态"。该项调查还指出，"在最能代表生活水平的穿衣指标上，56%的调查对象认为他们在这方面有所提升，而在食物质量这个指标上，27%的调查对象认为他们在这方面有所提升"。[28]

以这些有限的，且可能有误导性的证据为基础认定中国农民的生活水平在20世纪早期呈上升状态，显得有些草率。[29]不过无论如何，这些证据至少表明，我们此前认为20世纪20年代初中国农民生活水平没有明显下降的观点具有一定可信性。

然而，即便1900年到20世纪20年代末人口数量不断增长，纳税负担日益沉重，自然灾害日益频繁，政治动荡持续加剧，政府和地方精英提供的社会服务日益减少等并没有使农民生活状况发生剧烈改变的话，那么他们的生活负担也至少是变得更加沉重了。这一点可从他们在这一时期对红薯、玉米和另一些粗粮的消耗量大幅提升上得到印证。当然，他们虽可以此维持尚可忍受的营养水平，但却导致他们在心理层面上认为自己生活水平下降了。

关于农民生活负担加重的另一个证据是，越来越多的农民都不得不去做替代性的工作来填补他们农业收入的不足。20世纪早期，人口持续增长的一个后果是大部分农业人口都没有足够的耕地(再加上当时农业技术落后)来养活自己。在河北和山东，几乎有一半的农民家庭所拥有的耕地面积不到十亩，而事实上一个家庭拥有十五亩耕地才能勉强维持生计。对这些家庭来说，他们的出路在于商品经济的发展和找到替代性工作。很多小农家庭都转向种植经济作物，他们通过在市场上售卖这些经济作物才能获得足够的收益，才能买到他们需要的粮食。另一些小农家庭仍旧选择种植水稻和小麦，然后再通过售卖这些价格相对高的粮食在市场上买回价格相对低的玉米、土豆、大麦和小米等作为口粮。

很多小农家庭都会把家里的一个到两个成员送出去打工挣钱。20世纪30年代初，中国7%～15%的农业人口受雇于拥有更大片土地和经营得更成功的地主，后者经营着他及其家人耕种不完的土地。对于经济吃紧的小农家庭来说，另一个有保障的出路就是到城市里做工。随着商业和制造业的发展，拥有富余劳动力的小农家庭的丈夫、儿子或女儿都会选择去城市的工厂、码头及各种服务行业里做工。1900年到1938年，上海及其以北的城市人口增加了约一千万（上海以南的城市人口增长速度较慢），其中绝大部分是进城做工的农民。手工业也为农民们填补他们日益缩水的人均农业收入提供了一个重要选择。实际上，一个农民家庭拥有的土地面积越小，他家里去从事手工业的人就越多，这既是因为他们有更多可用于兼职的时间，也是因为这对他们来说具有经济上的必要性。上述种种替代性工作的重要性在20世纪30年代初的京汉铁路沿线地区体现得最为明显，这一地区农户超过34%的纯收入都来自于手工业、畜牧业和做苦力、运输和贩卖。

因此，虽然中国在20世纪早期并没有陷入"马尔萨斯陷阱"（Malthusian trap），且这一时期农民的生活水平也并未发生剧烈改变，但即便在所谓最好的时期里，中国农民的生活水平也处于非常低的状态，人均寿命很短就是很明显的证据。此外，当我们发现几乎每位农民在其有生之年都会经历至少四次饥荒和对他生命造成真正或者潜在威胁的武装暴力时，我们就会意识到中国农民的生活是有多么艰辛和贫乏。

The Depression of the 1930s
20世纪30年代的大萧条

在20世纪30年代,中国遭受到了包括小农经济生态失稳在内的一系列打击。在1931年夏天,长江爆发了号称史上最严重天灾的大洪水,这场洪水淹没的土地面积几乎等同于整个纽约州,导致1400万民众流离失所成为难民,给每家造成了平均超过500元的损失。1931年9月日本侵略东北并于1932年初袭击上海也给中国经济造成了深远影响——中国彻底失去了原本广阔且利润丰厚的日常消费品市场,东北移民往家乡汇款的渠道也被彻底阻断了,投资者的信心遭到了严重打击。

1934年到1935年期间,大面积农田因恶劣天气而遭遇歉收。1934年,旱灾的爆发使江苏和安徽两地的稻田变成了龟裂的干田地,两省水稻收成由此下降了五成。与此同时,这一年风灾、冰雹等致使作物歉收的自然灾害的爆发频率也比过去五年自然灾害平均爆发率高出24%。1935年,长江和黄河都发生了洪灾,与此同时还有十三个省份都遭受了严重的旱灾。

不幸的是，20世纪30年代爆发的金融危机使中国经济的困境雪上加霜。1929年到1931年，以白银为基础的中国货币流通体系未能在世界经济大萧条中幸免。随着股票市场的崩溃，相对于金价，世界各国银价都呈垂直下落态势，中国货币遭到进一步贬值。货币贬值使中国出口贸易呈现出表面的繁荣，外国投资者因此加大对中国的投资，大量白银涌入中国，中国的通货膨胀由此加剧，这进一步上推了农产品价格而下拉了利率，而所有这一切都激励着农民借钱购置土地、房产和其他商品。

短暂的相对繁荣在1931年到1932年的冬春之交突然结束。虽然日本侵华是中国陷入此次衰退的重要原因，但英国和日本在1931年底决定放弃金本位制 (Gold standard) 以在世界市场中获得更具优势的竞争地位才是根本原因。中国刚以为自身可凭借白银货币流通体系赚得盆满钵满，甚至由此能超越日本和英国之时，银元流向中国的速度就放缓了，利率也开始大幅攀升，银价很快就呈现狂跌状态。

美国在1933年出台的货币贬值政策加剧了通货紧缩的趋势，1934年美国国会通过《购银法案》(the Silver Purchase Act)，人为地推动世界银价的虚高。从1931年底开始的白银外流最初是很缓慢的节奏，但现在变成了狂泻，中国的银元储备量从1934年4月的6.02亿元跌至1935年11月的2.88亿元，这加剧了中国的货币紧缩，农产品的价格降至新低。同时，农民们需要购置的其他商品降价速度却很缓慢，农民的购买力——卖出价和买入价的比例——严重下降(参见表5.1)。

表5.1　1926—1935年农民收入和支出指数

年份	收入	支出	收入与支出比
1926	100	100	100
1927	93	104	89.4
1928	93	113	82.3
1929	122	135	90.3
1930	126	142	88.7
1931	118	152	77.6
1932	117	154	75.9
1933	57	108	52.7
1934	49	106	47.2
1935	79	121	65.3

来源：Yang Sueh-Chang, "China's Depression and Subsequent Recovery, 1931-36: An Inquiry into the Applicability of the Modem Income Determination Theory"（博士学位论文，哈佛大学，1950），第162页。另一套产出投入指数显示了同样的变化趋势，只是在下跌幅度上没有上表显示得那样大，参见 Chiming Hou, *Foreign Investment and Economic Development in China, 1840-1937*（剑桥，马萨诸塞州：哈佛大学出版社，1965），第266页。经授权再版。

此外，大萧条还冲击了中国的制造业，乡村手工业产品的价格急剧下跌，在城市工厂里做工的农民工相继失业——比如，仅上海一个城市在1934年就有一百二十万人失业，这造成了大量农民家庭失去了重要的收入来源。乡间如人间炼狱，匪患横行，兵祸频仍。新一届执政者开展的国家建设运动进一步加重了农民的纳税负担。蒋介石1935年曾说："政府的花费正在稳步提高,无论哪个项目开始,政府都会征收新税种,也就是说在常规税种以外增加新的附加税……还有各种各样的混合税……赋税项目非常之多,人们在沉重的税负之下生活非常艰辛。"[30]

20世纪30年代,给人们生计造成沉重负担的因素是复合型的,大多数证据表明所有因素相抵之后的净效应几乎是灾难性的。然而,大萧条并没有持续很久,1936年到1937年期间,农村的境况得到了短暂但明显的改善。首先是天公作美,收成很好。其次是国民政府在1935年为掌控货币体系以遏制通货膨胀,决定不再采用白银本位货币体系——虽然这一措施在20世纪40年代给经济带来了毁灭性打击,但其最初是温和的,且给经济带来过活力。再次,农民购买力的恢复为工业产品带来了广阔的市场。不幸的是,日本全面侵华,中国开始了长达八年的抗战,而接下来又是四年内战。1931年之后近二十年的时间里,中国农民的遭遇比20世纪前三十年的任何一个时期都要悲惨。

The Myth of Immiseration Before 1931
1931年前中国农民贫困化之谜

如果说在1931年前的几十年里中国农村境况并没有变得更糟，那"剥削"派和"人口过剩和技术落后"派在这一时期为何会围绕中国农民陷入贫困化的问题进行激烈争论呢？我认为，一个恰当的解释就是大多数关于中国农村经济状况的调查都是在20世纪30年代开展的，而在这个时期，人们无一例外地都会认为中国农民当时正处于每况愈下的经济困境中。

但是，仅从20世纪30年代的视角看待中国农民的生活状况，其实是对20世纪早期中国农民生活总体状况的误读。那些认为中国农村走向衰落的人其实是看到20世纪30年代中国农村的衰败景象就因此推断这种衰败一定是过去几年糟糕情况的进一步恶化，是过去长期持续恶化情况的积累。其实，这种追溯法使人们得出了很多错误的结论。虽然20世纪30年代之前中国农村的生活的确不易，但已有证据却表明19世纪末到20世纪30年代农村生活水平并没有持续下降。

另一个可能的解释是那些灾难预言者坚信中国农村情况是在20世纪早期情况发生恶化的，但他们忽略了其实早在19世纪末中国农村生活就很糟糕的事实。本书第一章曾经提及过，清代经济繁荣和发展时期在18世纪70年代就已经终结了。秘密社团组织的兴起和农民起义此起彼伏表明农民生活在当时已经陷入了破败。到了19世纪中期，这种情况发展到了极致，最终导致太平天国起义、捻军起义和穆斯林起义等事件的爆发，中国社会生灵涂炭，遭到重创。19世纪末，农民生活也没有得到改善，明恩溥（Arthur H. Smith）这位敏锐的传教士兼中国社会观察者在1899年就曾指出：

> 中国社会最突出的问题是民众的贫困。这片土地上的村落太多，生活在村落里的家庭太多，每个家庭的"嘴"太多。无论你走到哪里，你都会听到一个反复出现的词汇：贫穷，贫穷，永远是贫穷。[31]

他还记录了某些家庭甚至因为贫穷而将最小的孩子送去做工的事情，其实，中国人对此是司空见惯的。几乎所有的粪便都被当做肥料施到田里，几乎所有能烧的东西都当做柴火储存起来，明恩溥说，"没有一个茎秆，没有一个树枝或一片叶子会被浪费掉"。[32]

可见，在20世纪的最初三十年里，中国农民的生活状况一直都是如此，只是在1931年以后恶化了而已。虽然我们还需对1931年到1949年期间的情况做进一步调查，但现在看来，中国农民贫困化就是一个客观事实，而并非学者的虚构。

Notes

注释

1 R. H. Tawney, *Land and Labor in China* (Boston: Beacon Press, 1932), p. 77.

2 费孝通,《江村经济》[Peasant Life in China: A Field Study of Country Life in the Yangtze Valley (New York: Dutton, 1939), pp. 282, 285. Emphasis added]。

3 Tawney, *Land and Labor*, p. 103.

4 Albeir Feuerwerker, *The Chinese Economy, 1912-1949* (Ann Arbor: University of Michigan, Center for Chinese Studies, 1968), p. 27.

5 Nicholas R. Lardy, "Food Consumption in the People's Republic of China," *The Chinese Agricultural Economy*, ed. Randolph Barker and Padha Sinha (Boulder, Col.: Westview Press, 1982), pp. 147-58; Richard E. Barrett, "Population Process in China since the Nineteenth Century" (unpub. ms., July 1984), chap. 2, p. 16.

6 Dean T. Jamison et al., *China: The Health Sector* (Washington, D. C.: International Bank for Reconstruction and Development, 1984), pp. 12-18.

7 Martin C. Yang, *A Chinese Village: Taitou, Shantung Province* (New York: Columbia University Press, 1965), p. 32.

8 Philip C. C. Huang, *The Peasant Economy and Social Change in North China* (Stanford, Calif.: Stanford University Press, 1985), pp. 108-09. Emphasis added. 黄宗智(Philip C. C. Huang)观察到，如果一个村子里的农民从事商品化棉花种植，那么这个村子的土地买卖数量就多了起来，而且大量买入土地的都是相对富裕的农民，他因此得出了上述结论。不过，他所采用的案例太少，且其关于土地租赁率提升的证据也是间接的，所以很难得出普遍适用的结论。勃兰特(Loren Brandt)曾对黄宗智对数据的使用进行了批评，参见Loren Brandt, *Economic Development and Cultural Change*, 35, no. 3 (April 1987): 670-82。

9 目前可用的土地所有制模式数据，因通常被精确计算到千分之一点，所以看似已非常贴近事实本身了，但这些数据仍会误导人们。首先，关于20世纪前一二十年的土地所有制模式数据通常是人们在随后年代里进行调查而非现场调查所得到的数据，因此所有早于20世纪20年代的数据都是值得怀疑的。其次，对比不同年代土地所有制模式数据时采用的报道方法也各有不同，在此基础上得出的不同类别定义通常也具有误导性。比如"地主"这一概念就很宽泛，"部分所有"也很模糊，既可用来指代一个农民拥有一块土地的99%，也可以用来指代他拥有一块土地的1%。此外，即便是20世纪30年代以后更科学的调查在现在看来也是各种令人质疑。比如卜凯(John Lossing Buck)所做的某些研究在抽样调查方面就有很强的倾向性(他倾向于把靠近主要交通线路的聚居地作为调查地点)，而这些研究不是自相矛盾，就是与同期其他研究相互矛盾，因此很多学者都质疑卜凯的研究或者避免使用相关数据。

10 David Faure, "The Plight of the Farmers: A Study of the Rural Economy of Jiang-nan and the Pearl River Delta, 1870-1937," *Modern China* 11, no. 1

(January 1985): 7-8. 我没有在此处探讨佃农的租金负担问题，是因为目前可用的证据都模糊不清，不足以得出一个清晰的结论。第一，关于租金究竟是普遍增长，还是保持不变，亦或是不断下降的证据都是模糊的。第二，佃农的实际负担轻重与否，不仅取决于表面上的租金额，也取决于他是否需要或需要交多少押租，以何种方式交租（如分成制、固定租等），以及他与地主关系是紧张还是亲密等要素。第三，租金涨了也有可能是因为土地产品价值提升了，所以佃农负担并不一定会因此而更重了。相反，租金降了也有可能是因为土地生产力下降了。此外，考量租金与佃农实际负担这一复杂体系时也应将地区差异这一要素考虑在内。

11 Dwight H. Perkins, *Agricultural Development in China, 1368-1968* (Chicago: Aldine, 1969), p. 164.

12 Lillian M. Li, *China's Silk Trade: Traditional Industry in the Modern World, 1842-1937* (Cambridge, Mass.: Harvard University, Council on East Asian Studies, 1981), p.198.

13 参见下文，pp. 163-64。

14 转引自 Jack M. Potter, *Capitalism and the Chinese Peasant: Social and Economic Change in a Hong Kong Village* (Berkeley: University of California Press, 1968), p. 176。

15 Kang Chao, "The Growth of a Modern Cotton Textile Industry and the Competition with Handicrafts," in *China's Modern Economy in Historical Perspective*, ed. Dwight H. Perkins (Stanford, Calif.: Stanford University Press, 1975), p. 175.

16 转引自 Mark Elvin, "The High-Level Equilibrium Trap: The Causes of the Decline of Invention in the Traditional Chinese Textile Industries," in *Economic Organization in Chinese Society*, ed. W. E. Willmott (Stanford, Calif.: Stanford University Press, 1972), p. 152. 关于手工织布的繁荣时期的相关论述，参见 Kang Chao, "Growth of a Modern Cotton Textile Industry," pp. 175, 183, 194。

17 Hou Chi-ming, *Foreign Investment and Economic Development in China, 1840-1937* (Cambridge. Mass.: Harvard University Press, 1965), p. 169; Ramon H. Myers, "The Agrarian System," in *Cambridge History of China*, vol. 13, ed. John K. Fairbank and Albert Feuerwerker (Cambridge: Cambridge University Press, 1986), p. 264.

18 Hsiao-t'ung Fei, *China's Gentry: Essays in Rural-Urban Relations* (Chicago: University of Chicago Press, 1953), pp. 127-37.

19 Ibid., p. 134.

20 C. K. Yang, *A Chinese Village in Early Communist Transition* (Cambridge, Mass.: Technology Press, 1959), p. 118.

21 Ibid., p. 114.

22 王国斌（R. Bin Wong）也曾指出，在19世纪早期，穷人至少能在需要时从富人那里得到赈济粮，而且社会也能够意识到穷人的这种期待。参见R. Bin Wong, "Food Riots in the Qing Dynasty," *Journal of Asian Studies* 44, no. 4 (August 1982): 769, 782。

23 William Hinton, *Fanshen: A Documentary of Revolution in a Chinese Village* (New York: Monthly Review Press, 1966), pp. 51-52.

24 Morton H. Fried, *Fabric of Chinese Society: A Study of the Social Life of a Chinese County Seat* (New York: Praeger, 1953), pp. 108-09.

25 Y. C. Wang, *Chinese Intellectuals and the West, 1872-1949* (Chapel Hill: University of North Carolina Press, 1966), p. xii.

26 Diana Lary, "Violence, Fear, and Insecurity: The Mood of Republican China," *Republican China* 10, no. 2 (April 1985): 57-58. Romanization modified.

27 20世纪不断增长的另一个税种是押税。押税是卖家畜、肉、烟草、酒和另一些产品需缴纳的商业税。押税通常是由包税人进行征收，这个体系很是腐败。不过说到底，这些税赋终究是由消费者来承担的。

28 John Lossing Buck, *Land Utilization in China* (Nanking: University of Nanking, 1937), pp. 58-60. Emphasis added.

29 这两个证据都存在严重的问题。中国社会这一时期的布匹消费量大幅提升可能并不仅仅是因为生活水平提高了，还有其他的原因。比如，布匹销售量大大提升可能是因为现代生产技术使布的价格更便宜了，大众更能消费得起了。再如，大量购买布匹也反映了当时中国社会城市人口的不断增长，这些城市人口在布匹消耗量上远远多于农民。卜凯提供的数据一定要谨慎使用，比如卜凯的调查中所涉及的农田在面积上远远大于当时各个地区的实际农田面积，有时甚至是当时真实农田面积的两倍。卜凯本人也承认自己所使用的数据可能是"太过乐观"了。(Ibid., p. 437).

30 转引自 Hung-mao Tien, *Government and Politics in Kuomintang China, 1927-1937*. p. 168.

31 Arthur H. Smith, *Village Life in China: A Study in Sociology* (New York: Revell, 1899). p. 310.

32 Ibid., p. 246.

第6章

COMMERCE IN THE LATE IMPERIAL PERIOD: The Instruments and Geography of Trade

帝制时代晚期的商业：贸易工具和贸易地理

人们普遍认为，传统中国社会非常轻视商业和商人。比如，儒家正统学说对社会阶层的排序是士、农、工、商，把商人看作是社会最底层。自汉代伟大的历史学家班固(32—92)将商业定为"淫业"之后，这种观点已算是陈词滥调。对中国人而言，农业才是社会的根本，农民的收获对于社会的价值是显而易见的，而商人是从别人的生产劳动中获利，因此是社会的寄生虫。《孟子·梁惠王》一文中深刻地判了"逐利"思想：

王曰："叟！不远千里而来，亦将有以利吾国乎？"

孟子对曰："王！何必曰利？亦有仁义而已矣。"[1]

这个故事表明，数百年来中国人都认为真正的绅士或君子只应关注"义"，而不是"利"。相反，关心"利"的人，比如商人等，就不是君子。甚至到了19世纪，官员兼历史学家徐鼐仍旧赞许地说："当商业利益很小时，那些耕地和编织的人就会多起来"。[2]

其实，儒家学者很有智慧，他们并没有把"轻利"的观点推向极端。孟子本人曾建议统治者不要向商人征税，因为"市，廛而不征，法而不廛，则天下之商皆悦，而愿藏于其市矣"。[3]在帝制时代，中国官员都基本认可商品流通对于百姓安康具有重要意义，也认为商人——只要他们不谋求不当利益——在社会中扮演的是有用的角色。历代君主经常要求官员"安民通商"。可见，正统儒家学者对商业存在矛盾心理，他们确信社会和谐有序有赖于对儒家价值观的追求，但这种价值观却排斥对财富的追求。

无论儒家学者对商人怀有何种道德顾虑，中国民众都恰如美国传教士明恩溥在1899年所说的那样，"对于贸易有着独特的好感"。[4]另一个中国通也曾说，中国人"天生就是商人，他们是这个世界上最精明的和善于讨价还价的群体"。[5]可见，中国人心灵深处始终存在着强大的物质主义倾向，而这在很多中国人的祝福语中都可以得到证实，比如人们在过年时都会说"恭喜发财"，而且几乎所有人都想通过当行商或坐商来逃离种地的艰辛。其实早在唐代，中国的商业就已经非常发达了。

《旧唐书·崔融传》记载："天下诸津，舟航所聚，旁通巴汉，前指闽越，七泽十薮，三江五湖，控引河洛，兼包淮海，弘舸巨舰，千轴万艘，交货往来，昧旦永日"。[6]

18世纪，一个耶稣会牧师也曾心怀敬畏地写道：

中国的每个省份都有自己独特的财富，而且都能通过河道或运河运输而实现商品流通，这些都促进了帝国内部贸易的繁荣发展……中国国内贸易非常发达，以至于整个欧洲的贸易都无法与其比肩。很多省份几乎都成了独立王国，它们之间通过商品交易互通有无，这使得相关省份内部的商人群体各自形成了一种能够反过来掌控本省的、新的组织方式。[7]

中国国内贸易如此发达，足以证伪坚持认为帝制时代晚期中国社会只是由各自独立的乡村和自给自足的农民所组成的简单社会的观点。实际上，农民们经常购买盐、菜油、针、铁制农具和烹饪工具，并且经常光顾铁匠铺、棺材铺、牙医诊所和算命铺子等专业场所；同时，他们也售卖自己生产的农产品和手工制品等。反过来，在20世纪之前，中国社会两到三成的农产品都被拿到市场上出售了。

大部分商品都是在其原产地附近售卖的，最远也不会超出一百六十公里以外的距离。当然，当时也有一些小规模远距离贸易，但这种贸易主要是为了迎合社会及经济精英们的需求，比如，细瓷器会从江西的窑炉运出来，精选茶叶也会从浙江北部和江苏南部运出来，而精美织物也会从长江下游的苏州和杭州运出来；书籍、文具和玉石、糖也属于奢侈品，通常都是从很远的地方运送出来售卖的。此外，占帝制时代中国社会人口总数6%的城市人口也依赖食品和另一些供给物品的贸易网络。

毋庸置疑，如此规模的商业活动需要运输体系、度量体系和银行业务等作为支撑。接下来我们将专门探讨这些贸易工具的相关问题。需要注意的是：中国社会的商品经济在过去几个世纪里虽经历过多次跌宕起伏，但我们手头的可用信息却大多来自于19世纪。19世纪是个经济贫困、政治混乱、政府无能的时期，而16世纪到18世纪（除17世纪中期是个相对衰落的时期）相对而言却是经济全盛期。读者们或许应该明白，如果我们所用的数据来自于18世纪，那么接下来的描述或许更加积极。

Transporation
运输

西方人在19世纪晚期已经发现中国的运输既不便利，也不高效，而且成本还很高。从三百多公里以外用役畜运送1石稻米所需花费几乎等同于自己种植1石稻米，从同等距离之地运送1吨煤所需花费则是煤自身价格的20倍。因此，远距离地运送价格便宜但重量大的商品非常不划算，而且也只有一小部分商品是在远离产地的地方被消费的。陆路运输商品通常靠人力或者畜力(骡子、马、牛、骆驼)。一个挑夫用一根扁担能挑36公斤到48公斤的东西，一个搬运工用背负的方式能背90公斤的东西。带轮的车要更有效一些——虽然路况不好会影响这种运输方式的效率，特别是在中国西部和南部地区更是如此。两人手推车能够运送约227公斤重的东西，而一人手推车则能运送约114公斤重的东西。不过，即使是用马驮运这种最快的陆上运输方式，平均每天也超不出五十公里的距离。

人们把构成陆路交通网络的人迹或车辙称为"道路"，其实在某种意义上是用词不当。如同托普西(《汤姆叔叔的小屋》里的人物，她认为自己不是上帝也不是母亲所造，而是自己长出来的——译者注)一样，"道路"

是"自然生长"的，而不是被谁"制造"出来的；"道路"是脚印、蹄印和车辙累计数代所形成的轨迹；"道路"也不是政府规划人员在地图上规划出来的，而是沿着田间、山间和溪流之间无人居住的地方形成的线路。开辟道路者经常会与农民发生冲突，因为农民不会因田田被占而到应有的补偿，甚至还要继续为这块被占的农田纳税。因此，农民通常会在道路开辟者可能选中的路线上设置障碍物或挖陷阱，希望通过此举把道路挤到自己农田的边缘上，以免自己的农田被一分两半，并且这样还能迫使毗邻的农田也为公路的铺设腾出一块地方。农民有这种反应是可以理解的，但这的确会给道路开辟者造成困难，后者经常被迫考虑每块农田的形状而违背两点之间线段最短的几何原理。明思溥在19世纪晚期曾写道，"当你在村庄道路上行走的时候，本来你要去一个不太远的地方，但你却需要绕很远的路"。[8]一般来说，各省之间的主干道也是连接乡间道路而形成的，主干道可能会宽一些，但也不会比那些支路宽太多。

大部分道路都没有平坦的路面，也没有公路等级划分。很多路上都有让粗心的行人倒霉的深坑,而且经过几个世纪的雨水冲刷,原本较缓的坡路也会变得很陡,像是激流冲刷过后的河床。19世纪90年代,一位外来观察者曾说,"在这样的路上,马车就像是遇到海难的船一样摇摆,在泥泞中每走几米就要漂移数次"。[9]实际上,中国北方的黄土高原因长期的雨水冲刷而形成深达18米到25米深的沟壑,人们就把这些沟壑当成道路使用。在很多地方,这些沟壑很窄,一次只够一辆马车通过。在进入这样的道路之前,车夫需要大声喊叫,提示对面可能即将进入的车辆要在路口外较宽的地方等待一会儿。

中国南部和西部的道路比起北方的道路更受自然地势的限制,大部分道路都沿着山谷和河床分布,人们不可能像在北方平坦干旱的陆路上行走那样在水稻梯田间自由行走。这里的大多数道路都是用石板铺成的,狭窄、陡峭,很不平整,马车和独轮车都很难在这种路上行进,所以运输基本上还是靠人背或动物驮。

中国古代王朝政府早就曾承担起了铺设至少部分道路的职责。据记载,公元前3世纪的秦朝统治者曾主持建设过大型公路网,《汉书·贾山传》中说,秦"为驰道于天下,东穷燕齐,南极吴楚,江湖之上,濒海之观毕至。道广五十步,三丈而树,厚筑其外,隐以金椎,树以青松"。[10]当然,如果因此就认为古代中国拥有一个横穿大陆的高速公路网肯定是错误的。到了宋代,连接城市间的砖石路并不少见,而且道路体系在全国很多地方都已经连接成网状。据13世纪一部地理学著作记载,在位于长江下游的信州,其商业中心拥有"可通往福建、湖南、湖北和江西的很多条路"。[11]信州以往是偏僻之地,但现在却变成了交通中枢。这一时期,连接很多城市的道路都是用砖石铺成的,虽然其中有些可能保存得不太好。

元代(1271—1368)是最后一个还坚持关注道路建设的朝代,到了清代,此前的那些官修道路几乎都消失了。实际上,自14世纪以来连接通州和北京的官修道路就一直在频繁使用,到清代,这条路上的花岗岩路面已被压出了约0.3米甚至更深的车辙,这最终导致人们弃用这条官修道路而从旁边的农田穿行。明恩溥不无讽刺地说,这些官修高速路"不是由朝廷来维护,而是需要有人替朝廷去维护"。[12]

清代晚期,朝廷几乎不再担负维护公路的职责。在四川,"凡是那些收费的公路,维护工作就做得比较好,因为对于官员来说维护公路有利可图"。[13]然而,也不是每个地方都秉持这种实用主义,因为很多地方的道路维护都是由佛教"因果观念"指导下的个人或组织所承担的,不过,这种努力却只留下了一种持久的印记,那就是路边刻着修路费用捐赠者名字和善行的碑碣。

不过,朝廷却非常重视修桥。虽然中国各地普遍桥梁较少,但凡是修桥就基本上都政府主持的,或至少得到了政府拨付的部分经费。这些桥梁当中,诞生了某些堪称建筑史上的奇迹之作。福建泉州的洛阳桥修建于宋代,这座桥长约834米,拥有46个花岗岩桥墩以及雕刻着狮子和宝塔图案的石栏杆。

当然，如此壮观的桥梁并不多见。其实对西方旅行者来说，中国桥梁的破败情况才最令他们印象深刻。如果桥墩之间的石过梁断了，当地民众就用三根树干（在中国北方）或者三捆稻草来填补缺口。走在这种用木头或稻草修补的断面上其实很危险，如果遇到水位高的时候，它们都会被冲走。由于桥梁很少，而且尚存的桥梁也大多破败不堪，行路人经常需要涉水过河，在水位涨高的时候，他们则被迫放弃出行。

通过水路出行通常要比经由陆路出行经济和便利得多。在中国南方，即便是一艘沿着狭窄溪水漂流的小舢板的载重量也能达到约730公斤，而在主河道上行驶的帆船则能载重70吨。因此，同等距离的水运成本只是陆运成本的三分之一或者五分之一。不过即便如此，通过水路将稻米从湖南运输到一千公里以外的江苏和浙江两地还是会使稻米的价格翻倍。

水路运输的劣势在于逆流而上运输要比顺流而下运输难得多。比如，在长江上逆流运输的难度简直就是超乎想象的。人数众多的纤夫一次只能把船拉出几厘米。19世纪晚期，一个西方人曾如此描述他的经历：他所乘坐的船纤绳断掉了，这条船15分钟之内就被冲回到纤夫拉了两个半小时之前的地方去了。一般说来，往上游运输货物所需装卸工的数量是往下游运输货物所需装卸工人数量的三倍。即便如此，中国南方地区经济商业化程度远远高于北方和西部地区，主要是得益于水路运输优于陆路运输。

然而，与陆路一样，大部分水路也总是被忽略。在理论上讲,地方官担负着维护水路的职责,但他们却没有得到朝廷为此拨付的款项。因此,大部分河流和湖泊上的路线都没有定期清淤、清理危险的暗礁、清理纤道或者建立航标。人们可能会为元代以后的历代朝廷都不再关心国家公共事务而感到困惑,但实际上,帝制时代晚期的历代朝廷对地方事务采取放任主义态度是不可避免的,有关于此,我们将在后文中探讨。

早些时候,运输体系运转得可能还比较顺畅,但到了19世纪晚期,包括水路和陆路运输在内的整个运输体系其实给商业发展拖了后腿。一方面,晚清时期中国的古道和古桥已经完全失修了;另一方面,最近一项关于价格变动史的研究也证实了这一点。[14] 该研究表明,长江三角洲地区稻米价格的季节性变动在1713年到1719年期间,比之其在1913年到1919年期间,幅度更小,力度更缓和。在18世纪早期,这一地区已经是行政管理、运输和制造业中心了,当时的上海县和嘉定县的大部分土地都用来种植棉花而不是粮食作物,从而使这一地区更加依赖从其他地方运输稻米。

人们可能会认为18世纪的市场体制和运输体系比20世纪要落后。20世纪早期上海的发展主要得益于繁荣的现代银行业和仓储业,发达的汽船和铁路运输以及随时能从中国各地乃至东南亚、澳大利亚以及北美进口的谷物等。稻米价格在1913年到1919年期间的区域性变动的幅度自然比二百年前要小很多。

然而,人们该如何解释稻米价格在18世纪早期非常稳定的现象呢?一项关于价格变动研究得出的结论说:"有助于对物价在1700年前后呈现出惊人的稳定现象进行解释的最重要因素是，当时存在能够服务于苏州以及江苏南部、浙江以及福建等城市和商业发达地区的大规模和远距离的稻米贸易。"[15] 据统计，这一地区每年稻米进口量达17万～28万吨，而稻米来源不仅包括附近的安徽和江西，还包括台湾、山东、四川和东北地区 (近代早期，这些地方的稻米很少运送到长江下游) 等地。我们目前还不十分清楚这种大规模稻米贸易的运作机制，但我们却了解到其在18世纪早期呈现出以下几点明显的特征：第一，中国社会存在以这个市场为导向的大规模稻米生产区；第二，这个市场体系成功地集中了大量稻米并成功地应对了广大区域里的供需压力；第三，当时的运输体系运转非常有效，因此运输像稻米这样单位价值较低的商品仍然有利可图。据此，我们可得出如下结论：18世纪早期的运输技术和市场机制已经"十分复杂和有效"。鉴此，该研究指出，我们必须摒除以往"那些带着嘲笑和鄙视，居高临下的欧洲视角，因为这种视角仍将19世纪末20世纪初的中国经济体系等同于传统时期的中国经济体系"。[16]

Weights and Measures

度量衡

中国历史上第一位皇帝秦始皇在公元前3世纪已统一了中国的度量衡。不过在帝制时代晚期,这种统一的度量衡体系却令人难以置信地被混乱的度量衡体系所取代了。

长度测量是各种单位的系统性排列组合:1丈为10尺,1尺为10寸,1寸为10分。不过,这种体系后来却终结了。在上海,裁缝眼里的1尺是13.85英寸(1英寸=2.54厘米),铁匠眼里的1尺是12.1英寸,而在土地转让过程中,1尺又被等同于13.2英寸。一府分为两县,东边的县把1尺定为14.7英寸,西边的县却把1尺定为14.8英寸。

理论上,1石(石在古代既是重量单位,又是容量单位——译者注)应该是100斤,但在福建的著名港口厦门,1石靛蓝染料是110斤,1石白糖是95斤,1石红糖是94斤。在上海,1石稻米还是100斤,在厦门1石稻米却是140斤,而在福州,1石稻米又变成了180斤。即使是朝廷自身也不维护重量测量标准统一,它将1石贡米定为120斤,但是在南京,1石贡米又成了140斤。

在距离测量上,中国人与荷兰人是保持一致的,后者用他们在一次航行当中所抽烟的时间长度衡量运河船走过的距离。这种距离测量单位是"里",而1里是一个满负荷的搬运工在平坦的地面上每天工作10小时所走过距离的百分之一。理论上,1里等于1800尺,约为1/3英里。然而,一片不平坦的地面就能驳倒上述所有理论。比如说,去往一个坐落在山里的村庄需要走50里路,但是从这个村庄下山回来却只需要走25里。

对体积和面积的衡量也存在着同样的误差。斗是用于衡量谷物或者液体体积的容量单位,而1斗却等同于少至176立方英寸(1立方英寸＝16.39立方厘米)或多至1800立方英寸的体积。商人通常在买入货物时用深斗,卖出货物时用浅斗。亩是用来衡量土地面积的单位,同样,1亩也等同于少至3840平方英尺(1平方英尺＝0.09平方米)或多至9964平方英尺的面积。在一些地方,土地面积单位叫做"牛田"。1948年,有人告诉人类学家莫顿·弗莱德(Morton Fried),1"牛田"就是一头水牛在一天当中能耕种田地的面积,而当莫顿进一步发问时,那人又告诉莫顿说,1"牛田"其实就是40亩或50亩。莫顿深深地为这种不精确感到困惑,于是再次逼问这个知情人,后者却用无可辩驳的逻辑回答说,1"牛田"的大小取决于水牛个头的大小。[17]

度量衡的不精确和不统一，使中国人在做买卖和从事生产劳动时往往会陷入非常严重的混乱之中。比如，测量苏州丝绸的长度单位就不同于测量棉布、木头或其他东西的长度单位，而人们通常只用"苏州尺"(Soochow foot)来测量苏州丝绸，而这种行为在行会规则下还得到了强化。其实，其他市镇和行业也是如此。从全景视角来看待中国实践，会令人不免想起美国当年也曾因度量衡不统一并为此困惑。比如，我们说自己离学校10分钟的距离，其实也并没有说明我们是走路10分钟，还是骑行10分钟，抑或是开车10分钟。我们在木材市场说要买宽2英寸长4英寸的木材，实际上买到的经常是宽1.75英寸，长3.75英寸的木材。其实，中国的度量衡体系背后有着大量的常识作为支撑，那些有智慧的老农民的经验有时能抵得上一个哈佛大学历史学教授奥斯卡·汉德林(Oscar Handlin)所掌握的知识：

> 平面上的两点之间直线距离最短，而在山区，这个说法就行不通。任何看见过之字形上坡路，或看见过蛇是如何绕过障碍的人都会明白，长度测量在这里完全没有意义。实际上，离开平原，人们就完全不再用米或者英里计算了，这种时候计算小时或者分钟的计时工具更为重要。[18]

Money
货币

自公元前4世纪始,中国已开始用铜钱或金银来作为贸易中介了。启用于汉代(公元前206—公元220)的圆形铜币,一直持续使用到了20世纪,纸币的使用也早在公元11世纪就开始了。按理说,中国在货币使用上拥有如此宝贵的经验,帝制时代晚期的中国应该能发展出非常理性的、运转顺畅的货币体系。可惜的是,中国的货币体系却与其度量衡体系一样混乱,并因此成为中国社会迈向商业化进程的重要障碍之一。

中国自明代早期就开始使用白银和铜钱作为贸易中介,但这两种金属却属于不同的流通体系,也就是说铜钱并不是作为白银的辅币而被使用的,具体说来:白银主要用于大宗商品交易和批发贸易及支付大量薪酬,铜钱则主要用于小规模商品交易和零售买卖。铜钱或白银在市场流通环节中均可作为贸易中介,是为"平行本位制"(parallel bimetallism)。

不过,一般只有铜钱被叫做"钱"。铜钱由若干中央或省级政府铸币厂铸造,其直径均为2.5厘米,中间有个标志性的方孔,币身上刻有当朝皇帝年号。一枚铜钱的价值很低,约等于英国19世纪一个法新或四分之一便士的价值。铜钱价值过低导致即使用很多铜钱也买不了多少东西，而且交易时要花大量时间数钱；同时，由于政府总是改变铜钱尺寸和铸钱的铜的重量，每批铜钱的价值都不一样；此外，流通了几个世纪的铜钱比标准铜钱轻薄很多，而且伪币的出现也会造成铜钱的贬值。因此，当时，人们每做一桩生意，都得额外围绕铜钱本身讨价还价。

这种流通体系还有另一个潜在不便之处，即人们无论如何也绕不开把铜钱按等级分装这个环节：首先要将100个铜钱串在一起作为1个分串，然后集齐10个分串，才能形成1000个铜钱的整串。这项艰苦的工作不仅需要按尺寸、重量、厚度和铜含量、来源以及磨损程度来对大量铜钱进行分类，还需要把它们都串在绳子上，然后形成按大小排列的锥形串。这项工作一般由专门提供这种服务的钱铺来做，而钱铺会在每个分串上扣除1个铜钱以赚取薪酬，这样算下来每个整串实际上只包含990个铜钱，而这个整串仍旧能在市场上买到价值为1000个铜钱的商品，但990个没有串在一起的铜钱却不能进行这样的交易。

当然，每个地方的情况都不一样。在一些地方，钱铺可能从每个分串上扣除2个或更多的铜钱（所以一个整串可能只有980个或970个铜钱，或更少，比如在太原，每个整串上就只有820个铜钱）。此外，有些地方的铜钱质量比另一些地方的铜钱质量差，甚至同一地区同时在流通的铜钱质量也各不相同，几乎每串铜钱都有标记自身质量和数量的刻痕。这些地区的某些市场（如燃料市场）接受由980个铜钱组成的整串，而另一些市场（如肉市场）则只接受由990个铜钱组成的整串。如果买家手里的整串包含的铜钱数不够，那么他就要再支付若干散钱，或到钱铺去购买够用的整串钱。直隶和很多北方省份使用小型现金体系，在这个体系中，1个铜钱可以当别的地方的2个铜钱用，也就是说，商店里标价100个铜钱的商品可以用50个铜钱买到。我们还可以给出更多例证，但现实总是更复杂，而且，白银流通体系还要更复杂。

作为贸易中介流通的白银是以"两"为计量单位的，外国人把它翻译成"tael"。在美国，商品价格都是以美元为单位进行计算和支付的，同理，中国是以银两为单位计算与支付的。帝制时代晚期，朝廷在白银流通领域并不承担任何职责，也不主持铸造银锭。因此，白银在市场上以各种规格、形状和重量的铸块形式流通。同时，由于白银不能以纯银状态投入使用，所以市场上流通的银锭在纯度上各不相同。

此外，白银流通领域还存在着使情况变得更复杂的很多因素：比如，"两"作为重量单位，在不同地方有不同标准；而且，中国用来测量银锭纯度的方法也很原始，这也使银锭的纯度很难提升。市场上流通的各种形状的银锭中，马蹄银无疑是最重要的一种。马蹄银通常重50两，因形状类似马蹄而得名(马蹄银，也称纹银，来自于"细丝"这个词汇，仅仅是用来描述银锭的词汇)。每一种重量较小的银锭都有独特的形状。一个令人感到尤为好奇的现象是，在对外贸易中获取的条状银块，都必须重新熔铸为中国社会所接受的银锭，才能在中国国内贸易中作为货币流通。

由于朝廷不参与掌控白银货币流通体系，因此铸造马蹄银或其他银锭的任务就落到了负责评估和售卖银两的私人钱铺身上。钱铺在铸造银锭过程中，也和穿铜钱串一样，扣除一定重量的白银(各地规矩不同)作为报酬。因此，每块应为50两重的银锭实际重量是49.5两。银锭铸造完毕后，钱铺会在银锭上刻上名义上的重量和纯度，现在，这块银锭就可以作为货币流通了。

一块名义上重50两的新银锭一旦被投入市场，就会遇到极端复杂的情况。在北京，市场上流通着六种银两，包括重552.4格令(grains)、成色为980的银两，重541.7格令，成色为1000的银两，等等。天津市场上流通九种银两，广州市场上也流通九种银两，其中知名度最低的重庆，其市场上也至少流通六种银两。如果一件商品以扬漕平银(重565.65格令，成色为944)报价，而买家手里也恰好有扬漕平银，买卖就能顺利地进行。然而，实际情况通常却是买家拥有的是不同于扬漕平银的其他重量和成色的银两，那么接下来就会是艰难的讨价还价和计算过程，直到双方计算出与一定量的扬漕平银的重量和成色相等的银两的数量。

另一个困难是白银货币流通体系缺少必要的辅币。当一桩交易需要的银两少于已铸成的银锭包含的银两时，交易双方通常会从银锭上切掉一块来完成交易。切割后的银锭会发生贬值，而切掉的这小块银子由此也充当起了小价值货币的角色。

直到1800年，中国社会仍在广泛使用双金属货币体系，但接下来，这种白银、铜钱并行体系受到了很多其他货币的挑战，在这些新的竞争者当中，银元是最强有力的对手。[19]

自16世纪开始，西班牙银元——最初是比索(piaster，西班牙银币)，后来是卡洛斯银元(the Carolus dollar)——进入货币流通体系。到18世纪末，西班牙银元在中国广泛流通，特别是城市当中，也包括丝绸之路沿线的内陆地区。最初，中国人把银元当成银锭一样的东西来使用，在交易时对其进行称重和成色评估，或把它们熔掉后重新铸造成为银锭。后来，由于西班牙银元在形状、重量和成色方面都有统一标准，比起中国传统银两更便于交易，因此在19世纪早期逐渐成为在广东流通的货币，后来逐渐流动到北京，有些地方还接受这种货币作为税赋。

1850年之后，墨西哥银元(又称鹰洋)在中国逐渐成为最为普遍使用的银元，这种银元在南方逐渐取代了银锭。商人们开始用墨西哥银元给商品定价，南方各省各府各县衙门也开始用这种银元给官吏支付薪酬。1910年，朝廷开始铸造银元，并用银元取代银两作为官方货币。然而，直到1933年，银两才彻底停用，银元才真正完全取代银两成为官方法定货币。

对于复杂且麻烦的金属复本位制(the system of bimetallism)来说，

纸币是另一个有力的挑战者。包含1000个铜钱的整串等价于1两银锭，重量约为4公斤——把这些钱拿到市场上进行交易可不是件容易的事。大宗商品交易可能需要很多箱银两，而且每箱里面包含60个重50两的银锭。装满银两的箱子一般都有109公斤重，需要两个人才能抬得动。显然，现实亟需一个更便利的货币体系。18世纪到19世纪，纸币逐渐取代了金属货币。

虽然早在宋代中国就已使用纸币，但明朝廷却在15世纪中期终止了纸币流通。在清代，纸币经历过两次短暂回潮，分别是顺治年间(1644—1661)和咸丰年间(1851—1861)。此后，直到20世纪早期前，历届政府再也没有发行过纸币。于是，私人机构开始站出来填补这个空白，在鸦片战争之前的一百年或更长时间里，人们把具有信用性质的纸质媒介，如银行汇票等，用于辅助货币交易。真正的纸币流通始于银行或者钱铺为存储银两和铜钱发行的纸质收据，由于这些纸质收据背后有百分百的保障，因此很快就作为货币而被使用。很快，银行发现纸币一旦被发行，就能流通很长时间而无法转换成铸币。因此，他们也发现其实没有必要保有百分之百的金属货币储备。这种做法所带来的便利是显而易见的，因此，银行乃至米商、盐商和杂货商等都十分愿意发行大量纸质媒介。

纸币轻便且不需要评估成色和称重，再加上当时的铸币供应不足，所以纸币普及程度越来越高，大量进入货币流通体系。19世纪早期，纸币已占据了整个货币流通体系的三分之一甚至更多。不过，由于伪造纸币非常容易，所以当时伪造活动非常猖獗。另外，某些发行纸币的银行和钱铺自身在技术方面不成熟，或其本身就是奸商，政府对此的监管既松散又无效，因此，大众对于纸币的信任就飘忽不定，而货币恐慌反过来会波及这些货币发行机构并进而导致它们的破产。在这种情况下，纸币的使用成了经济不稳定的源头，而以银两作为货币的流通体系虽然不便，但是却从未受到过这方面的威胁。

上述提及的若干作为贸易中介的货币并没有在全国范围内流通过。实际上，在19世纪早期，中国的内陆省份，银元和纸币都几乎未被使用，而铜钱和银锭却一直在广泛流通；同时，包括南至广州，北到长江流域，西至湖南等地的中国中部和南部地区属于另一个货币区，这一地区深受海外贸易影响，银元在这个货币区普及度很高，几乎与银锭及铜钱分了半壁江山；还有一个货币区，即东北南部到陕西、甘肃一带，铜钱流通于小额贸易当中，而超过一千个铜钱的交易则用纸币来代替。当然，将中国划分为三个货币区并非是一个绝对的分类，因为几乎所有区域都存在各种货币。

Banking
银行业

货币体系的复杂和商业化的日益加速催生出很多专门处理货币业务的商铺和机构。最常见的从事货币业务的机构就是钱铺，钱铺在当时的中国社会普及度很高，哪怕是非常小的集镇中也有钱铺。钱铺主要负责评估和铸造银锭，将来自于外地的铜钱或者银锭转换为符合本地标准的货币，当然，也负责穿铜钱串。小规模钱铺一般建在市场附近的街道旁边，里面可能只有一个人，并且只负责处理铜钱业务；规模相对较大且经营时间较长的钱铺还有借钱和发行纸币的业务。

据说，钱庄和山西票号或票庄诞生于18世纪，并在19世纪得到了普及和拓展。这两种中国本土银行几乎能够开展西方银行的所有业务，包括汇票等。

钱庄是仅能开展货币兑换业务的钱铺的进一步发展。最初，富商用自己的本金，或两到三个合伙人的本金开设了钱庄。比起钱铺，这些本土银行能开展更多类型的业务，并且拥有更大的现金储备量。虽然在业务范围上钱庄比钱铺大，但它主要还是从事某些特定领域的业务。1858年上海的120家钱庄里，其中50家的名义资本为500两到1000两，10家为3万两到5万两，而且其中大多数钱庄都只拥有一处办公场所，只有一小部分钱庄在多个城市拥有分号；这些钱庄基本上都是地方性银行，只为特定地区的特定客户服务，一个钱庄发行的纸币基本不可能在当地贸易区以外的地方流通。

从功能上看，钱庄虽然也会给士绅等其他社会精英阶层提供服务，但基本上是为商人服务的。钱庄能借贷、存款、发行纸币，并且偶尔会从其他银行筹集资金。同时，钱庄还通过发行一种叫做"庄票"（一种由钱庄签发的载有一定金额并由其负责兑现的一种票据，可代替现金在一定范围内的市场上流通——译者注）的商业票据来帮助商人建立信用：缺乏足够资金在批发市场上购买货物的商人，可在钱庄获取作为借据的庄票，此后，批发商可在特定期限内（通常是5~15天）到钱庄领取现金；再接下来，商人在卖掉货物之后向钱庄付清借款。可见，当时的钱庄虽然尚未发明对支票的使用，但它们的确在使用账簿的地方银行之间创建起了现金调拨体系。无论付款还是存款都必须进行对账，现在我们看来这可能很麻烦，但比之于原来必须经由运送、成色评估和称重等程序对银锭进行直接交易的体系，这绝对算得上是一个超越性的进步。

虽然钱庄迈出了超越传统功能的一步，但它在组织和运作方面仍沿袭着传统。比如，钱庄经理通常是老板的亲属，或者至少是老板的同乡。一般雇员也通常是老板的亲朋好友，而每个钱庄的重要雇员叫做"跑街"（"跑街"这一职位专在外面招揽生意，接洽存款放款，为钱庄与顾客借贷往来中间人——译者注），而钱庄跑街必须熟悉那些潜在客户及其业务。在开展业务的过程中，中国的银行业从业者寻求并享受的是一种私人朋友式的社会关系，而不是法律关系。仰仗"跑街"与客户之间的朋友关系，钱庄通常在往外借款时都要求借贷方提供抵押（当然，如果借贷者生意失败，钱庄当然会毫不犹豫地没收借贷者的财产，而且很多钱庄凭借以此种方式获得的财产来介入贸易公司的生意）。

钱庄与钱庄之间强调的也往往是私人朋友关系。因为大多数钱庄的老板和经理都是来自于同一个地方，比如上海银行业就到处是宁波人，他们更倾向于合作而不是竞争。如果一个钱庄缺乏流动资金，那么另一个钱庄可能会给它提供资金帮它渡过难关。这些钱庄还会建立统一战线以应对政府。在19世纪，它们还曾联合起来共同应对外国商人。

山西票号在规模和业务上都不同于钱庄，它们通常拥有高达10万两到50万两白银的名义资本，且在全国各地拥有三十多家甚至更多的分号。它们不发行纸币，也不太在意借贷业务。当时甚至有一份报告说，山西票号的借贷"大多是为了友情而不是生意"。似乎是为了让存款者气馁，它们仅为存款者提供5%~8%的利息，这远远低于钱庄给存款者提供的12%的利息及当铺提供的36%的利息。有时候，山西票号甚至不给存款者提供任何利息，但它们的信誉太过强大，所以对存款者非常有吸引力。其实，山西票号的主要业务是地区间汇款。

在主营汇兑业务的山西票号诞生之前，那些从事远距离贸易的商人只能在落后的、土匪出没的运输线上运送大批银两。这个过程既漫长又很不安全,而且成本还很高,因为专门负责押运银两的镖局需要雇佣很多保镖来保障银两的安全(主要是为了对付土匪)。

汇兑这一银行业务的起源虽可追溯,但至今尚不十分清晰。很多历史学家认为,第一家山西票号创建于19世纪早期,当时在天津做生意的山西颜料商人雷履泰(1770—1849)觉得往四川运送银两太艰难了,所以就给自己及其他商人建立了一家专门开展汇兑业务的机构。其实,早在雷履泰生活年代之前很久,汇兑业务就诞生了。我们也知道山西票号的从业者早在18世纪早期就开始与宁波开展地区间的银行业务了。暂不论起源问题,我们至少知道,山西票号在19世纪已经普遍地开展地区间汇兑业务并收取2%~6%的服务费了。

据估算，到19世纪90年代，也就是现代邮政体系已在汇票银行业务基础上得以产生时，山西票号已经掌握了全国一半的银行业务。

山西票号与钱庄在功能上彼此不同但却具有互补性。山西票号的经营者通常会借贷给钱庄而不是商人本人，而且它们的大多数汇款业务都是来自于钱庄而不是商人本身。因此，山西票号更像是银行的银行，它们与钱庄之间是合作关系而非竞争关系。

然而，政府逐渐成为山西票号最大的顾客，因为政府非常需要汇款服务，由此，山西票号帮助国家汇兑田赋收益，为全国的官吏发放薪酬，甚至替政府存款并根据政府指示拨付款项。山西票号也因此逐渐得到了清廷的认可，后来甚至与清廷一起退出历史舞台。

The Periodic-Marketing System
集市体系

帝制时代晚期，中国国内贸易是一种定期贸易体系，即集市体系。从20世纪30年代开始，学者们就认定集市体系是传统农业社会的重要特征之一，但真正对这一体系进行系统分析的是斯坦福大学著名人类学教授，也是非常有影响力的汉学家施坚雅 (G. William Skinner)。[20] 施坚雅认为，由于传统时期大部分中国农民基本上都能自给自足，所以中国社会没有足够的消费需求去支撑市场在每个工作日都开放，相反，大部分市场定期开放，即建立基层集市 (standard market) 就能满足消费需求。市场定期开放的最典型形式是每隔三天到五天，在上午开放几个小时。同时，并不是每个村庄都有定期开放的市场，只有那些人口达到两百人到四百人的村庄才能支撑起这样的市场。

一个乡村集市通常不只是为一个村子服务的，而是同时为周边6个至14个乡村服务。中国的乡村一般都扎堆儿分布，有些农户住得较偏远，但他家离集市也不会超过五公里——这个距离比较适合走路去赶集。即便有些村子里农户稀少且分散，这些农户离集市的距离也很少超过十二公里到十五公里。

在集市开放那一天，行商会用扁担挑着或用小车推着货物来到市场，把货物摆在主街道边或寺庙广场上。磨刀的、牙医、卖药的、剃头匠、算命先生等这些提供专门服务的人也会在路边摆摊。茶馆、小吃店和酒馆等在这一天都会营业，招待聚集起来的人群。周边乡村的农民也都会来到举办集市的这个村子赶集，每家至少会有一两个人到集市上卖鸡鸭和自家吃不完的鸡蛋、鸭蛋、粮食和蔬菜，或手工制品，他们也会买食物、工具或另一些自己需要却不能生产的东西。

在逐层递进的集市体系中，基层集市处于最底层。在基层集市中，本地商品经由生产者向上流动到消费者手里，或经由批发商再批给零售商进而流动到消费者手里。基层集镇 (the standard-marked town) 以上是中间集镇 (the intermediate-market town)、中心集镇 (the central-market town)，再就是地方城市 (the local city) 以及地区城市 (the regional city)，每便高层级的集市都递进服务于更大的市场区域，发挥着更大规模的批发功能，同时，每个层级的集市所买卖的商品总是比下一层级的集市更细化，来源也更广。比如，中间集市(Intermediate market)就是给主要在基层集镇上做买卖的流动商贩提供批发服务的市场，而中心集镇又是中间集市的批发商。当然，每个高于基层集市的集市也都在本地区扮演着基层集市的角色。

基层集市开放日程不是随意确定的，其通常会与周边基层集市开放日程实现最大程度上的互补。我们可对四川成都南部一个叫做中和镇的中间集镇上的流动商贩的足迹进行考察，从而印证上述观点。图6.2是图6.1所展示的中和镇市场分布示意图。在为期十天的集市的第一天，流动商贩会在中和镇上摆摊，第二天他可能会去黄龙场，第三天再去石羊场，到了第四天，他又回到货源地中和镇。在下一轮流动中，他可能会去琉璃厂(第五天)、高店子(第六天)，然后再回到中和镇(第七天)。接下来，他可能再去倒石桥(第八天)和新店子(第九天)，然后再回到中和镇(第十天)休整一天，以便开始下一个为期十天的流动。

这里需要注意的有两点：第一，相邻的基层集镇之间是可以共享开放日程的，因为一个地方的农民总是去一个特定的基层集市(有时候也去中间集市)赶集，但基层集市在日程上从不与作为其导向的中间集市相重合，否则行商就不能最大限度地拓展贸易范围。基层集市一般会以周边的两到三个中间集市作为导向，正如图6.2所示的那样，作为基层集镇的高店子是以中和镇、大面铺和牛市口等几个中间集镇为导向的(请注意，高店子集市开放的时间是十天当中的第三天、第六天和第九天，而这与三个中间集镇开放日程都不冲突)；其次，每个中间集镇周边都有六个基层集市，这非

基层集市

图例　—— 基层集市区域　　○ 一般性集镇
　　　---- 中间集市区域　　较高层次中心地

[图6.1]
四川成都南部的基层集镇和中间集镇分布图

[图6.2]
基于图6.1的市场区域图解

图例：
○ 基层集镇
◎ 中间集镇

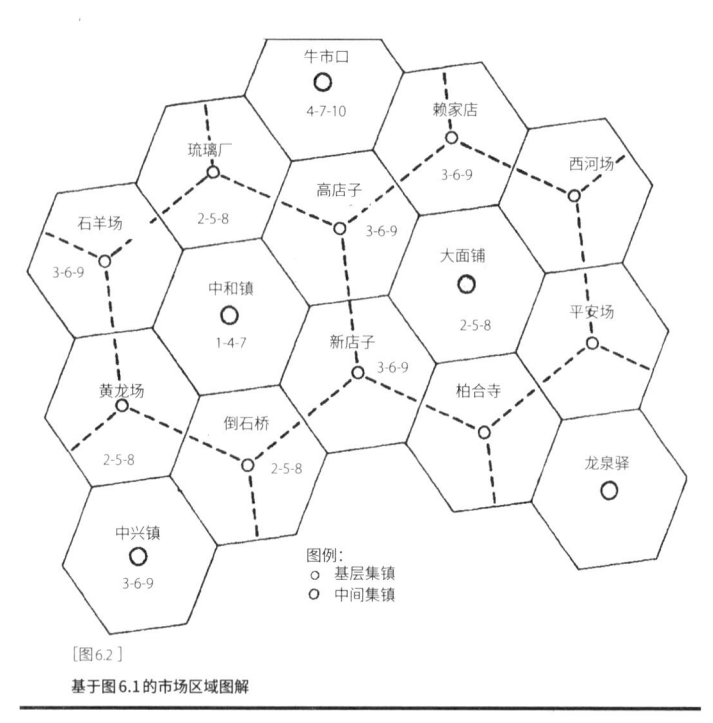

来源：施坚雅：《中国农村的市场和社会结构》，《亚洲研究》第24卷第1期，1964年11月：第25页和第28页。经授权再版。

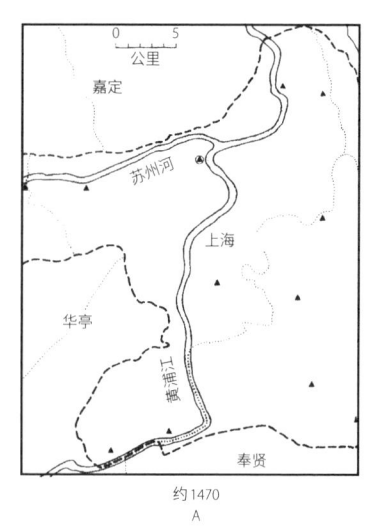

图例
▲ 县级市场
▲ 1470年之前建立的市镇
■ 1470—1600年建立的市镇
♦ 1600—1710年建立的市镇
★ 1710—1870年建立的市镇
● 1870—1910年建立的市镇

--- 县边界
······· 1900年以来县边界

约1470
A

约1600
B

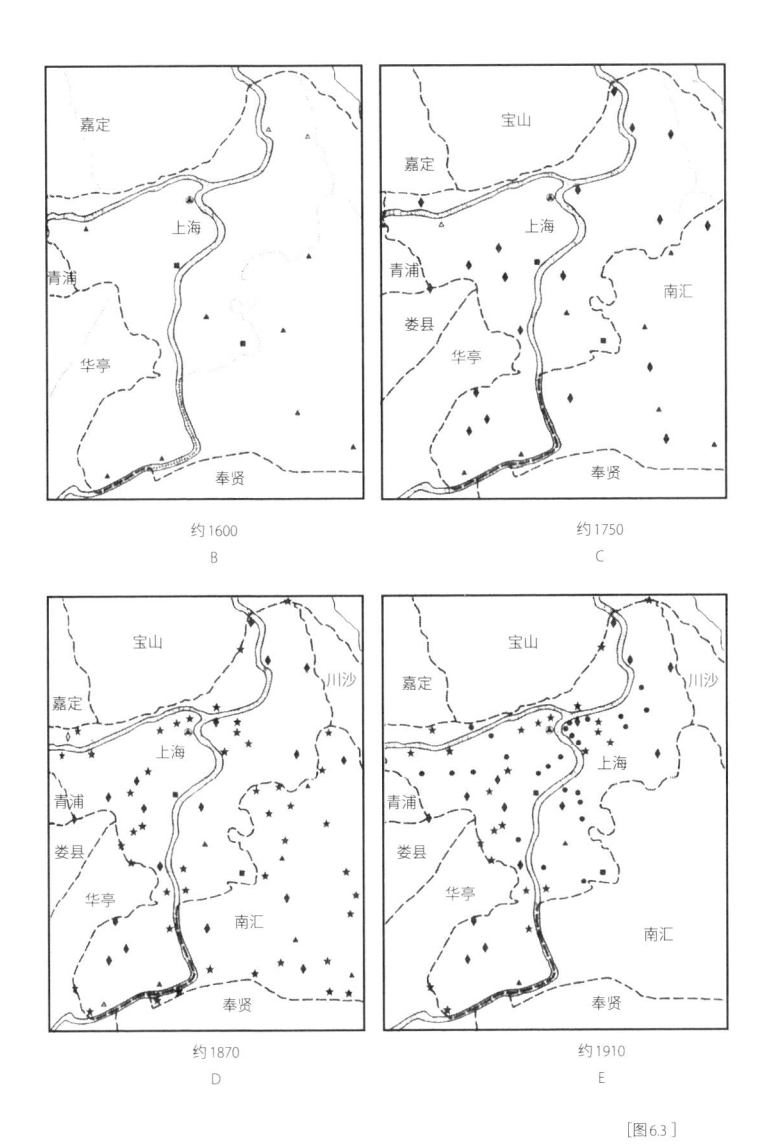

约1750
C

约1870
D

约1910
E

[图6.3]

展示了15世纪到20世纪期间上海市场增殖的过程

注：地名标注所用为威氏拼音。

来源：Mark Elvin, "Market Towns and Waterways: The County of Shang-hai from 1480 to 1910," ed. G. William Skinner, in The City in Late Imperial China（斯坦福，加州：斯坦福大学出版社，1977），第470页和第471页。经授权再版。

常符合集市体系的典型特征。当然，在境内有河流山川贯穿的地区，这个结构就不适用了。其实，这个特征并不是中国特有的，全世界所有的集市都是如此，因为对农业社会中自给自足的农民和商人来说，这种安排是最高效的。

随着时间的推移，基层集市和中间集市在各自规模和彼此关系上都会发生变化。人口增长和商业化程度的提升对市场结构提出了新要求。一般来讲，每个基层集市都覆盖约十八个村子，但随着这个区域里人口数量的增长，越来越多的村子都有可能组建一个新的基层集市——有时一个基层集市区域的覆盖范围甚至达到了近四十个村子。特别是在帝制时代晚期，农民的商业活动日益频繁给市场结构造成了越来越大的压力。最初，原有的集市体系对此做出的回应只是在为期十至十二天的集市开放周期当中增加开放天数，但最后必然是以产生新的基层集市为回应；同时，一些原有基层集市也会上升为中间集市。虽然一个新产生的基层集市区域通常只覆盖6个到8个村子，但这个数量很快就会接近平衡点，即18个。

帝制时代晚期，集市数量激增成为一个恒常的特征。当然，某些基层集市所在地，即集镇，也会演变为普通村落。在1227年，浙江宁波周边地区有26个集镇，到了19世纪末，这个数量增长到170个，但原有的26个集镇中有6个消失了，另

150多个都是新增的。1662年,四川省金堂县仅有4个集镇,但到了1762年,集镇数量已增长到13个,到了1920年增长到32个。图6.3展示了15世纪到20世纪期间市场增殖的过程。

这种定期的市场体系不仅对经济领域影响显著,在塑造地方社会方面也发挥了很大作用。大多数农民总是光顾他所属的特定集市,很少跨出这个区域,所以他的社会视野以及社会对他的影响通常都限于他所属的基层集市区域边界之内。

他们认识的人,他们遵守的习俗,他们实践的信仰,在某种程度上都必然具有他所属基层集镇的特色,而这个基层集镇所在地就是他全部的社会世界。

一般来说,所有在这个区域内活动的农民基本都讲同一种方言或拥有同一种口音,而与相邻区域有着明显区别。同样,区域内的农民佩戴的草帽样式基本也是相同的,女孩们嫁衣上的绣花也是相同样式,因为多年来,甚至几个世纪以来,该区域内部在文化方面都是"近亲繁殖"的。相反,两个基层集镇之间的联系却相对薄弱。农民们很少会把来自于其他地方的女子娶回家,就连属于同一祖先的各支系也会因分属两个基层集市场区域而变得越来越疏远。此外,秘密社团组织和寺庙活动一般也以基层集市区域为基础。对于农民来说,每个基层集市区域都是特定的文化单元。[21]

The Eight Macroregions
八大区域

施坚雅关于中国社会的第二个洞见是他对中国所谓"八大区域"的分析。他认为，中国社会没有形成一个完整的市场体系，因为这个国家太大了，地形地貌也太过多样，运输也很不便利。因此，中国社会在总体上形成了八大区域，每个区域之间的经济联系很少。[22]

中国的地形将整个国家分为八大区域，每个区域的边界都以巨大的山脉作为分水岭(除了那些河流劈开山川的地方)。在中国辽阔的土地上，当运输和商业都处于前现代状态时，这些边界就是阻碍区域间经济往来的障碍。虽然八大区域之间少量的经济往来使它们不至于完全彼此独立，但其实每个区域都形成了天然的、基本自给自足的体系。图6.4展示了中国八大区域以及它们之间的水系。图6.5是中国政区地图。两图对比表明，除长江上游即四川地区以外，中国其他区域并不是以政治边界为标准进行划分的。

冲积平原的丰饶(同时也就意味着更高的生产力，更富裕和更多的人口)可能是自然地势使然，但所谓核心区域与边缘区域之间的差异

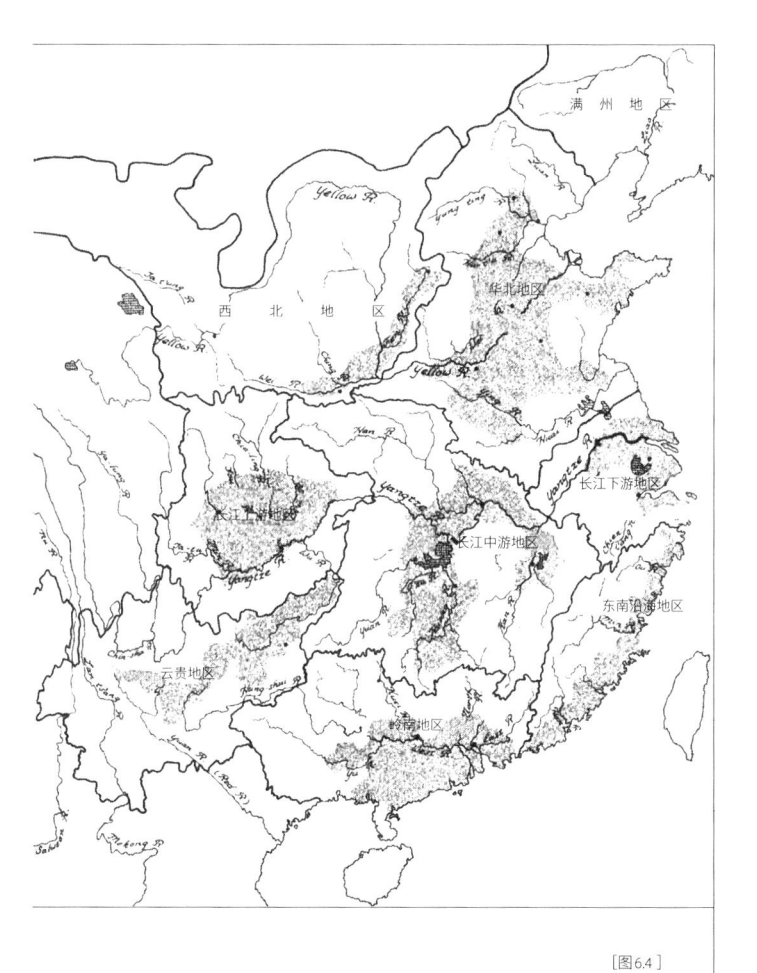

[图6.4]
主要河流与八大区域之间的关系

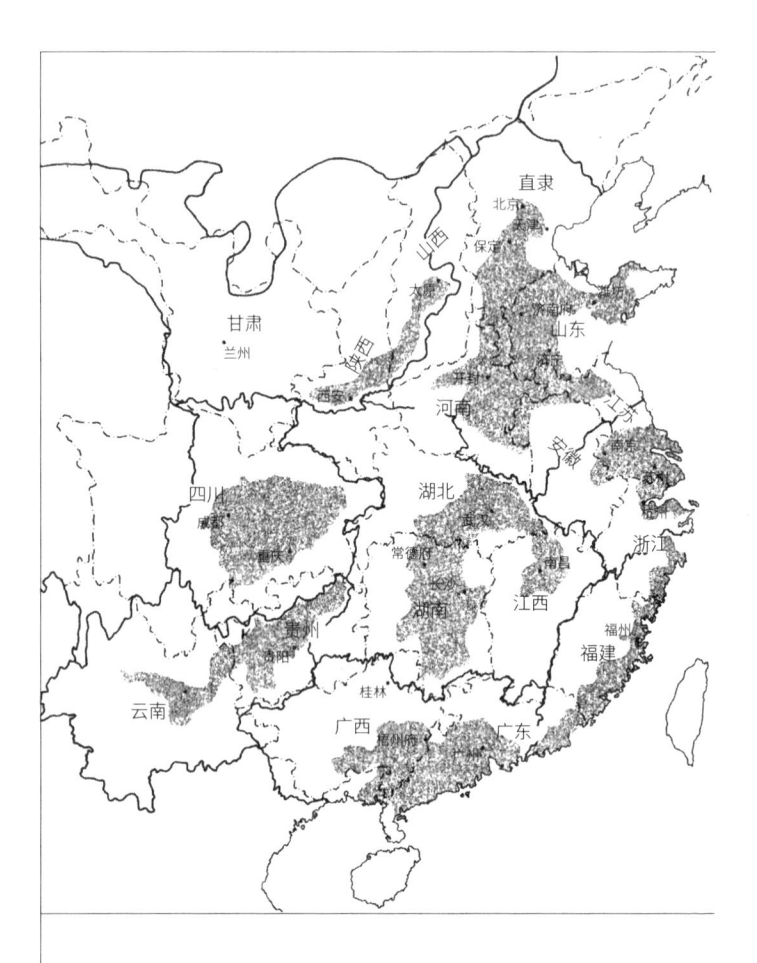

[图 6.5]

主要省份与八大区域之间的关系及这些区域里的大都市（1843年）

注：阴影标识的是各区域的核心地带

图6.4和图6.5来源：施坚雅主编：《中华帝国晚期的城市》（斯坦福：斯坦福大学出版社，1977），第214页到215页。经授权再版。

却是人为造成的。在中国,木头是基本的建筑材料,甚至在那些大量运用砖石搭建建筑的地方也是如此。木头不仅被用于建造民居和商铺,而且大量用于建造寺庙、塔、衙门、集贸市场等大型公共建筑。在漫长的历史年代中,很多用木材建造的建筑在经受过火灾、战争和起义等洗礼后化为灰烬,人们因此需要砍伐森林树木建造新建筑。最初,平原上的森林能够提供这些木材,但木材砍伐最终还是拓展到了边缘地带的高原地带。此后,来自高原的木头被运送到山谷中制成木炭(比如用于做烧结瓦)或用来造纸。高原上的丰饶资源由此被传递到了核心平原地带,同时,森林砍伐也造成了高原的水土流失,高原表层的土壤也不断被冲刷到核心平原地带。灰烬和淤泥聚集在一起又提升了核心平原地带的农业生产力,这进而影响了城市商业和运输等方面的发展,而这个过程对整个中国历史的发展模式也产生了重大影响。

八大区域彼此相对独立,所以它们在经济繁荣或衰落的时间和程度上都各有不同。19世纪中期,长江下游地区的商业化程度最高,紧随其后的是岭南地区和东南沿海地区,商业化程度最低的是北方地区和西部地区。这些差异也恰恰表明,要在中国实现经济和社会一体化,存在很多困难和风险,更何况每个大区域内部核心与边缘地带之间都存在商业化程度、富裕程度和城镇化比例方面的差异。这一切都表明,长江下游区域核心地带的经济一体化其实与其他区域也没有太大关系。[23]

Foreign Trade and the Economics of Silver

对外贸易和白银经济

早在唐代以前，中国已先后派遣看似笨重但无比有效的中国帆船队去往日本、苏门答腊和爪哇以及印度南部等国家和地区，目的是寻找宝石、胡椒、丁香、檀香等新奇事物。到了宋代，随着对外贸易不断增长，船队到达了更多港口，进口了更多的稻米、糖、铁矿石，并出口书籍、瓷器以及手工制品。

明代统治者非常反对对外贸易，希望将对外贸易纳入到朝贡体系当中。虽然明代皇帝将朝贡体系视为对外交往的主要渠道，但实际上贸易才是最核心要素。第一，商品交换是通过中国皇帝与朝贡方领导人以互换礼物的形式实现的，这种朝贡体系中交换的商品大多是"土特产"和所谓的"奇珍异宝"。第二，朝贡使团的官员都被允许进行一些个人性质的、数量有限的买卖活动，这种买卖活动通常都是朝贡使团抵京之后在驿馆进行的，一般时长为三天至五天。因为明朝廷把这种贸易当成是对使者的恩赐，所以对买卖双方都不征收任何关税，而朝廷本身就会购买使者带来商品的六成，且买入价通常高出这些商品实际价值的数倍。第三，随使团来访的商人也会进行大量私人贸易。比如明朝时期，日本朝贡使团每次来访都会有150位到200位商人随行，这个数量几乎超出了整个使团人数的一半。朝廷允许这些商人随朝贡使团到北京开展贸易活动，但不允许他们在经常停靠的港口（日本人经常停靠宁波港）及该港口至北京的沿线地区开展贸易活动。虽然外国商人能通过此种形式赚取大量利润，但明朝廷严格禁止这些藩属国来中国朝贡的次数，比如允许它们每三年或五年来一次，或者每十年才能来一次。

在明朝建国以后的一百四十二年里，外国朝贡使团来华开展贸易是当时唯一合法的对外贸易。然而，时代却呼唤着真正的贸易：首先，外国商人难以抵挡中华帝国的神秘吸引力；其次，中国人自身对于赚取利润也有着难以抑制的本能。因此，真正意义上的对外贸易终于得以在朝贡体系之外发展起来。1493年发生的一件趣事恰恰揭示了中国对外贸易的起源：当时广东巡抚向朝廷抱怨说外国朝贡使团来华太过频繁，广东为此所做的工作和花费的成本太高。朝廷的官员查阅相关记录后却发现，只有暹罗和占城的使团在六年前曾经来过，其他来广东的所谓外国朝贡使团其实都是伪装成使团的外国商人团体。

明朝中后期,中国对外贸易发生了重大变化。首先,朝廷在1509年开放了广东,允许广东在传统朝贡体系之外——也就是说民间贸易可以不再依附朝贡使团来华——开展特定规模的民间贸易;其次,朝廷于1567年向中国商人开放了福建省的一个港口,允许中国商人通过该港口与东南亚开展贸易。不过,朝廷最初尝试将贸易规模控制为每年九十艘帆船的货物,并且对进口贸易采取了征税措施。这一时期也是中国人逐渐通过各港口向东南亚地区移民的开始。

中国对外贸易的第三个重大变化是16世纪欧洲人加入对华贸易行列。葡萄牙人在1514年第一次来到中国,虽然在与中国人往来过程中,他们表现得粗野、无知,但这并没有影响他们在对华贸易中获取大量利益。最初,葡萄牙人在广东及福建各港口开展贸易,并于1535年之后逐渐集中于澳门。然而,直到1557年,他们才在地方政府那里获得了居住权。到了16世纪60年代,在澳门居住的葡萄牙人达到约九百人。此后,来自欧洲其他国家的人,比如1575年到来的西班牙人、1604年到来的荷兰人和1635年到来的英国人,先后取代了曾在对华贸易中占优势地位的葡萄牙人而成为获益者。

中国幅员辽阔且在经济上自给自足,所以对外贸易最初总是被排斥在中国自成一体的经济体系之外。虽然中国货物出口的绝对数量很大,但其占中国国内生产总值的比例却很低,而且绝大多数中国人都不会直接受到这种贸易的影响。因此,中国最初总是处于贸易顺差地位。从东京到里斯本再到阿卡普尔科(Acapulco),几乎所有的外国人都喜欢物美价廉的中国商品,特别是丝织品和生丝,历史学家W. L. 舒尔茨(W. L. Schurz)这样描述16世纪运到新西班牙的中国丝绸:

> (运到这里的)有被西班牙人称之为"春天"的精美薄纱、广东绉纱以及印花丝绸,还有丝绒、塔夫绸、细花缎、罗缎,以及上面绣有金银丝线的图案精美的锦缎。除了丝绸服装之外,每艘船还运来上千双长袜,上千件衬衣、天鹅绒紧身胸衣、斗篷、长袍以及和服,还有丝绸材质的床上用品、挂毯、手帕、桌布、餐巾,以及为从索罗纳到智利的教堂或修道院准备的法衣。[24]

外国商人也向中国出口来自欧洲的粗纺毛织物和金线,来自日本的铜、硫黄和剑,以及来自东南亚的胡椒、珊瑚以及苏木(用做红色染料或入药)。不过,中国市场对这些商品的需求量非常小,只有铜例外,因为中国用铜来铸币。此外,外国商人在这一时期主要用白银作为货币来跟中国进行贸易。

16世纪30年代白银大量流入受到了中国人的欢迎,因为早在15世纪中期中国银矿就近乎枯竭了。日本发现大量银矿之后,珍贵的白银就开始流向中国。其实,16世纪大部分中日贸易都被定为非法贸易,但日本对中国丝绸以及中国对日本白银的强烈需求使朝廷根本无法禁止这种贸易。这一时期,日本走私者渗透到了中国东南沿海地区,而中国人在16世纪40年代也已航行至日本南部，也就是说，中日贸易早就在中国东南港口城市以非正式方式进行着了。此外，葡萄牙人在1542年前后也开始以中介人身份活动于中日贸易领域。一个英国旅行者曾这样描述16世纪80年代的贸易：

> 当葡萄牙人经中国澳门抵达日本时，他们携带了大量的白色丝绸、黄金、香料以及瓷器，但他们从日本带回来的只有白银。他们每年都派遣商船去日本，然后带回价值约为60万葡萄牙"十字钱"（或1.95万公斤杜卡特）的白银。他们把从日本带来的白银和从印度带回来的价值约为20万葡萄牙十字钱的白银一起再带到中国，以便购买更多的黄金、铜、香料、丝绸、瓷器以及很多其他贵重货物。[25]

由于大部分中日贸易都是在暗中进行，所以我们无法对16世纪日本流入中国的白银总量进行精确统计。然而，一项可靠的估算显示，16世纪最后四十年，日本平均每年向中国出口3.4万～4.9万公斤白银。不过这只是个开始。17世纪，随着日本采矿技术的进步和德川家康家族统治的日益稳固，中日贸易达到了空前的繁荣。据保守估计，1615年到1625年期间，日本白银出口量从平均每年13万公斤增长到了每年16万公斤——这几乎占除日本以外全世界银矿采掘总量的三成到四成，而日本绝大部分白银都流入了中国。

自1571年开始，另一些富有的银资源也向中国敞开了。西班牙1571年在菲律宾马尼拉建立行政首都，很快，中国广东和福建的商人就带着大量丝绸、香料和瓷器到那里做生意。这些商品中价值最高的那部分通过海运流通到了拉美地区,并取代欧洲商品成为拉美地区主要进口商品。正如秘鲁总督在1594年向西班牙国王抱怨的那样:

> 中国商品如此便宜,而西班牙商品如此昂贵,所以想要大规模抑制中国商品是不可能的,这里的人们根本做不到不穿来自中国的衣服。因为一个男人可以只花200里亚尔(合25个比索)给妻子买一件中国丝绸衣服,但同样的钱根本买不起西班牙丝绸。[26]

西班牙人向菲律宾的中国商人支付的白银来自于矿藏十分丰富的南美银矿——秘鲁的波多西银矿(Potosi)。17世纪初光景正好时,这里每年流向中国的白银达5.8万～8.6万公斤。此外,虽然经由葡萄牙和荷兰商人手里流到中国的西班牙美洲殖民地白银数量非常小,但也不可忽略。这些欧洲人在拉丁美洲获取了白银,然后再用白银到马六甲、澳门,印度和爪哇等地购买中国商品。也就是说,绝大部分白银最终都流入了中国。

在16世纪末17世纪初,中国是白银的最大接收者。这一时期,中国每年从日本、西班牙和另一些地方进口的白银总量达23万公斤,而西班牙美洲殖民地每年向欧洲出口白银总量也才34.5万公斤。与欧洲曾经遇到的情况一样,白银大量流入使中国陷入了通货膨胀,而这对中国人的生活产生了深远影响:首先是经济的货币化程度不断提升,进而,商业和制造业活动在社

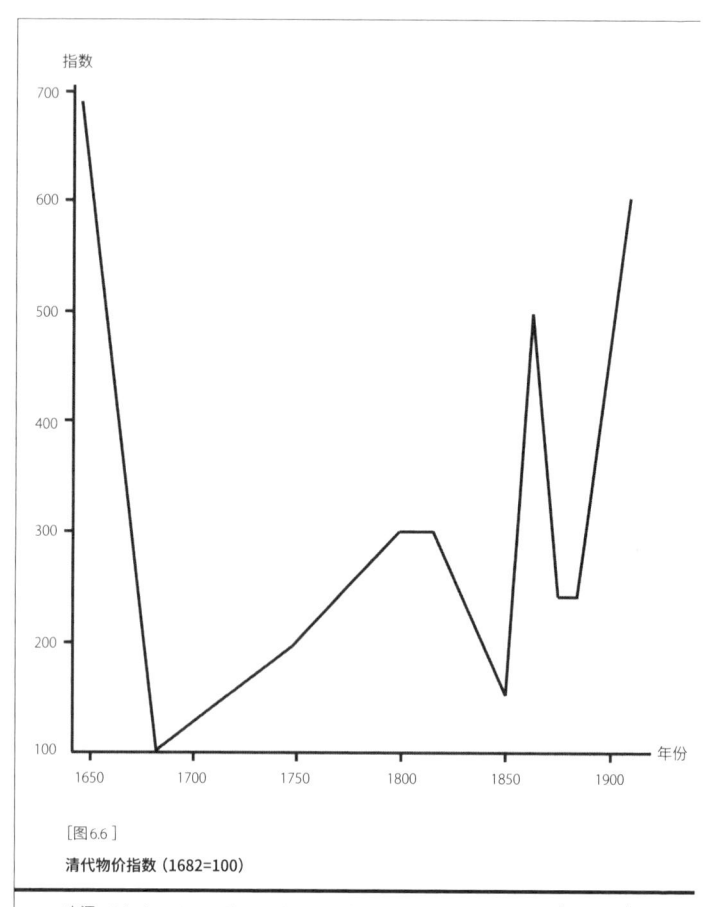

[图6.6]

清代物价指数（1682=100）

来源：Yeh-chien Wang：The Secular Trend of Prices during the Ch'ing Period (1644-1911)，香港中文大学《中国文化研究所学报》，第五卷第2期（1972年12月）：第362页。经授权再版。

会中得到进一步发展。在16世纪末17世纪初，中国几乎成了白银"成瘾者"，主要依靠大量且来源稳定的贵金属维系经济繁荣。

17世纪30年代及此后近四十年间，一系列复杂的政治和经济事件导致白银供应量不断减少。掠夺成性的荷兰和英国船员在中国沿海掠夺西班牙和葡萄牙的货物，造成了中国与这两个富有白银的伊比利亚国家之间商业活动骤减。17世纪20年代后期和30年代，日本当时的德川幕府为严禁本国物产外流，驱逐了葡萄牙人并对对外贸易予以严格限制。17世纪30年代，西班牙国王开始对本国白银大量流向远东地区予以关注，也对此种贸易进行了严控。不过，最重要的原因还是中国实施了海禁政策，1661年到1684年的二十多年里，新建立的清朝为应对迁到台湾的明朝遗民，彻底封锁了北自山东南到广东的所有港口。

这些事件的结果是灾难性的。明王朝在1644年垮台，明清交替的数十年间经济的不景气对整个国家造成了严重伤害。17世纪中期，中国陷入了严重的经济危机，主要表现是物价骤降（如图6.6所示）。虽然造成物价骤降的原因非常复杂，但白银供给量的减少无疑是关键原因之一。

到了1684年，这场经济危机终于结束，清朝统治者也得以在全国站稳脚跟，并因此再次开放了港口。内部的和平稳定和对外贸易的再度恢复使中国进入了经济繁荣和政治稳定的非凡时期，这种状态一直延续到了18世纪晚期。

随着对外贸易在1684年的恢复，在接下来的近一个半世纪里，白银又开始大量流入中国，而此前这种流动已经停滞了半个世纪之久。在中西贸易过程中，在欧洲人对丝绸、瓷器和南京棉布的需求尚未得到满足之时，一种新商品——茶叶——又加入了这个需求清单。1664年中国出口到英国的茶叶总量不到1公斤，但在接下来的一个世纪里，茶叶却成为英国的国饮，到了19世纪早期，英国人平均每年消费1360多万公斤茶叶。茶叶对于英国的文化和经济的影响都非常重要，英国国会每年都提前一年储备下一年所需的茶叶。此外，对茶叶征税几乎构成了英国政府每年税收收入的十分之一，这直接导致了后来波士顿倾茶事件 (the Boston Tea Party) 和美国革命的发生。

中国是那个时期世界上唯一的产茶国家，但其对英国制造却不感兴趣，所以英国在与中国的贸易中一直处于逆差地位。英国在18世纪最主要的出口商品——粗纺毛织物——在中国几乎没有什么市场，因为在中国，"到了冬天，富人穿丝绸和皮毛，穷人就往棉衣里絮棉花"。[27] 为在中国市场上卖掉点东西——卖掉什么都行，英国人开始向中国倾销羊毛织品，但在二十多年时间里，英国人在羊毛织品贸易上却一直处于亏损销售状态。同时，英国向中国出口的最为奢侈的商品——棉布却并不产于英国，而是产于印度。其实，中国是当时世界上的主要棉花产区，他们只有在本国供应不足时才会购买英国棉布。为使中国人熟识英国商品，从而改善贸易逆差状况，伦敦在1793年向北京派出马戛尔尼使团，然而马戛尔尼神父此行却只得到了乾隆皇帝非常官方的回复："其实天朝德威远被，万国来王，种种贵重之物，梯航毕集，无所不有。尔之正使等

所亲见。然从不贵奇巧，并更无需尔国置办物件。"²⁸

为获得珍贵的茶叶，英国人就必须支付大量白银（如表6.1所示）。然而，英国不像西班牙和日本那样拥有大量白银，因此其对白银大量流失感到尤为痛惜，特别是当时在英国盛行的重商主义经济学理论更是频频对此发出哀叹。更为重要的是，英国没有找到解决这个问题的好办法，直到中国人——在英国人有目的的诱惑下——开始对鸦片上瘾。

自唐代开始，中国人就把鸦片作为药材使用了，但吸食鸦片却是从17世纪开始的。很快，人们就认识到鸦片的毒性，所以在1729年，当时的雍正皇帝禁止种植和进口鸦片。此后直到1860年，鸦片只有通过走私才能进入中国。禁运之初，每年流入中国的鸦片约为200箱（每箱重约64公斤），但到了1800年，数量增长为4500箱，到了19世纪20年代，数量又骤增为1.9万箱，在鸦片战争前夕，鸦片流入量已经达到了4万箱。

鸦片贸易彻底打破了中国原有的国际收支平衡。自从中国在16世纪早期与欧洲开展贸易活动以来，大量白银从欧洲流向中国，但300多年之后，情况却发生了逆转。虽然我们至今仍不能掌握关于白银流转数量的确切数据，但某些数据却表明转折发生于1826年，也就是说，在这一年，中国成为白银净出口国。很快，这种珍贵金属就从中国大量倾泻而出。据估算，1801年到1826年期间流入中国的白银总量为190万公斤，但从1827年到1849年期间，中国流出的白银总量已达到330万公斤。

白银大量流出导致中国陷入了严重的经济危机，其严重程

表6.1 中英两国之间的银流动情况 (公斤)

时期	白银数量
1681 — 1690	7,100
1691 — 1700	5,200
1701 — 1710	28,800
1711 — 1720	236,400
1721 — 1730	85,700
1731 — 1740	94,700
1741 — 1750	24,000
1751 — 1760	15,500
1761 — 1770	127,800
1771 — 1780	283,300
1781 — 1790	615,400
1791 — 1800	193,200
1801 — 1810	998,500
1811 — 1820	372,000
1821 — 1830	-85,500
1831 — 1840	-371,600

注：1公斤＝26.7两
负号表示中国白银外流
来源：张馨保:《林钦差与鸦片战争》(剑桥：哈佛大学出版社，1964)，第41页。经授权再版。

度甚至超出了清初四十年的大萧条。18世纪白银的大量流入曾推动了经济发展，同理，现在白银的大量流出也导致了经济衰退和陷入困境。这一时期的物价暴跌至1815年到1850年间物价的50%（如图6.6所示）。在这三十五年间，农民田赋负担几乎增长了一倍，原因是他们必须用稀缺的白银（而他们的收入却主要是铜钱）交田赋。在1800年，他们每支付一两白银的田赋要用一千个铜钱兑换，到了1850年，他们为此必须支付两千个铜钱。

实际上，白银大量流出可能只是导致经济危机和铜钱贬值的原因之一。在整个19世纪，官办铸币厂和伪造者都降低了铜钱的铜含量，并因此造成了铜钱贬值，而人们大量囤积比铜钱更珍贵的白银又加剧了白银短缺的情况。然而，中国在19世纪30年代尚不熟悉，或有意忽略了"恶币驱逐良币"的"格雷欣法则"（Gresham's Law），他们因此愤怒地将危机的爆发完全怪在外国人和鸦片贸易上。虽然他们的观点不完全正确，但我们也不得不承认，鸦片贸易导致白银从中国大量流出的确对中国经济造成了严重破坏，并最终导致中国在1839年与欧洲列强发生"第一次鸦片战争"，和太平天国起义的爆发。

The State and Commerce: The Brokerage System

国家和商业：中介人体系

清代统治者对待商人和商业的态度与儒家意识形态对待商人和商业的态度一样充满矛盾，其主要体现在以下三个方面：

1. 支持。帝制时代晚期，朝廷认为贸易对公共福祉具有关键作用，也是国家税收的重要来源，因此非常关注如何促进货物自由流动、创造有利于贸易活动的环境以及确保商品价格的公平和稳定等事务。为实现这些目标，朝廷致力于维护公道的商品价格和正当的商业行为并力争确保每个大型企业的财务健康。

2. 压榨。商人的财富之于官员而言，就像猫薄荷之于猫那样有吸引力；同时，成功的商业或实业也总受到朝廷干预，每家有一定规模的、盈利的企业都会成为朝廷控制、征税或压榨的对象——其实绝大多数时候朝廷对这些企业会三管齐下。历史学家艾蒂安·巴拉兹（Etienne Balazs）认为，"官员为压制商人用尽了各种办法……如果某家企业发展到这个官员无法掌控的地步，那么朝廷就会出面压制并掌控这家企业，并且会抽取这家企业的合法利润"。[29]

3.冷漠和不负责任。朝廷对维护贸易的基础设施并不感兴趣。前面我们曾探讨过，历朝历代对强制统一度量衡体系、发展国家层面的银行体系乃至保有足够的道路和桥梁都持漠视态度，而且始终也没能创建一整套用于保护财产和合同得以执行的商业法和企业法。

朝廷的政策为什么有如此之多的自相矛盾之处？我相信，原因之一在于，帝制时代晚期地方政府都采用了独特的行政管理方式，即所谓"中介人"管理模式。[30]

中介人是两方或两方以上进行交易时的中间人，其职责是通过商议一个各方认可的价格而促成交易顺利进行，他同时也要确保朝廷的相关条令得以实施。通过提供相关服务，中介人会获得佣金或其他形式的报酬。在帝制时代晚期，朝廷对中介人或中介机构的运用，充分地反映了朝廷与商业领域乃至大部分社会领域的关系。

在国内贸易领域，"洋行"或"批发代理商"就起到了中介作用。其实，这种中介机构早在唐代之前就已存在并发挥作用了，但那时地区间的贸易量较小，行商尚无在不同市场上建立永久商铺或设施的需求。一般说来，这些外来的"客商"对当地方言、习俗和贸易情况等都不太熟悉，当地中介人却能帮他们采购当地产品，找到当地消费群体，帮他们雇佣船只、役畜或者搬运工人运动送货物等。

作为外来者的客商对当地中介人非常依赖，后者也很容易利用客商对当地不熟悉的机会占尽便宜。为保护客商不受贪婪的中介人的利用，宋朝创建了一套中介人许可制度，即根据财产情况和人品遴选中介人，只有被选中的中介人才能从事主要农产品和手工艺品的批发交易，交易范围涵盖稻米、茶叶、酒、织物以及牲畜等。明清两代承继了这种体系，而该体系也随着商业的繁荣发展而得到了进一步发展。

获得许可的中介人担负着很多职能，包括协助商人从事贸易活动，保护消费群体、服务朝廷等。为此，中介人本身也会提供货物运输、仓储、寄存服务，并在买家和卖家之间进行调和，为双方交易提供精确的度量衡标准。中介人还须督促买卖双方之间遵守约定条款，防止买卖双方共谋而人为抬高价格损害消费者利益。此外，中介人经常受朝廷委托对其经手的交易征税。因此，其实很多中介人本身也是从事贸易活动的富商。

强调政府对商业活动采取压制乃至压榨态度的学者们认为，朝廷对商业活动的主要兴趣——如果不是唯一兴趣的话——就是征税。然而，明清两代政府基本上都否认自身是最大的征税者，但却要求中介人向政府购买许可证并每隔一段时间付费续约。其实最初购买许可证所需费用并不太高，比如1733年全国共有1.79万家中介机构，每家平均为购买许可证花费了1.07两银子。可见，政府对中介人的兴趣主要并不在于赚钱，而在于为商业活动树立规范。

然而，19世纪中期以后，政府开始将中介机构视为主要纳税对象。其实自商业活动于16世纪在中国萌芽以来，很多人都看到了其中有利可图而跃跃欲试想成为中介人，且人数远远超出了朝廷许可的人数。地方政府经常超出朝廷配额"非法"出售许可证，以增加地方财政收入或为个人谋利。太平天国起义期间，大多数府衙把出售中介人许可证当成财政收入的重要来源。很多府衙因此增加中介人资格配额，并增加中介人可交易商品的种类。比如，以往政府是不介入药材买卖领域的，但湖北府衙1856年始将该领域纳入了中介人许可体系。

直到义和团起义期间，中介人体系才真正担负起为朝廷征税，为朝廷提高财政收入的职能。为支付巨额的庚子赔款和为开展政治、军事和教育现代化运动提供经费，清廷经历了一场严重的财政危机。清廷为此大幅提升了中介人的征税额度。1753年，朝廷税收的26%来自商业领域，而1908年该份额上升为65%，此外，作为朝廷主要税收来源的田赋自1753年到1908年期间增长了两倍，而商业税则增长了十倍，这些数据都客观地反映了朝廷商业政策和中介人体系的变动。

到了20世纪30年代，中介人体系已退化为保税体系，而中介人许可证也只被卖给出价最高的投标人;同时,中介人在朝廷授权他们在很多种类商品批发交易过程中收费后,却将所有佣金和税收都装进了自己的腰包。

在广东从事外贸的盐商和经营商行的商人则是中介人管理概念的另一种外延。在清代大部分时期,政府只许可一小部分富商成为中介人,包括当时的十三位广东商行老板,及盐专卖领域里作为生产方的三十位"厂商"和配售方的三十位"头商"。这些商人兼中介人与国内批发交易中介人一样,承担着协助买卖双方顺利交易的职责,包括监督商品质量、提供统一的度量衡标准、监管商业行为以及受朝廷委托征税等。通过承担这些半官方职责,商行老板和盐商都变得非常富有。比如广东吴姓商行老板在19世纪30年代的财产就高达2600万墨西哥银元,而他可能是当时世界上最富有的人。扬州盐商大多过着非常奢侈的生活,他们还有为做学问和搞艺术提供慷慨资助的"雅好",不过,盐商和商行老板及其财产也都是官府压榨与侵吞的对象。

实际上,中介人体系并非仅在商业领域发挥作用。在地方政府层面,把县衙官僚与村镇平民联结起来的是士绅和其他地方精英,后者可称"次官僚"体系或"非正式"管理体系。这个"非正式"管理体系开展并管理包括架桥、开辟水路、办学和修建水利等一系列公共事务,同时也担负着创办赈济粮仓、建设公墓、抚养孤儿、照顾鳏寡孤独等督促和管理社会福利事务和宗教活动的职责,此外,他们也负责建立学校或对其他教育机构予以支持等。

与商业领域的中介人一样，地方精英也会因提供中介性服务获得丰厚的报酬。有时候，他们是因管理粮仓、建设水利项目等而获得报酬，有些时候他们则从朝廷为这些项目而在基本田赋上追加的费用中抽取报酬。19世纪晚期，约17%的士绅都来自中介人。

帝制时代晚期中国政府采用中介人管理体系作为对官僚直接管理体系的一种替代，而后者在10世纪前一直都是最为重要的管理方式。在唐代早期，朝廷曾经尝试用"均田制"来管理农业，主张应该根据家庭规模进行土地分配和定期再分配。在商业领域，朝廷对全国几个主要市场进行严格规范，官员直接掌控市场价格，打击无良商业行为并确保货币质量以及维护统一的度量衡，同时，官员们还直接负责建设和维护陆路和水路。

唐代晚期和贯穿整个宋代的商业变革以及这一时期人口大幅增长，使得行政管理任务量大大超出朝廷的行政管理能力。南宋士大夫叶适(1150—1223)曾经说，朝廷因为商业活动量的日益提升而无法再对商人进行有效管理。最近的一位历史学家也指出，"中国自汉代开始对商业采取的打压政策到了公元10世纪就消失了，一种全新的国家经济政策定位由此产生了"。[31]

这种全新定位，不仅仅体现为官僚体系放松了对经济领域的掌控，其他领域也是如此。其实，早在宋代，新儒学就提出了"有限政府"理念及地方精英应在地方层面发挥领导作用的相关推论。朱熹及其哲学思想继承者认为，政府通过法律和条例进行直接管理与通过道德示范和引导相比，后者更有利于创建一整套有序的社会体系。

"有限政府"理念提出后的几个世纪里，中国社会不受官方干涉的领域逐渐拓展。"自唐代始，随着国家规模的不断扩大，中国社会也日益呈现世俗化趋势：官方对地方事务——不仅是贸易和商业领域，而且还包括社会规范领域（比如调解纠纷方面）以及管理领域本身——的介入程度稳步下降。"[32] 当然，国家还是需要被管理的，但真正需要规范和引导的社会和经济活动有一个最小范围。政府借用地方精英——代理人体系——对地方进行管理是帝制时代晚期朝廷解决管理问题的重要方式。

当我们从管理模式转变的角度看问题，朝廷在商业政策上的矛盾就更容易理解了。因为朝廷有意识地放弃了对社会生活领域进行直接管理的责任，所以也就忽视了基础设施建设；同时，朝廷也的确关注并支持有利于包括商人和平民在内的所有人的福利的事务，但这种关注和支持是"家长式"的，并且因为朝廷行政管理能力有限没能转化为强有力的政策；此外，朝廷的确也通过自发产生的中介人阶层对普通商人进行了压榨，官员也把这些富有但无自我保护能力的中介人作为榨取财富的对象。

朝廷在商业管理上的矛盾态度其实也存在于地方管理体系的代理人制度中。地方政府虽然在社会和经济管理领域基本不作为，但却要关注劳苦大众福祉问题，可它又经常容忍对农民的残酷剥削。我们对地方政府的这些特征非常熟悉，所以对其矛盾之处基本不会感到迷惑。其实这些矛盾是内在于代理人体系当中的，与朝廷在商业政策上的矛盾之处是完全一致的。

Notes	1	James Legge, ed. *The Chinese Classics*, Vol. 2, *The Works of Mencius*, 3d ed. (Hong Kong: Hong Kong University Press, 1960), pp. 125-26.
注释	2	转引自 Mary Clabaugh Wright, *The Last Stand of Chinese Conservatism: The Tung-Chih Restoration*, 1862-1874 (Stanford, Calif.: Stanford University Press, 1957), p. 156。
	3	Legge, *Chinese Classics*, p. 199.
	4	Arthur H. Smith, *Village Life in China: A Study in Sociology* (New York: Revell, 1899), p. 49.
	5	Hosea Ballou Morse, *The International Relations of the Chinese Empire* (London: Longmans, Green, 1910-18), vol. 1, p. 81.
	6	转引自 Shiba Yoshinobu, *Commerce and Society in Sung China* (Ann Arbor: University of Michigan, Center for Chinese Studies, 1970), p 4。
	7	转引自 Ping-ti Ho, *Studies on the Population of China, 1368-1953* (Cambridge, Mass.: Harvard University Press, 1959), p. 199。
	8	Smith, *Village Life In China*, p. 36.
	9	转引自 "Inland Communications in China," *Journal of the North China Branch of the Royal Asiatic Society*, n.s., 28 (1893-94): 148-49。
	10	转引自 Karl A. Wittfogel, *Oriental Despotism: A Comparative Study of Total Power* (New Haven, Conn.: Yale University Press, 1957), p. 38。
	11	转引自 Mark Elvin, *The Pattern of the Chinese Past* (Stanford, Calif.: Stanford University Press, 1973), p.133。
	12	Smith, *Village Life in China*, p. 35.
	13	"Inland Communications in China," p. 56.
	14	Han-sheng Chuan and Richard A. Kraus, *Mid-Ch'ing Rice Markets and Trade: An Essay in Price History* (Cambridge, Mass.: Harvard University, East Asian Research Center, 1975), p. 71.
	15	Ibid.
	16	Ibid., pp. ix, 40, 74. 全汉昇 (Chuan) 和克劳斯 (Kraus) 认为18世纪中国社会跨地区贸易在范围上远远广于罗威廉在《汉口：一个中国城市的商业和社会（1796 — 1889）》(参见 William T. Rowe, *Hankow: Commerce and Society in a Chinese City 1796-1889*, Stanford, Calif: Stanford University Press, 1984, pp. 55, 60) 一书中所论证的那样。
	17	Morton H. Fried, *Fabric of Chinese Society: A Study of the Social Life of a Chinese County Seat* (New York: Praeger, 1953), p. 110.
	18	Oscar Handlin, *Truth in History* (Cambridge, Mass.: BelknaP Press of Harvard University Press, 1979), p. 26.
	19	除了源于西班牙和墨西哥的银币之外，来自中国香港、日本和越南西贡的银币也不断流入。鸦片作为另一种形式的"货币"在19世纪晚期也得到了充分利用，成为商品交易，特别是批发贸易的中介。

20　G. William Skinner, "Marketing and Social Structure in Rural China," *Journal of Asian Studies* 24, no. 1 (November 1964): 3-43; 24, no. 2 (February 1965): 195-228; and 24, no. 3 (May 1965): 363-99. 这部分主要是基于第一部分研究。

21　一直以来，农村被认为是中国社会最基本的地理单元，但在施坚雅关于中国社会集市的研究得以出版以来，基层集镇区域概念改变了这种观念。当然，施坚雅可能过于强调基层市场区域的文化重要性了。中国社会显然是个非常复杂的体系，农民们的忠诚度和情感是朝着很多方向发散的。一些基层集镇区域内部经常以不同家族、阶层和信仰为标准而被划分为很多相对独立的部分。同时，隶属于不同群体、秘密社会组织和信仰群体（这里不得不再次提及）的农民都有可能超出本地集镇而跨越到外部集市中（比如可参见 Arthur P. Wolf, "Introduction," in *Religion and Ritual in Chinese Society*, ed. Arthur P. Wolf [Stanford, Calif.: Stanford University Press, 1974], pp. 5-6）。可见，集镇概念包含着对中国农民社会功能的特别洞见，但如果用基层集镇概念来概括地方层面的全部社会力量却是个错误。

22　关于中国社会宏观区域理论的描述参见G. William Skinner, "Regional Urbanization in Nineteenth-Century China," and "Cities and the Hierarchy of Local Systems," in *The City in Late Imperial China*, ed. G. William Skinner (Stanford, Calif.: Stanford University Press, 1977), pp. 211-36, 281-301. 施坚雅认为满洲是中国社会的第九大宏观区域，但他在相关分析中并未论及该区域。

23　施坚雅对中国社会宏观区域的分析很有说服力，但也有人批评他错误地区分了某些宏观区域内的核心地带和边缘地带，以及他夸大了不同宏观区域之间的彼此独立性，参见 Barbara N. Sands and Ramon H. Myers, "The Spatial Approach to Chinese History: A Test," *Journal of Asian Studies* 45, no. 4, (August 1986): 721-43; Randall E. Stross, "A Hard Row to Hoe: The Political Economy of Chinese Agriculture in *Western Jiangsu*, 1911-1937" (Ph.D. diss., Stanford University, 1982), pp. 6-7; Norton Ginsburg, "The City in Late Imperial China (a review article)," *American Ethnologist* 6, no. 1 (February 1979): 146-47. 不过，丹尼尔·利特尔（Daniel Little）非常支持

施坚雅的观点，参见 Daniel Little, "Theory versus Data in Skinner's Macroregions Argument" (Paper presented to a colloquium at the John K. Fair-bank Center for East Asian Studies, Harvard University, Cambridge, Mass., October 24, 1986)。

24　William Lytle Schurz, *The Manila Galleon* (New York: Dutton, 1939), p. 32.

25　转引自 C. R. Boxer, *The Christian Century in Japan, 1549-1650* (Berkeley: University of California Press, 1951), pp. 105-06。

26　转引自 William S. Atwell, "Notes on Silver, Foreign Trade, and the Late Ming Economy," *Ch'ing-shih Wen-t'i* 3, no. 8 (December 1977): 2。

27　Peter Ward Fay, *The Opium War, 1840-1842* (Chapel Hill: University of North Carolina Press, 1975), p. 54.

28　转引自 Michael Greenberg, *British Trade and the Opening of China*, 1800-42 (Cambridge: Cambridge University Press, 1951), p. 4。

29　Etienne Balazs, *Chinese Civilization and Bureaucracy: Variations on a Theme* (New York: Columbia University Press, 1964), p. 41. 关于国家抑商政策的更为充分的描述参见第七章。

30　此处的分析受启发于杜赞奇关于中国社会 20 世纪"国家经纪人"的论述，参见 Prasenjit Duara, *Culture, Power, and the Modernizing State: Rural North China, 1900-1940* (Stanford, Calif.: Stanford University Press, 1988), Chap. 2。

31　Denis Twitchett, "Merchant, Trade and Government in Late T'ang," *Asia Major*, n. s., 14, no. 1 (1968): 95. Emphasis added. 一项关于中国宋代以后政府商业政策发展史兼及探讨中介体系的精彩研究是曼素恩（Susan Mann）的《地方商人和中国官僚体系（1750—1950）》(*Local Merchants and the Chinese Bureaucracy, 1750-1950*), Stanford, Calif.: Stanford University Press, 1986。我看到这本书时间太晚了，所以未能将该书中很多有价值的洞见纳入到此处探讨当中。

32　G. William Skinner, "Introduction: Urban Development in Imperial China," in *The City in Late Imperial China*, ed. G. William Skinner (Stanford, Calif.: Stanford University Press, 1977), p. 25.

第7章

MANUFACTURING IN THE LATE IMPERIAL PERIOD: A Failed Industrial Revolution?

帝制时代晚期的制造业：失败的工业革命？

毛泽东1939年曾写道："中国封建社会内的商品经济的发展，已经孕育着资本主义的萌芽，如果没有外国资本主义的影响，中国也将缓慢地发展到资本主义社会。"[1]在这一论断引导下，中国的历史学家们纷纷去寻找能够证实毛主席历史洞见的证据。自从20世纪50年代以来，这些历史学家发表了大量论著，宣称"资本主义萌芽"的确在明末清初就已经产生了。他们还为此引用大量诗歌、散文以及历史文献以证明中国社会在那个时期已存在近代性质的制造业和自由劳动力市场，农业领域也已出现商品化趋势，且贸易和制造业中心也已在城市当中得以形成和发展。

这些"宣称"的资本主义萌芽最终都没能成长为现代工业资本主义。"共产主义"历史学家认为，这些萌芽在17世纪中期李自成带领一些不满的农民和工匠进行起义时遭到了第一次冲击。他们指出，如果李自成起义当年能获得成功，那么中国社会就有可能形成服务于正在形成中的资产阶级及其利益的政治制度，正如1789年法国革命后的情况一样。然而，封建势力（以吴三桂及其军队为代表）在最后一刻奋力维护自身经济和政治利益，与当时不开明的满族统治者联合起来消灭了李自成所代表的先进力量，结果是此后的半个世纪里资本主义萌芽都未能发展壮大。

然而，这些历史学家坚称，历史的力量不可能被永远压制。他们指出，资本主义进程在清代早期再次加速并超越了明代晚期制造业的最高水准，而19世纪中期爆发的太平天国起义所代表的先进力量也几近推翻清朝统治。然而，帝国主义与清朝封建势力联合起来再次压制了现代资本主义的发展。

西方历史学家对于中国历史学家"寻找"资本主义萌芽持批判态度,他们认为这种研究受意识形态驱动,硬要将中国的实际套进马克思主义范式当中,而后者其实是在对19世纪欧洲历史经验研究过程中产生的。西方历史学家还指出,"共产主义"历史学家认为中国在16世纪到18世纪期间已走上资本主义道路的观点缺乏强有力的论据。一位著名历史学家说,"(他们)摘引的关于18世纪到19世纪早期制造业的一百三十二种历史文献中,绝大部分引用在内容上都过于简短且不确切,最多能够证明当时中国的一些实业规模很小,能够服务的市场范围也很小",同时,"就目前所知,这一时期的实业在内部组织方面比起唐宋时期并没有什么新发展,其采用的生产技术也完全是传统的"。[2]

大部分西方历史学家都倾向于把"共产主义"历史学家的资本主义研究仅仅当成是一种"政治论辩",而且后者关于李自成起义代表了先进资产阶级力量崛起的观点也的确不能为大多数人所理解。16世纪到18世纪(1630年到1683年期间除外)的确是经济充满活力、社会发生变革的年代。然而,无论中国社会在这几个世纪的发展如何预示着资本主义萌芽的产生——就像当年西方社会的情况一样,"资本主义是否真正产生了"都还是一个有待论证的问题。也就是说,中国在16世纪到18世纪的发展与英国在18世纪60年代前一个半世纪里工业革命即将发生时的情况非常相似,但这能够证明中国在那个时期也必然会实现制造业的突破式发展吗?

The "Sprouts" of Industrialism
工业主义的"萌芽"

要回答这个问题，我们首先需要对现代工业在西方的发展模式有个正确的理解。17世纪及18世纪早期，英国的经济变迁和工业发展非常缓慢且不稳定。然而，资本主义萌芽在这一时期已无可辩驳地出现在英国，不过英国制造业产量的增长与新技术运用基本无关，而是对中世纪技术潜力进行最大化运用的结果。比如说，即便是在工业革命中逐渐居于领先优势的纺织工业领域，家庭手工业生产方式也一直维持到了18世纪下半叶：1724年建立于德比（Derby）的洛姆丝绸厂（The Lombe Silkfactory）曾雇佣300名女工和童工用水力机械进行生产，但不过十年这家工厂就关张了；随后，利兹（Leeds）附近的几位大服装商纷纷组建了拥有近20架织布机的工厂，但它们并不能代表大多数；19世纪上半叶新拉纳克（New Lanark）附近出现了拥有2000名工人的工厂，但这样的工厂在当时并不多见。

实际上，在工业革命前夕，纺织业仍旧分散在乡村中，此外，"缎带纺织业以外的其他行业也不是靠机械化取得进展的"。[3]1730年，约翰·凯伊（John Kay）发明了飞梭，稍后刘易斯·保尔(Lewis Paul)发明了纺纱机,织工和纺纱工使用纺纱机的纺纱量是手工纺纱量的两倍。不过,这些发明诞生以后在几代人那里都没有得到真正应用。可见,机器纺纱和焦炭熔铸法等发明并不是促生工业革命的必然要素,因为这些发明在其诞生以后还需要很长一段时间才能实现总量效应。当然,"即便是18世纪50年代那些显著的产业性扩张也是在传统的经济组织内部得以实现的,比如增加生产单位的数量,吸纳新鲜劳动力,或引进本身并不是新技术却能为纺织业增加利润的加工技术(比如染色)等"。[4]

当然,体制方面的新发展(比如更细的社会分工、整合度更高的生产及通过包买制进行销售等)和技术的递进发展在18世纪的英国得到了充分应用,这些进而为推动工业革命在英国的发生发挥了重要作用,但"资本主义萌芽"仍被覆盖在旧社会的繁密枝叶之下。如果英国最终没能发生工业革命,那么它的资本主义萌芽在历史学家眼里也会跟中国的资本主义萌芽一样不起眼。英国的资本主义萌芽在当时其实非常脆弱,17世纪20年代至90年代的经济危机以及18世纪20年代至40年代的经济放缓等都表明,机械化工厂生产及商品市场扩张都是大势所趋。"流动性和经济增长力能抵消惰性力量,而进取力能平衡惯性力量,在1763年仍旧是如此。"[5]最终,增长力和进取力在英国赢得了胜利,而在16世纪到18世纪的中国,各方力量虽然也在一较高下,但惰性力量最终占据了主导地位。

中国经济在停滞近三个世纪后,终于在16世纪开始再度趋向繁荣。13世纪蒙古人入主中原后，中国的社会和经济遭到严重破坏；14世纪中期瘟疫暴发(1347年至1353年黑死病几乎毁了欧洲)对经济发展再次造成毁灭性打击；1450年到1540年期间，伴随着史波勒极小期(the Spörer minimum)到来的全球变冷使农业大量减产，之后17世纪30年代至40年代到来的蒙德极小期对农业产生了同样的严重影响；明代早期的孤立主义政策抑制了海外贸易的发展。应该说，上述四个因素共同造成原本在宋代已实现繁荣发展的经济陷入了螺旋下降的境地。同时，此番经济衰退也造成了另一个后果：中国的人口数量自1200年的1.1亿骤降到明初的约6500万—8000万。

关于中国经济究竟为何在16世纪进入全面复苏状态，我们并不十分明了，但史波勒极小期结束后全球变暖无疑是重要原因之一。同时，明朝在这一时期推行的相关政策，如出台并实施有利于商人的法律和条例、减轻赋税等，非常有利于经济发展。朝廷还废除了工匠、盐商等某些特定行业和士兵的世袭制，也不再仅仅把私营制造商当成为宫廷生产瓷器等产品的苦劳力，而是反过来对其予以资助。此外，16世纪中期以后大量白银从日本和西班牙美洲殖民地的流入也对中国经济发展起到了实质性的推动作用。

暂不论究竟是什么原因促成了经济在这一时期的繁荣发展，中国社会的确借此实现了城市发展和农业的商品化进程，其制造业各领域产出基本也可满足全国的需求。这种爆发式的社会繁荣和经济发展持续了近两百年时间，直到明清两朝更迭时才又陷入停滞状态。[6]此后直到18世纪70年代，中国经济才实现又一次飞跃，并发展至全新高度。这种发展趋势在中国东部新月地带的三个地区最为明显，即江南地区（长江下游地区，包括江苏、安徽和浙江三省）、福建和广东沿海地区以及京杭大运河沿线地区。

这一时期，中国社会经济发生的变迁首先表现为经济货币化趋势不断加速。越来越多地使用货币表明朝廷已决意改变现有税收体系，用银两代替劳役作为征税形式。用银两征税始于15世纪上半叶，并在16世纪货币量日益充足的情况下逐渐得到广泛的应用，这就是所谓"一条鞭法"（明朝内阁首辅张居正在全国推行的一项重要赋税和徭役制度，是中国历史上具有深远意义的一次重要社会变革——译者注）的税务改革。这种改革反过来促进了货币化进程的加速，因为朝廷必须用银两给为其提供货物和服务的建筑工、衙役和士兵及驿卒等发放报酬；此外，这种改革也迫使人们开始为以销售为目的生产商品，因为唯有如此他们才能获得用来纳税的银两。

作为单一税收办法，"一条鞭法"税收改革彻底结束了帝制时代晚期仍有些许残留的以物易物交易方式。

明代初期人口迅速增长是促使中国经济走上全新发展道路的一个可能性原因。此次人口增长主要发生于东部新月地带的南半部地区，人口的增长使当地人均农田面积越来越小，租金和税赋却越来越高。为了维持生计，农民开始从事副业劳动，这与"一条鞭法"促使人们从事以交易为目的生产是相似的路径。

随着人口增长及农村解体,城市得到了发展。16世纪,大多数没有土地的农民可自由离开村庄,地主也大量地移居城市,后者就是所谓"地主阶级城市化"(urbanization of the landlord class)趋势。[7]诸如苏州、杭州、南京及广州等中心城市再次得到发展并日益繁荣。晚明时期某地地方志说,杭州在16世纪早期还人口稀少,但到16世纪中期就变得人口非常稠密了。苏州在16世纪末已成为全国最大的城市之一,商铺遍布整个城市,甚至拓展到了城墙外二十里以外。首都北京的人口从1450年的六十万增长到1825年的一百万,北京也因此连续三个世纪成为当时全世界上数一数二的大城市,后来因为王朝更迭等剧变,北京的这一地位在17世纪被君士坦丁堡所取代,18世纪又被东京所取代。

更令人吃惊的变化是,这一时期一些乡镇逐渐转变为以商业和手工业为主的中心城市。比如,太湖流域的丝绸生产中心震泽在晚明时期从一个原本只有五六十户人家的小村子成长为拥有五万人口的城市,到了18世纪中期,这个城市人口数量比之从前增长了一百倍。松江在15世纪时曾因受到海盗袭击而人口骤减,但仅经过二三十年发展就成为当时主要的棉纺织工业中心。位于南京上游的芜湖则发展为纺织业和造纸业中心。这样的例子不胜枚举。

虽然城市的拓展可部分归因于同时期人口数量的增长,但其主要原因还是商业化的发展。晚明时期,中国社会自给自足的经济体系逐渐被打破，各地区都开始种植具有更高价值的经济作物。人们不仅在当地而且在远处的市场从事商业活动。16世纪，中国九成的糖都产于广东和福建，浙江北部绝大部分土地都用于种植喂蚕的桑树，松江和苏州等地则以盛产棉花而著称。黄河下游的河南、河北和山东等省大部分土地都用于种植棉花这种经济作物。

当然，专门种植经济作物的地方也需要在市场上购买食品、工具和衣服。比如，山东有六个县超过七成的消费品都来自于江南地区。更为重要的是，大规模的稻米贸易已能为专门种植经济作物的地区提供粮食供应。比如，16世纪时广东每年会向已成为全国产糖中心的泉州运送数千艘船的稻米。晚明时期某地地方志如此描述上海附近的嘉定县对外来资源的依赖情况：

> 本县不产稻米，全赖其他地方供给。当夏播小麦快成熟，秋季作物已成长起来时，装满稻米的商船川流不息……如果恰逢战争爆发……导致城门关闭长达十天之久，饥民就会高声喧闹，怎么还会有暴动和骚乱发生呢？[8]

在商业化进程的驱动下，集市体系也得到了进一步发展。比如在作为海外贸易中心的福建漳州，集市数量从1491年的11个增长到1628年的65个，集市500%的增长率远远超出了同期的人口增长率。在位于京杭大运河沿线的山东，集市体系的发展也很突出，比如东阿县的集市就从1550年的10个增长到1600年的17个，到了1700年又增长到27个。当然，并非所有农村都均等地受到了商业化的影响，也就是说，不同地区的农村所受到的影响并不一致。某些偏远地区的农村受到商业化和专业化生产的影响就相对较小，就连地处沿海的上海县，直到19世纪鸦片战争结束后这里成为通商口岸，集市体系才得到迅速发展(如图6.3所示)。

当时，制造业是走向商业化进程的主要领域。以中国最古老和最重要的制造业——丝织业为例，早在宋代，丝织业就已遍布全国各地了，到了16世纪下半叶，丝织业已发展成为专门化和专业化的门类，并逐渐集中于江南地区，特别是太湖地区。

江南地区从事丝织生产的单位既包括个体户，也包括成规模的工厂。丝织生产需要做大量的前期准备工作，比如养蚕、剥茧抽丝等，都需要由各家各户分别去做；而用丝线织布，特别是织成更好的面料则需要更加复杂的工艺，所以经常是由拥有二三十架织机的工厂来做。中国丝织业当时这种经营规模几乎可与工业革命前夕英国纺织厂的规模相比肩。当时最大的织造设备属于皇家丝织厂，其中的三家几乎生产了宫廷所需全部细纹丝帛。苏州的一家丝织厂在晚明时期就已拥有173部织机，雇佣了500名工人。在清初(1685年)，这家工厂已经拥有800部织机和2330名工人。在18世纪的南京，大部分丝织工厂都已拥有近3万部缎织机，更不用说其拥有多少用于生产下一个等次丝绸的织机的数量了。实际上，18世纪丝织业在规模上甚至大于19世纪晚期的丝织业。

除丝织业以外，制造业其他领域的活跃度也很高，而且也具备了相当的经营规模。比如，当时的江西景德镇窑炉烧制的瓷器堪称世界之最，半透明的白色和青色景德镇瓷器受到从北京到伦敦的很多宫廷的追捧，这种美至今仍震撼着艺术界。当时的景德镇已经拥有多达五百家的瓷窑，可谓"村村窑火，户户陶埏"。[9] 此外，那个时期中国的炼铁厂规模也很大，有文献如此描述18世纪的中国西北部（湖北、陕西和四川交界处）的冶金厂：

> 每个熔炉都有十七八英尺高……每个熔炉都需要十多个工人一起工作。运送木材、搭建"黑山"（即炭窑），在"红山"，即采矿场，凿开厚岩层采集矿石等都需要大量工人，矿石和焦炭需要被运送的距离也各不相同，但每个熔炉仍旧需要上百名工人，那么六七个熔炉的运转需要不少于一千名工人。铁被铸成铁板之后，其中一些铁板还会用来制作铁锅和农具，而仅这个环节及运输工作就需要近两千名工人。因此，四川和其他省份的大型炼铁厂通常都拥有两三千名工人，那些只有三四个熔炉的小型炼铁厂也需要上千名工人。[10]

这里引用的材料并没有给出这些熔炉的钢产量，但据记载，18世纪某些拥有一千名工人的熔炉（包括矿工、烧炭工和其他辅助工人)每天炼铁量约为2.5吨,这个产量与英国17世纪的钢铁厂每日两吨到三吨的钢产量相比,毫不逊色。

棉纺织业是中国传统社会最大的制造业。与前工业时期的英国一样,中国传统的棉纺织业一直采用家庭手工业生产方式,其既蕴含着工业化的潜力,又阻碍了工业化的实现。

中国人早在公元前200年就对棉花有所了解了,但早期的中国人大多穿用长纤维的苎麻及其他麻类织就的麻布衣服。因为一英亩土地产出的棉花所包含的纤维量是同等面积土地产出的麻类植物纤维量的十倍,再加上棉花还有更优良的特性,所以到了晚明时期,棉花已成为首要的织布原料。

大部分棉布,特别是那种较为朴实无华的棉布,基本都是各家各户的女人、孩子和老人生产的。女人、孩子和老人在耕种过程中所承担的都是辅助性劳动,因此在棉纺织方面则会尽可能承担其全部工作,从种植棉花、梳理原棉到纺棉纱、织布,再到剪裁和缝制自家所需的衣服等——而这一点与英国在前工业时期的情况就有所不同了。在中国,上述所有步骤都可能在各家各户内部完成,因为整个生产过程都无需为买设备而投资,而且工序简单到连九岁到十岁的小女孩或小脚老太太都能完成。此外,这项工作也不需要持续不断的关注(丝织则需要),所以人们完全可以在闲暇时间就完成这项工作。纺纱设备通常也非常简陋,就是美国人常在博物馆见到的那种纺纱机。

最简单的纺纱工具就是悬挂在房顶上的一个纺锤,纺纱人用一只手转动纺锤而用另一只手将粗棉纱捻成纱线。相对而言,脚踏纺纱机更加普遍一些,这种纺纱机是用木棍和绳子做成的。当时也有稍微复杂一些的纺纱机——所谓复杂也只是配备了三四个纺锤,或五个纺锤,其在纺纱速度上比英国纺纱车要快出几倍。后来英国人理查德·阿克莱特(Ricichard Arkwright)在1769年发明了水力纺纱机,操作这种纺纱机需要拥有专业技术,但当时大部分只为自家纺纱、织布、做衣服的人都没有掌握这种专业技术。相对而言,织布机更加昂贵且构造更加复杂,但据17世纪的《天工开物》(明朝宋应星著,被誉为"中国17世纪的工艺百科全书"——译者注)记载,当时中国社会"织机十室必有"。[11]

虽然直到20世纪很多家庭生产棉布还都是为了自用,但其实棉纺织业中一个很重要的环节早已走向专业化和商业化了。中国北方非常适合种植原棉,但因气候过于干燥寒冷而不太适合纺纱织布,相形之下,长江下游地区的气候就非常适合棉花加工,但遗憾的是那里又无法种植出足够的棉花来满足纺纱和织布的需求。于是,两地之间就形成了分工。此外,由于有些家庭买不起织布机而只能纺纱,所以棉纺织行业内部又形成纺纱和织布这两个环节之间的分工。正如18世纪的一本书所描述的那样,"上海附近有些人家只卖棉纱,如果他们日夜赶工生产出一斤棉纱,那么他们就完全能支撑自己的生活。好的纺纱工一般都会使用有三至四个纺锤,至少是两个纺锤的纺纱机"。[12]当然,有人专门纺纱就意味着有人专门织布,在17

世纪晚期,仅上海地区就有二十万名织工。

这些职业织工一般都来自城市的家庭作坊,他们生产的棉布比那些自给自足的农民织出来的粗布要精致得多。比如,他们能织出主要用于奢侈品贸易的黛眉手织布和飞花手织布。著名的松江三梭布是用有很多通气孔的上好棉纱织就的,穿在身上光滑舒适,明朝宫廷选择用它做内衣——这可谓当时的最高嘉奖。那个时期的中国棉布远远优于英国棉布,这也是英国人直到19世纪30年代还在大量进口南京手织布的原因。

尽管当时大量棉布生产都以销售为目的,但纺纱和织布却并不在工厂集中进行。最好的棉布可能产自拥有二十多部或者更多织机的城市织布车间(这一点与丝织业相同),但纺纱和织布主要还是家庭手工业。直到19世纪80年代,中国的棉纺织才真正采用工厂生产的形式。

从事染色和轧光等最后环节的生产单位在规模上相对要大一些,因为染色工艺具有很强的规模经济效应。其实大部分染工只专门染一种颜色才是最节约的,因此在英国的棉布纺织业中,染色通常是在城市工厂而不是乡间家庭中进行的。而轧光,即用大石头把布压平整和光滑的环节则可以在家庭中进行。然而,当时中国的大量棉布已经被集中起来染色,但染色之后再将棉布分发到各家或个人手中,然后由这些个体户拿到市场上销售是不现实的。18世纪30年代,苏州的大多数轧光厂平均拥有32名工人,而全苏州共有2万名染工和轧光工。[13]

中国棉织布生产具有以下两个特征：一是各生产环节相分离，二是棉织布生产与高效的市场体系联系松散，这两大特征也正是帝制时代晚期中国精良棉织布生产不同于17世纪和18世纪早期英国棉织布生产的区别性特征。比如，农民将原棉卖给商人或者代理商，后者再将其转卖给家庭手工纺纱作坊。纺纱作坊把纺好的棉纱卖给另一些商人，再经由他们转卖给个体织布者。当地的商人或代理商买入棉布，然后再把棉布卖给染坊和轧光作坊，或卖给批发商，然后由批发商将其销售到全国各地。[14]

商人是棉纺织业中的核心角色，而生产者一般都是经济拮据的农民，只想赚一些额外收入。本地商人兼代理商每年差不多都会有一万多两银子入账，而在很多市镇上拥有店铺的大型批发商则相应地进行着更大规模的经营。在17世纪的上海，"富商(布匹批发商)都是带着数万银两来的，最富的差不多带着数十万两银子来的，所以本地代理商把他们当皇帝或王爷一样，争相讨好他们"。[15]

富商们虽然很有钱，但很少直接介入生产过程。工业革命之前的欧洲商人非常依赖于散工制——由商人将原棉卖给纺纱者，再将棉纱卖给织布者(有时候还给这两者提供纺锤和织布机)，同时为工人支付报酬，但中国商人并不是如此。虽然有证据表明帝制时代晚期的中国社会也存在散工制，但很明显这种体系在中国并没有什么影响，因为纺纱者和织布者自己有设备，自己买原棉或棉纱，自己把棉纱和布卖给地方代理商。晚明时期某地地方志对这种情况有所记载：

> 穷人一大早就把自己纺的棉纱和织的布拿到市场上去卖，买回原棉或者棉纱，然后回到家里再纺纱或织布。次日，他们再去市场上这样交易一圈。[16]

可见，他们并不是领取报酬的雇工。

大多数经济史学家认为，中国社会没有形成真正的工业资本主义的重要原因之一是，中国依赖以市场为导向的生产结构，而不依赖散工制。唯有商人介入生产过程，真正的工业资本主义才能得以发展，而在商人不介入的情况下，不断提升的市场需求只需通过从更多的个体生产者那里购买更多商品就可以得到满足，而无须通过改善技术和扩大生产规模来满足。

为什么中国的代理商和批发商不介入生产过程呢？既然他们能够意识到染色等最后环节具有规模经济效应，那么他们为什么不将其他环节也纳入工厂生产范畴呢？答案是，由于当时的市场体系运转得非常好，所以大商人或大企业家一点都不急于做出变动。纺纱和织布原本只是农民家庭的副业生产劳动，如果商人们将这种生产改为工厂生产，从经济角度来看是愚蠢的。

如果纺纱和织布都采取工厂生产形式，纺纱者和织布者心里都明白自己赚到的哪怕很小的一笔报酬都是家里的净收益，所以他们愿意为赚取超出维持最低生活水平工资的报酬而工作，这是农民"自我剥削"的最好例证。商人们如果改变原有体系，建立工厂并引入更加高效的生产技术，其实是无利可图的，因为中国社会总是有充足的愿意纺纱和织布的人力资源。此外，如果商人建立工厂，他们就必须为全职工人支付最低工资并为建设工厂和购置设备而出资，而在家庭生产体系中，商人能避免进行如此大规模的风险性投资。此外，家庭生产体系比工厂生产更灵活，更能适应市场变动，也就是说，当有必要削减生产时，成百上千的手工业者能马上放下手里的简单生产工具，而不会发生商人对工厂的投资被浪费的事情；当市场复苏，手工业者们又可以快速投入生产。直到工厂在19世纪晚期采用电力纺纱车和电力织布机进行生产时，这种经济效益核算才开始变得灵活。

帝制时代晚期，中国的棉纺织业在生产方面既显示出强劲之处，又暴露出薄弱之处。强劲之处体现在商业化水平高，商人知识渊博且拥有可供支配的雄厚资金，相当规模的社会分工促进了劳动效率的提高，工人技术娴熟度也得到进一步提升。与此同时,机械化水平低下却是中国棉纺织业最薄弱之处,而不采用机械生产以提升劳动生产率是无法迎来工业革命的。

不过,这种薄弱却是一种理性选择,而不是中国人不能发明更加先进的技术,因为当时中国已拥有发明恰当技术所需的基本要素。比如在明初,水力机械已经用于碾米、捣碎香料和竹篾纸浆等。也是在明初,中国人已经用机器纺麻了。这种机器是用水力、人力或者畜力带动的,有32个纺锤的机器,它在24小时之内能够纺118公斤麻线,因此机纺麻线"比女工织出的麻线便宜很多。"[17] 其实,这种专门用于纺麻的机器在技术要素上完全不同于用来纺短纤维的棉纱机器。当然,对于拥有悠久且深厚技术发明史的中国人来说,这并非是不可逾越的问题。可是,正如知名经济史学家卡洛·M. 奇波拉 (Carlo M. Cipolla) 所说,"一场工业革命首先是一场社会文化事件",[18] 可见,那种认为没有新的高效机器是中国没有走上工业化道路的关键要素的论断其实是存在疑点的。

The Late Ming Sociocultural Milieu
晚明的社会文化背景

　　社会文化因素对于一个国家能否成功地走上工业化道路具有先决意义。令人感到惊讶的是，中国传统社会价值观在晚明时期已经开始发生转型。晚明时期是中国社会全面繁荣的时期，当时的上层人士不仅生活奢侈而且喜欢炫富，下层民众也不同以往地过着闲适生活，当然，贫穷和苦难仍然随处可见。特别是16世纪末17世纪初，整个社会都氤氲在"浪漫、感性和世俗的氛围"当中。[19]这同时也是一个社会急速变迁的时代：教育逐渐普及、识字率普遍提高，富商及其子孙都争相去当官，很多传承数代的士绅家庭都因喜奢靡生活而衰落——这几乎成为那个时代的特征，并转而去经商。16世纪江南地区的知名学者兼文人归有光（1507—1571）就说过，"士与农商常相混"。[20]

　　各社会阶层的混同促生了社会多元主义，其表现之一就是整个社会对商人和工匠这两个社会阶层的尊重程度日益提升。早在16世纪早期，明代重臣刘大夏（1436—1516）就曾教育子孙说，从商或者务农都是最荣耀的职业，当时及后来的一些学者也经常援引这句话来教育子孙。此后的一位礼部尚书——通常都是持保守主义观点的——还建议国家不应仅通过科举考试来选拔人才，还应举荐能胜任本职工作的农民、商人、屠夫、大夫，甚至包括算命先生。当然，这个建议并未被朝廷采纳，但这位官员能提出如此大胆的建议本身就反映了当时社会价值观的急剧变迁。实际上，在这一时期，能烧制精美瓷器、铜器和漆器的，以及能制作精美扇子的各类技术娴熟的工匠不仅已然获得了与学者相等同的社会地位，而且他们的作品也相应被视为与画作和书法作品具有同等的艺术价值。

随着社会和经济的变迁，新的儒学学派在明代后期得以诞生。这个学派有时会被蔑称为"狂禅"，而且其某些观点与欧洲工业革命时期某些新教教派的"异教"观点稍显类似，但实际上两者有着本质的不同。"狂禅"至少在意识形态层面上为当时日益强化的平等主义和追逐利润的价值观进行了辩护。

"狂禅"观点集大成者是"泰州学派",这一派别是从王阳明(1472—1529)哲学中衍生而来的分支,同时也受到禅宗的重要影响。该派反对明代官方正统学说对理学和禅宗进行学究式和高度精英主义阐释,崇尚"心学",强调人们都是有良知的,只要人们能够回到无善无恶的心的本体状态,就都能够成为儒家所说的圣人。这一教义推而广之就成了那句"满街都是圣人"的俗语。

王阳明并未能在有生之年对自己哲学思想的全部社会意义进行充分探索,而是把这项工作留给了他的追随者。其中一些追随者创建了泰州学派,在民众中普及王阳明的观点,并倡导开展了一系列民众运动。泰州学派主要创始人之一王艮(1483—1541)早年并未受过太多教育,后来成为盐商并由此发家。王艮强调王阳明认为普通人都有良知的观点,认为一个人只需自然行事就可成为圣贤。他认为,人无须压制欲望,而是应按欲望行事,唯有如此,一个人才能成为真正的圣贤。这是一种令人愉悦的哲学,崇尚生活、肯定人性,反对儒家的道德束缚。

王艮是个行为古怪的人,他平时按传说中的圣君尧的服制着深衣,戴五常冠,乘据说是孔夫子所乘坐的蒲轮车出行。不过,他虽举止怪异,但却是一个成功的"传道者"——成功地把自己的观点普及给大众,并成功地打造出类似宗教复兴运动的氛围,黄宗羲就曾用"风行天下"[21]来评价王艮传道的成功。王艮的信徒们也通过该派别遍布各地的组织进行传道,组织集体讨论和吟诵活动。这一系列运动非常有力，成功地吸引了农民、商人、石匠、陶工、学者及官员等各行各业、各种阶层的人前来参与。

泰州学派提出的自然主义和平等主义主张是对儒家正统观念的挑战，该学派之所以仍旧"有争议地"隶属于儒家范畴，是因为它在总体上仍秉持个体道德升华（当然，泰州学派所提倡的改善个体道德的方式被认为是"非正统的"）可以推动社会改良的儒家基本观点。

不过，接受泰州学派观点和王阳明哲学观点的大多是激进分子，他们并不认为自己属于儒家学派，不仅如此，他们还把王艮关于性善的观点演化到极致，完全拒斥儒家对道德问题的关注，只强调人应不计后果地根据本能和欲望行事。这些激进主义者中有一个叫做颜钧（1504—1596）的人，他的主张可代表当时的自由开放态度。据说颜钧认为"人之贪财好色，皆自性生"，还认为，"其一时之所为，实天机之发，不可壅阏之"，[22]这当然不能代表儒家正统观点，而且已完全背离了儒家学说。

李贽（1527—1602）堪称当时最著名的激进主义者，他蔑视道德权威，提倡功利主义，认为人对功利的追求在道德上并不低于儒家提倡的对于诚实和孝悌的追求。他还提出如下在当时可谓非常激进的若干主张，即女性的见识并不低于男性，主张婚姻自由。他的观点并不仅仅是一种非传统哲学的沉思，而且他的著作在当时也非常受欢迎，在民间广为流传。在现代传媒方

式产生之前的时代,他的观点能够受到如此广泛的欢迎实属不易。与李贽同时代的董其昌如此解释了李贽拥有如此之多追随者的原因:

> 所有人都想成为圣贤,但是很少有人能够成为圣贤。然而李贽认为,没有任何东西或者事情,包括酒、女人、财富,甚至缺乏自我控制能力都不能阻止一个人成为圣贤。这是一桩交易,但是谁又不喜欢交易呢?[23]

"狂禅"派向人们揭示了传统的硬壳在晚明经济繁荣的时代是如何被打破的。它拒斥儒家学者兼官员的领导和价值观,对当时各社会阶层的融合以及自然主义和唯物主义价值观的形成提供了合理的解释。中国著名历史学家侯外庐曾经夸张地称李贽是"正在形成的资本主义精神"的代表。[24]王艮、李贽等推动儒家学说发展的重要人物大多生长于经济最发达的长江下游地区或者福建的港口城市,这无论如何都不是偶然的,而且他们当中的大部分人都是来自商人家庭。

The Obstacles to Industrialization
工业化进程的障碍

在某种程度上，16世纪到18世纪中国社会和经济领域的重要变化与17世纪到18世纪早期英国相同领域发生的变化并无本质区别。从工厂经营规模、最高效纺纱机的产量及商人持有资金总量（即工业投资的潜在可用性）等指标来看，中国在工业化进程中似乎还领先于英国一步。遗憾的是，中国最终却失掉了这种发展势头，这又是为什么呢？

其实，发出这个提问本身就包含着某种暗示，即按照事物的正常发展轨迹，中国应该沿着已有的发展势头，从商业繁荣和制造业蓬勃发展的时期直接进入现代工业革命时期。当然，这样的暗示或假设其实毫无根据。比如，古罗马和文艺复兴时期的佛罗伦萨都曾在商业活动和社会财富发展到一定规模时建立起类似工厂的组织，但这些组织后来却没能在发明和采用新技术方面再进一步。17世纪初期的荷兰是欧洲商业繁荣和科学发明的中心，但通过回顾不难发现，那些一直在推动这个小国家走上工业革命的力量在17世纪60年代以后似乎消失了，而荷兰此后也陷入了不景气和保守状态。同理，16世纪到18世纪的中国没有进一步走上工业革命道路似乎也是异常的历史现象。不过，一位历史学家曾说，"既然没有质的变化，那也无须专门去阐释，只有欧洲奇迹(工业革命)需要专门阐释"。[25]

然而，好奇心仍会驱使我们再追问，为什么中国最初有如此强劲的发展势头，后来却没有发展出新技术呢？当然，我们也有义务给出一个解释。不过，我本人对此表示气馁，因为很多最好的西方历史学家都曾尝试解释为什么工业革命会发生在英国，但在经过近百年的研究和争论之后，各方甚至在工业革命发生的确切时间上仍众说纷纭，就更不用说对工业革命发生原因达成一致了。如此看来，要解释工业革命为什么没有在中国发生的问题就更加困难了，但我们至少可以去思考当年都有哪些因素可能阻碍了中国走上近代工业化道路。

在这里，我们有必要给出一个重要提示，即技术先进与否并非是某国能否走上工业化道路的首要因素，比如珍妮纺纱机和水力纺纱机的发明与英国工业革命到来的第一个明确迹象的出现就几乎是同步的。近几十年来，历史学家意识到世界上很多不发达国家即便有现代技术可用，其在工业化进程上还是进展很慢。可见，一个民族必须"想要"运用新技术，必须认识到"有必要"改变他们长久以来的习惯路径，才有可能走上工业化道路。

在中国，人们通常不急于做出改变，而戴维·S.兰德斯(David S. Landes)认为，欧洲人有"非常看重对环境做出理性调控"[26]的突出特征。欧洲人有一种不可遏止的"掌控自然，使其听命于人类"的强烈愿望。相形之下，中国人更倾向于把宇宙看成一个有机体，认为宇宙中所有要素都是和谐共处的，人只是自然界中不可或缺的一部分，人的任务并不是改变自然界。[27]

中国人与西方人对于自然界截然不同的态度非常明晰地反映在各自的艺术形式上。西方艺术经常选择静物作为对象：一盘水果，一捧剪下来的花，或一只刚被射杀的、爪子被钉在墙上头朝下倒挂着的、作为猎人凯旋标志的雉鸡，等等。中国艺术倾向于描绘自然状态下的活态形象：挂在树上的新鲜水果，在草地上吃草的雉鸡等。可见，中国艺术家最崇尚的美仅仅是或完全是自然和原始的美。比如，中国山水画通常都会描绘水、树和连成片的远山或水上漂流的船只，可能还有一个到两个被绝妙风景衬托得很渺小的人物形象——中国山水画正是以此种形式来传达天人合一的境界。对中国人来说，控制自然并使其按照人的意志发展远不及通过"道"来建立人与社会和谐共处那么重要。

当然，这并不是说中国人没有对环境做宏大改造的能力，长城和京杭大运河的修建就是中国人具有这种能力的明证。此外，中国人也并非住在山脚下的草房子里，他们建造了房子和城市，为控制肆虐泛滥的河水修筑了堤坝和灌溉系统。其实，中国人和欧洲人对自身在宇宙中所处位置的观点十分不同。当赫伯特·斯宾塞（Herbert Spencer）指出西方人具有浮士德精神（Faustian Spirit）时，他可能找到了问题的核心所在。斯宾塞认为，正是浮士德精神给予西方人以无限的驱动力、能量及使命感和迫切感，使他们迫切地与自然奋争并逐渐获得了对自然和他人的掌控。中国人对此持有的则是一种特殊性与普遍性相结合的观念，以及关于人的能力的有限感。虽然中国人也认为通过奋斗能获得财富、知识，实现道德升华和地位的提升，但他们更想获得一种知足感，所以必须时不时"听天由命"一下。他们认为并非所有的改变都具有进步性质，事实上，大多数改变都"不好"。

对擅长数字运算的经济学家来说，这些形而上的沉思并不能作为对中国没走上工业化道路的解释。然而，任何一个国家的经济都是深深地植根于其文化当中的，因此，这些关于不同文化对于人类在自然界中所扮演角色持有不同观点的探讨，其实大大有助于解释为什么中国对创新技术的运用和吸收没能使传统体系发生剧烈变革，而同样的技术变革传入欧洲后却使西方社会发生了彻底的变革。弗朗西斯·培根（Francis Bacon）说：

> 我们应注意到这些发明的动力、功效和结果，而这几点无比清晰地表现在古代人所不知、较近才发现，而起源还暧昧不彰的三种发明上，那就是印刷术、火药和指南针。这三大发明已经在世界范围内把事物的全部面貌和情况都改变了；第一种是在学术方面，第二种是在战事方面，第三种是在航行方面；这以后又促生了难以计数的变化，以至于竟至任何帝国、任何教派、任何名人对人类事务的力量和影响都好像无法超越这些机械性的发现了。[28]

中国人发明了印刷术、火药和指南针，也带动了包括冶铁术、御马术、尾舵驾驶术、平圆拱造桥术，及将旋转运动转化为直线运动的轮轴技术等技术革新。不仅如此，中国人有时也会把这些发明和革新应用于实践。比如宋朝先后在1120年和一个世纪以后将火药用于对金人和对蒙古人的战争。欧洲到了1280年才开始使用火药和枪支，但人们很快就运用枪炮的爆炸功能摧毁了城堡，随之而来是整个封建制度都遭到了撼动。中国人能开创重大技术变革，却将稳定与和谐置于改变和征服之上。这可能就是16世纪到18世纪在中国已经产生工业主义萌芽却没能开花结果的原因之一。

中国未能走上工业化道路的另一个原因，存在于社会结构及社会价值观方面。中国士大夫阶层的地位和声望是个关键问题。在中国，在医药、商业、法律或宗教等任何领域任职都不及当个士大夫。通过科举考试而成为文人，并进而去当官是每一个有能力、有抱负的中国青年的终极职业目标。这个目标是可以实现的，因为科举考试向所有男性开放——当然，乞丐、妓女的儿子、奴隶、衙役、验尸官、船户等一小部分"刁民"是被排斥在外的。青年农民能当官的例子虽少之又少，但也足以让人相信奇迹的存在。

士大夫阶层的巨大声望对中国未能走上工业化道路意义重大。首先，商人和工匠一旦富裕起来，就会试图通过接受教育或买学位、买官职的方式为自己或儿子谋得文人身份。在16世纪的海外贸易中，漳州逐渐繁荣起来，一项关于当时漳州的研究表明,"因经商而发财在某种程度上能转化成为在做学问上取得成功,因为人们有钱之后第一件事就是花钱雇个先生接受教育,这成本虽高,却是考取进士的必备条件"。[29]

其次,由于文人拥有很高的声望,所以很多没考取功名的人只要能负担得起,就都愿意效仿士大夫格调。在中国,成功商人总倾向于花钱置地建书斋、资助学者,而不是对自己的商铺或工厂追加投资。

最后,由于文人社会地位高,所以中国受教育的精英对文学与儒家哲学的兴趣远远超出对技术和科学的兴趣。从宋代开始到1905年科举制度被废,中国绝大多数受过教育的人都对文学和儒家经典学说更感兴趣,而从事手工劳动的人则是被嘲笑的对象——至少在精英眼里一直如此。长袍和长指甲是士大夫阶层价值观的重要表征,这表明士大夫从不从事任何体力劳动。特定的社会结构形塑了特定的社会价值观,中国受教育阶层把金钱、时间和兴趣都投放在了与促进经济和技术变革无关的领域。

相比之下,17世纪英国的情况则令人震惊。当时英国贵族阶层人数较少且社会影响力也有限,明清时代中国皇室家族情况也是如此,与此同时,中英两国社会也都开明地认为一个人的社会地位不完全取决于其出身,但两国不同之处在于,英国社会中存在着更加多样化的受人尊重的职业或行业——不仅地主和官员拥有很高的社会地位,而且在教堂、部队、法律部门、剧院,当然还有商业领域工作也能给人带来声望。这种社会多元主义之所以能在英国产生，可能与英国实行长子继承制有很大关系，因为就算是"最好的"家庭，除最年长男性成员之外的所有人都必须到社会上谋职以赚钱养活自己。特别富裕和特别有权势的父亲当然也会给两个到三个儿子提供大量财富，但"第四个或第五个儿子，就算是来自士绅家庭或贵族家庭，也要学着去做生意。这些人不是去商铺里做生意，而是会去做国际贸易，后者曾是英国经济的骄傲所在和新经济的温床"。[30] 当时的贵族也参与商业活动。就算是他们只是偶然参与，也具有重要的象征意义，因为这给商业和制造业贴上了合法的和受尊敬的标签。

同样，在社会多元主义观念影响下，底层士绅家庭和中产阶级家庭里受过一些教育的孩子们也会选择去当学徒学习手工艺。当时的英国社会各阶层不仅仅是"可以接受"从事体力劳动，而且还对机械方面的工作有着强烈的兴趣和天赋。甚至最著名的人文主义者和文学家塞缪尔·约翰逊(Samuel Johnson)都喜欢搞化学焊接，经常因做实验把自己弄得满身烟灰一团糟。其实在17世纪和18世纪，英国的男人都被建议去"搞机械",[31] 这与中国社会简直形成了鲜明对比。

说到这里，我认为有些人认为儒家学说是导致中国不能走上工业化和现代化道路的根源的观点值得商榷。这种观点宣称儒家学说是一种阻碍进步的学说，认为该学说把理想的实现寄托于回到从前，因此强调人本主义而不是科学和技术，还认为该学说服务于已有的社会秩序和既有权威，因此强调等级秩序和长者权威。正如芮玛丽（Mary C. Wright）在对中国19世纪失败的改革运动的研究中指出的，"现代化所需的条件与儒家推崇稳定所需的条件正相反"。[32]

这种观点虽然部分地反映了一些客观事实，但同时使人产生了误解。其实儒家学说的很多观点都是动态和开放的，从孟子到董仲舒，再到朱熹和王阳明等人，他们对儒家学说的界定和阐释其实一直在发生剧烈变化。对儒家学说进行阐释的空间之大，可从明代泰州学派和19世纪康有为等人的观点那里得到证实。

一些西方人对日本近代在经济上的成功印象深刻，因此把儒家学说看成是一种非常强有力的"发展理念"。美国的一位银行经济学家喜欢援引儒家强调勤勉、节俭和社会规训的观点，认为"儒家伦理给东亚国家的政府带来了无穷的好处"。[33] 未来主义者赫尔曼·卡恩（Herman Kahn）也认为"在谋求走上工业化、谋得财富和现代化的道路上，儒家学说在很多地方都优于西方的新教伦理"，[34] 因为儒家学说强调人际关系的和谐，反对自私和个人利益。当然，这些观点在论证方面可能还相对薄弱，但其至少表明我们有理由相信儒家学说并非是反现代化的学说。

中国没能走上工业化道路的第三个原因是中国社会中个人财富和企业投资因政府压榨而总是处于不稳定状态。按照中国的政治理论，皇帝是天子，是天人的中介，而皇权是无限的——但实际上中国的皇权在历史上也经常遭到架空。由于国家与社会及公与私之间的界限非常模糊,因此中国社会很难给私人财产提供合法保护,结果是作为"生产性投资和聚集财富的必要条件"[35]的财产安全几乎没有任何保障。

因享有海外贸易垄断权,广东商行曾是中国最成功的企业类型。不过实际情况是,虽然一些商行非常富有,但另一些商行却因政府压榨而破产。为抵制外商压迫和本国政府的压榨,很多广东商行联合起来于1720年建立其行会组织,但它们无论如何也躲不过给政府官员"做贡献"和"送礼"的要求,以下是商行1834年"送礼"的情况:[36]

向皇上进贡	白银 55,000 两
修筑黄河大堤	30,000 两
为北京办事处出资	21,600 两
给皇上贺寿	130,000 两
给海关官员贺寿	20,000 两
给海关官员母亲或妻子送礼	20,000 两
给各类官员送礼	40,000 两
被强制购买本土人参	140,000 两
总计	456,000 两

比起商行商人,盐商需要为获得从事盐贸易的优先权花更多的钱,在1738年到1804年期间,盐商总共为此支付了3600

万两白银。据记载,当时的朝廷官员"根本不为盐商提供保护,也不为贸易提供任何帮助,而是用贪婪来榨干他们"。[37]此外,当时的法律也不能为盐商免受压榨提供任何保护。

在西方社会,政府官员对个人财产的压榨始于中世纪晚期,但这种压榨通常都采用了正规化地征收特殊的和可预期的赋税的形式,所以结果只是增加了政府财政收入。由于政府与商业领域的关系可预见,所以私营企业往往会觉得投资相对安全,也没必要隐匿财产或把钱浪费在观看无聊节目和不必要的消费上。

阻碍中国走上工业化道路的第四个因素可能最容易引起人们的关注,即中国社会的市场需求相对稳定。因缺乏提高生产力的动力,企业很少自发地采用新技术,因为改变生产方式就意味着面临风险和迷失,而建设新厂房和引进新设备则需要扩大再投资,丢弃旧设备,还要为工人提供再培训机会——说服企业做出改变,采用先进的技术都需要强大诱因。此外,某个企业也可能采用资本密集型生产方式,但前提必须是原生产体系的劳动力成本已经过高,或市场需求急速增长导致原有生产方式已无法满足新需求。

18世纪,英国社会的市场需求非常有利于引导企业采用新技术。这一时期的英国社会不仅人口数量大幅增长,而且还因农业生产力大幅提升带动了人均收入实现了逐步增长;与此同时,包括运河、高速路和后来的铁路等在内的运输体系不断得到完善，制造商获得生产资料的成本不断下降，他们向全国配售成品的效率不断提升；最为重要的是美洲、非洲和亚洲等海外市场需求量也大幅增长。面对市场需求的急剧增长，英国的制造商为提升机械化程度不断追加投资，在某种程度上带动了工业革命的发生。

然而，1800年的中国社会，人均收入水平陷入了停滞甚至下降状态。虽然直到19世纪20年代之前中国一直处于贸易顺差状态，但海外贸易只占很小的市场份额，也就是说，中国制造业产品在销售总量上虽然不小，但其增长速度与人口数量增长速度却不匹配。人口数量庞大且大多数人都很贫穷等因素都造成了劳动力成本持续走低，制造商们在引进或采用新技术提升生产力方面毫无动力。

上述四个因素中任何一个，或四个因素都叠加在一起都不足以解释中国在16世纪到18世纪经历了经济繁荣却未能更进一步的原因。也许我们还需要考量更多的因素，比如货币体系不合理、运输体系成本高效率低等，给经济发展造成了多少拖累？好的制度设计能够鼓励资本积累从而促发工业革命，但中国较为原始的银行体系似乎没能提供这样的制度设计。我们仍需要做更多研究才能自信地回答上述问题。无论答案是什么，有一点却无疑具有历史重要性，即中国经济在16世纪到18世纪期间的确曾经繁荣发展过，且其繁荣程度超出了19世纪的情况。

Notes
注释

1. 毛泽东《中国革命和中国共产党》,《毛泽东选集》第三卷。转引自 Albert Feuerwerker, "From 'Feudalism' to 'Capitalism' in Recent Historical Writings from Mainland China, " *Journal of Asian Studies* 18, no. 1 (November 1958): 107。

2. Albert Feuerwerker, *State and Society in Eighteenth-Century China: The Ch'ing Empire in Its Glory* (Ann Arbor: University of Michigan, Center for Chinese Studies, 1976), p. 84.

3. Charles Henry Wilson, *England's Apprenticeship, 1603-1763* (New York: St Martin's Press, 1965), p. 297.

4. Ibid., pp. 359-60. 关于中世纪与工业革命早期的技术连续性问题,参见 Samuel Lilley, "Technological Progress and the Industrial Revolution, 1700-1914, " in *The Fontana Economic History of Europe, vol. 3 The Industrial Revolution*, ed. Carlo M. Cipolla (London: Collins [Fontana Books], 1973), pp. 187-92。

5. Wilson, *England's Apprenticeship*, p. 359.

6. 关于中国社会在这一时期陷入经济和政治困境的原因,除去满族入侵中原以外,还有更为复杂的原因。艾维泗(William S. Atwell)指出日本当时也处于社会动荡期,而他认为欧洲的"小冰河期"带来的全球气候变化是加剧中日等国家困难的重要原因。盖斯(Geiss)认为白银的通货膨胀是晚明时代中国社会陷入深刻经济困境的原因之一,参见 William S. Atwell, "Sakoku and the Fall of the Ming Dynasty: Some Observations on the 'Seventeenth-Century Crisis' in China and Japan, " *Journal of Asian Studies*, 45.2 (February 1986): 225-27; and James Geiss, "Peking Under the Ming (1368-1644) " (Ph.D. diss., Princeton University, 1974), pp. 143-75; Mio Kishimoto-Nakayama, 'The Kangxi Depression and Early Qing Local Markets, " *Modern China*, 10.2 (April 1984): 227-56。

7. Mark Elvin, "Market Towns and Waterways: The County of Shanghai from 1480 to 1910, " in *The City in Late Imperial China*, ed. G. William Skinner (Stanford: Stanford University Press, 1977), 459, 460.

8. Elvin, "Market Towns and Waterways, "pp.446-47.

9. P. J. B. Du Halde, *A Description of the Chinese Empire and Chinese Tartary*, I: 80-81, cited in Ping-ti Ho, *Studies on the Population of China, 1368-1953* (Cambridge, Mass.: Harvard University Press, 1959), p. 201.

10. 转引自 Mark Elvin, *The Pattern of the Chinese Past* (Stanford, Calif.: Stanford University Press, 1973), pp. 285-86。

11. Sung Ying-Hsing, T'ien-kung K'ai-wu: *Chinese Technology in the*

Seventeenth Century, trans. E-tu Zen Sun and Shiou-chuan Sun (University Park: Pennsylvania State University Press, 1966) , p. 63.

12 转引自 Craig Dietrich, "Cotton Culture and Manufacture in Early Ch'ing China" in *Economic Organization in Chinese Society*, ed. W. E. Willmou (stanford, Calif.: Stanford University Press, 1972) , p.129。

13 这些"工厂"最鲜明的特征是不向工人发放工资,相反,工人从"工厂"的主人即经过签合同而成为他们雇主的人那里领取计件工资,同时还要为使用雇主提供的设备和食宿等支付相应的费用。

14 目前我们尚不清楚是谁在这个过程中负责轧原棉。西嶋定生 (Nishijima Sadao) 曾得出结论说,"肯定那种独立的轧棉单位,老太太们买到的棉花都是已轧完的棉花,而且这些棉花已经是第二次进入市场流通体系了"。(参见 Nishijima Sadao, "The Formation of the Early Chinese Cotton Industry, " in *State and Society in China*, ed. Linda Grove and Christian Daniels [Tokyo: University of Tokyo Press, 1984], P.56。)

15 Wiens, "Cotton Textile Production, " p. 524.

16 转引自 Mark Elvin, "The High-Level Equilibrium Trap: The Causes of the Decline of Invention in the Traditional Chinese Textile Industries, " in *Economic Organization in Chinese Society*, ed. W. E. Willniou (Stanford. Calif.: Stanford University Press, 1972) , p.158。关于散工制的证据,参见 E-tu Zen Sun "Sericulture and Silk Textile Production in Ch'ing China, " pp. 95-96, and Dietrich, "Cotton Culture and Manufacture" pp. 131-32, both in ibid。

17 Elvin, "High-Level Equilibrium Trap, " p.137.

18 Carlo M. Cipolla, "Introduction, " in *The Fontana Economic History of Europe*, Vol. 3, The Industrial Revolution, ed. Carlo M. Cipolla (London: Collins/Fontana Books, 1973) , p.12.

19 Takehiko Okada, "Wang Chi and the Rise of Existentialism, " in *Self and Society in Ming Thought*, ed. Wm. Theodore de Bary (New York: Columbia University Press, 1970) , p.121.

20 转引自 Ping-ti Ho, *The Ladder of Success in Imperial China: Aspects of Social Mobility*, 1368-1911 (New York: Columbia University Press, 1962), p. 73。

21 转引自 Wn. Theodore de Bary, "Individualism and Humanitarianism in Late Ming Thought, " in *Self and Society in Ming Thought*, ed. Wm, Theodore de Bary (New York: Columbia University Press, 1970) , p.174。

22 Ibid., p.178.

23 转引自 Nelson I. Wu, "Tung Ch'i-ch'ang (1555-1636): Apathy in Government and Fervor in Art," in *Confucian Personalities*, ed. Arthur F. Wright and Denis Twitchett (Stanford, Calif.: Stanford University Press, 1962), p. 280。

24 转引自 De Bary, "Individualism and Humanitarianism," p. 206。

25 Ernest Gellner, 转引自 E. L. Jones, *The European Miracle: Environments, Economies, and Geopolitics in the History of Europe and Asia* (Cambridge: Cambridge University Press, 1981), p. 225。

26 David S. Landes, *The Unbound Prometheus: Technological Change and Industrial Development in Western Europe from 1750 to the Present* (Cambridge: Cambridge University Press, 1969), p. 21.

27 对于这中国文化和欧洲文化从方法到本质都十分不同的原因，我们只能进行推测。欧洲面积相对较小，本土短缺珍稀金属及香料、丝绸、棉花、茶和陶瓷等他们非常喜欢却只能在其他地方得到的物品，而中国地大物博、历史悠久，几乎拥有能使本国人过上文明、理性的舒适生活的全部资源，因此，欧洲人就产生了一种强烈的探索并占有或将自身扩张到中国领土上的愿望。罗伯特·赫德爵士曾在19世纪曾如此描述中国的状况："中国稻米是全世界最好的粮食，中国茶是全世界最好的饮品，中国的棉布、丝绸和皮毛是全世界最好的衣料。拥有这些物产和数不清的本土辅料，中国人根本不需要花哪怕一个便士去别的地方买东西。"中国和欧洲在书写形式上的不同也部分地造成了两种文化的不同，中国的象形文字有助于形成中国社会在文化和政治上的统一，而欧洲的拼音文字则实际上促成欧洲民众在语言、文化和政治上的分裂，推动形成欧洲人容易紧张、喜欢竞争和发动战争，喜欢超越而不愿意包容外界环境的性格特质。总而言之，欧洲人在16世纪以来在超越物质匮乏和欧洲各地文化障碍方面所取得的成功，充分地展示了欧洲人具有英国史学家阿诺德·汤因比（Arnold J. Toynbee）所说的"抵抗逆境的美德"（the virtue of adversity）。中国人天生拥有相对优势，缺乏克服逆境的动力，因此容易自我满足（参见 Arnold J.

Toynbee, *A Study of History*, abridgement of volumes 1-6 by D. C. Somervell [New York: Oxford University Press, 1947], pp. 80-87.)。

28 转引自 Joseph Needham, "Science and China's Influence on the World " in *The Legacy of China, ed. Raymond Dawson* (Oxford: Clarendon Press, 1964), p. 242. Emphasis added。

29 Evelyn Sakakida Rawski, *Agricultural Change and the Peasant Economy of South China* (Cambridge Mass: Harvard University Press, 1972), p. 90. Romanization modified.

30 Landes, *Unbound Prometheus*, pp. 67-68.

31 Cipolla, "Introduction, " p. 10.

32 Mary Clabaugh Wright, *The Last Stand of Chinese Conservatism: The T'ung-chih Restoration, 1862-1874* (Stanford, Calif.: Stanford University Press, l957), p. 9.

33 Steve Lohr, "Four 'New Japans' Mounting Industrial Challenge, " *New York Times* August 24, 1982, p. D-5.

34 Herman Kahn, *World Economic Development: 1979 and Beyond* (Boulder, Colo.: Westview Press, 1979), p. 121. 墨子刻（Thomas A. Metzger）也认为，儒家学说蕴含着的变革取向在过去的这个世纪中也向社会传导了推动实现现代化的动力，参见 Thomas A. Metzger，*Escape from Predicament: Neo-Confucianism and China's Evolving Political Culture* (New York: Columbia University Press, 1977), especially pp. 191-235。

35 Landes, *Unbound Prometheus*, p. 16.

36 Hsin-pao Chang, *Commissioner Lin and the Opium War* (Cambridge. Mass.: Harvard University Press, 1964), p. 14.

37 Ibid.

第8章

Commerce and Manufacturing Under the Impact of the West

西方社会影响下的商业和制造业

在整个帝制时代晚期，欧洲人在中国经济生活领域中所扮演的都是边缘化的角色。虽然欧洲人一直在努力进入中国的商业网络，但他们对中国人的生活方式和价值观却影响甚微。鸦片战争之后，在工业革命资源和力量的带动下，在中国薄弱的政治和军事状况的刺激下，西方人开始推动中国的商业和制造业走上全新的发展轨迹。至少在最初阶段中国人是抗拒这种强加在他们头上的改变的，但后来整个民族却因自身的贫弱而沦为世界的笑柄。

为什么中国在19世纪和20世纪早期这场经济变革和机遇中反应如此之慢？这一直是个令人迷惑并引发争论的问题。一些历史学家认为帝国主义的剥削和压迫阻碍了中国发展近代经济，另一些人则认为问题出在中国自身，出在中国这个民族及其文化上。这个问题很明显与中国在16世纪到18世纪期间没能走上工业化道路相关。然而，中国在现代化早期在引进西方技术和拓展商业领域方面遇到的困难，却是他们遇到的特殊困难。

Foreign Trade
对外贸易

英国人最初冒险去中国的目的是为了购买中国商品，如丝绸、茶叶、瓷器和南京土布等。然而到了19世纪，英国工厂在自身生产力发展到空前强大的情况下改变了目标，产生了向中国销售产品的野心。英国驻华全权代表璞鼎查（Henry Pottinger）爵士在宣布签署中英《南京条约》时曾表达了对英国经济的乐观看法。他夸下海口说这个条约为英国打开了非常广阔的贸易市场，"兰开夏郡所有工厂生产的袜子都满足不了中国一个省的需求"。[1]

在1843年中国被迫开放五个通商口岸后很短的时间里，璞鼎查的乐观似乎得到了印证，因为鸦片战争期间贸易的一度停滞似乎积累了大量需求，所以当和平再次到来，英国的棉纺织品和羊毛制品在中国市场上卖得又快价钱又高。然而到了1845年，中国对这些英国商品的购买量比过去一年减少了三分之二。英国对华贸易的萧条状态在19世纪40年代后几年一直在持续，即便在1850年，英国对中国的商品出口量仍未达到1843年的水平，甚至在1854年创下新低。20世纪，这种情况又一再发生。外国人向中国市场销售大量商品的美梦,即所谓的"中国市场神话"最终被证明只是个幻影。

现在回头看,我们可以确定英国在鸦片战争之后对中国所抱的希望是非常幼稚的。比如一家叫做谢菲尔德的餐具厂因忽视筷子最适合用来吃中国菜的事实而向中国运送了整船的餐刀和叉子;一家钢琴制造商向中国运送了一大批钢琴,原因在于他们坚信欧洲人客厅里的钢琴那么受欢迎,那么中国三四亿人口中至少会有一百万人想弹钢琴。[2] 对中英两国文化差异,英国商人总是持漠视和忽视的态度。此外,当中国人买入的商品未达到他们预期的数量时,这些英国商人从不在自身和经济核算方式上找原因,却将失败归咎于中国人和中国官员的政治阻挠。

英国人甚至还认为鸦片战争之后签署的条约没有真正地打开中国市场,所以对外贸易仍处于中国社会边缘地带,而且还一再遭遇中国的垄断代理人体系的制约。因此,英国商人要求中国开放市场,特别是在北方开放更多的通商口岸,而且要求中国允许他们去往内陆地区进行自由贸易。1850年,英国首相帕默斯顿(Lord Palmerston)爵士也认为来自中国的政治阻力才是英国没有从鸦片战争中获益的重要原因,而只有军队才能解决问题:

> 我非常肯定我们对中国进行再一次打击的时间马上就要到来了,这次我们必须占领长江流域的据点,以切断大运河的交通来对中国进行打击。然而我们在这之前最好不要给中国任何暗示,而是要让他们措手不及。中国、葡萄牙、西班牙和美国等国家的半开化政府每隔八到十年就需要被敲打一次。他们的记忆库太浅所以很难记住超出这个时间段以外的事情,而且警告对他们也没有作用,他们对训诫不在意。所以我们不仅应让中国人见到大棒,而且还要先让他们尝到大棒打到后背的滋味,然后他们才会向那个能够说服他们的唯一论据——"大棒论"低头。[3]

这种文化傲慢和经济迟钝最终导致英国发动了第二次鸦片战争(1856—1860,也称"亚罗号战争"),战后中英两国又签署了一系列条约。这些条约满足了英国商人此前提出的要求,中国又开放了11个通商口岸(到1917年,中国共开放了92个对外贸易通商口岸),[4]外国商人由此也获得了自由进入中国内陆的特权。

然而,英国对华贸易发展仍非常缓慢,英国人为此感到十分沮丧。到1913年,中国外贸总量是1868年的八倍,但大部分增长都集中发生于19世纪90年代以及之后。不过,1913年中国进出口总量除以庞大的人口才达到人均1.61美元的水平，排名全世界第83位。

1890年之前，只有一种外国商品在中国找到了市场，那就是鸦片。不过讽刺的是，鸦片战争后中英两国在1842年到1844年期间签署的条约对鸦片闭口不提，鸦片贸易一直以走私形式持续到1860年，但当时鸦片走私量差不多已是鸦片战争前的两倍。1860年签署的诸条约最终确定了鸦片贸易的合法性，鸦片成为外国接下来三十年在中国市场上赚钱最多的商品。然而到了1890年，中国国内种植的罂粟却切断了外国对中国的鸦片贸易。1908年后，英国政府出于道德上的顾虑（当然，也因为鸦片贸易不像从前那样有利可图了）逐渐收紧了对中国的鸦片出口，并最终在1917年终止了这项贸易。到1890年，长期在中国进口商品中排第二位的棉纱和棉制品最终取代鸦片成为中国进口的首位商品，原因在于这一时期鸦片进口量有所下降，而棉纱和棉制品两种商品进口量也恰有所提升（如表8.1所示）。

第一次世界大战之后，中国进口贸易发生了重大变化。1900年之前，棉制品和鸦片占据了中国进口商品总量的五成到七成，但中国在一战后不再进口鸦片，棉纱和棉制品进口量也持续下降，原因是中国国内同类产品产量在不断增加。实际上，中国在1928年已成为棉纱净出口国，在1936年则已成为棉布匹净出口国。棉纺织品进口量虽然下降了，但用于支撑国内棉纺织业发展的原棉进口量占比却从1913年的0.5%增长到1931年的12.6%。此外，另一个反映中国工业当时正

表 8.1 中国进口情况表（百分比）

年份	总值（海关）	鸦片	棉织品	棉纱	棉花原料	谷类面粉	糖	烟草	纸	煤	煤油	液体燃料	运输材料	化工染料和颜料	钢铁和其他金属	机器	其他
1868	63,282	33.1	29.0	2.5	—	0.8	0.8	—	—	2.1	—	—	—	—	4.8	—	26.9
1880	79,293	39.3	24.9	4.6	—	0.1	0.4	—	—	1.2	—	—	—	—	5.5	—	24.0
1890	127,093	19.5	20.2	15.3	—	9.6	0.9	—	—	1.6	3.2	—	—	—	5.7	0.3	23.7
1900	211,070	14.8	21.5	14.3	—	7.0	3.0	0.5	—	3.1	6.6	—	—	—	4.7	0.7	23.8
1905	447,101	7.7	25.6	15.0	—	2.9	5.1	1.4	—	1.6	4.5	—	1.8	—	10.4	1.2	22.8
1913	570,163	7.4	19.3	12.7	—	5.2	6.4	2.9	—	1.7	4.5	—	0.8	—	5.3	1.4	32.4
1913	570,163	—	19.3	12.7	0.5	—	6.4	2.9	1.3	—	4.5	—	0.8	5.6	5.3	1.4	34.2
1920	762,250	—	21.8	10.6	2.4	1.1	5.2	4.7	1.9	—	7.1	0.4	2.6	6.4	8.3	3.2	24.3
1928	1,195,969	—	14.2	1.6	5.7	8.3	8.3	5.1	2.4	—	5.2	1.4	2.3	7.5	5.4	1.8	30.8
1931	1,433,489	—	7.6	0.3	12.6	12.6	6.0	4.4	3.2	—	4.5	1.8	2.3	8.0	6.2	3.1	27.4
1938	604,329	—	1.5	0.2	3.8	4.6	2.2	1.8	4.1	—	4.2	4.1	5.6	10.8	13.2	6.4	37.5

来源：Yu-Kwei Cheng, *Foreign Trade and Industrial Development of China: An Historical and Integrated Analysis Through 1948*（华盛顿：华盛顿大学出版社，1956），第19页和第32页。经授权再版。

在不断走向成熟的指标是机械设备和工业原料（钢铁、化学原料、燃料等）进口量的增加，这些商品进口量从1913年的12%增长到1936年的30%。

此外，在将进口商品卖给零售商的环节上，中国商人而不是外国商人占据了主导地位。中国于1860年向外国商人开放内陆市场后，外国棉纱和棉布商人在最远的通商口岸都开设了分支机构，目的是直接向中国零售商出售商品，但中国商人更熟悉当地经销商和其他情况，需要付出的配售和运营成本也更低，所以外国进口商很快就放弃了在内地直接销售棉制品的打算，而仅限在上海和香港等主要港口城市进行初始销售。早在19世纪90年代，很多外国公司就不再自行向中国出口商品，而是逐渐以代理商身份接受中国订单并领取代理费。到了1915年，外国商人直接向中国本土经销商配售的商品的份额只占中国商品总进口量的11%，其余的份额都是由中国批发商配售出去的。可以这么说，"由于中国商人熟知中国人的心态、语言和市场情况，所以肯定能战胜外国商人"。[5]

总之，进口贸易在19世纪末20世纪初对普通中国人的影响很小，大部分进口商品几乎都没有离开通商口岸，而被外国避难所的人买走了。中国内陆的民众太穷了，除了棉纱、煤油及火柴等刚需品，他们根本买不起奢侈的洋货。费维恺曾经说过，"谁要是敢说20世纪30年代的中国湖南和四川的农民穿着内外棉株式会社生产的棉布衣服、抽着英美烟草公司（BAT）的烟、吃着明治糖，他可就得自寻证据了"。[6]

相比之下，出口贸易对中国的影响却很深远。帝国主义批评者认为这种影响其实是对中国经济的毁灭性打击，因中国为满足国际市场需求而消耗掉了中国本土的贫瘠资源，再加上国际市场需求和商品价格涨落都不可预期，中国也因此受制于国际市场，而这些都给中国带来了灾难性后果。也就是说，中国先是受国际市场短期利益的诱惑放弃了传统的自给自足经济体系，后又在国际市场需求下降时遭到了灭顶之灾。然而，批评者的指控却含蓄地承认了生产出口商品是有利可图的。

从19世纪60年代到一战爆发前夕，茶叶和丝绸一直是中国的主要出口商品，但出口模式上却发生过重大变化。1868年，茶叶和丝绸占据中国出口贸易总额的94%（茶叶占53.8%，丝绸占39.7%），但接下来中国的这两种商品却在出口贸易上失去了优势地位。在19世纪80年代，印度和锡兰的茶叶已成为中国茶叶的劲敌，到了1910年，这两个国家的茶叶出口量已经是中国茶叶出口量的两倍。中国的丝绸贸易虽然这时也遇到了来自日本的强势竞争，但仍旧占据着相对优势的位置。1887年，包括原丝和丝织品两种形式的丝绸出口取代茶叶成为中国出口量首位的产品。

在第一次世界大战爆发之前，中国已开始为满足国际市场需求而生产其他产品，茶叶和丝绸迅速失去原有的重要地位。1913年茶叶只占中国出口商品总量的8.4%，丝绸出口量占比也下降到了23.5%。到了1936年，这两个数据分别下降到4.3%

表 8.2 中国商品出口情况表（百分比）

年份	总量（自定义量）	茶叶	生丝和丝织品	种子和油	大豆	大豆和豆饼	蛋和蛋制品	兽皮和皮草	棉花（厚棉）	棉纱和棉纺织品	羊毛	煤	矿石和金属	其他
1868	61,826	53.8	39.7	—	1.0	—	—	—	0.9	—	—	—	—	4.6
1880	77,884	45.9	38.0	0.1	0.2	—	—	0.5	0.2	—	0.4	—	—	14.7
1890	87,144	30.6	33.9	0.6	0.4	—	—	1.4	3.4	—	1.6	—	—	28.1
1900	158,997	16.0	30.4	2.5	1.9	—	—	4.3	6.2	—	1.9	—	—	36.8
1905	227,888	11.2	30.1	3.4	3.0	—	0.9	6.6	5.3	—	3.7	—	—	35.8
1913	403,306	8.4	25.3	7.8	5.8	—	1.4	6.0	4.1	—	2.4	1.6	—	37.2
1913	403,306	8.4	25.3	7.8	—	12.0	1.4	6.0	4.0	0.6	—	1.6	3.3	29.6
1920	541,631	1.6	18.6	9.1	—	13.0	4.0	4.3	1.7	1.4	—	2.3	3.2	40.8
1928	991,355	3.7	18.4	5.8	—	20.5	4.4	5.4	3.4	3.8	—	2.9	2.1	29.6
1931	909,476	3.6	13.3	8.4	—	21.4	4.1	4.1	2.9	4.9	—	3.0	1.6	32.7
1936	452,979	4.3	7.8	18.7	—	1.3	5.9	5.7	4.0	3.0	—	1.6	7.7	40.0

来源：Yu-Kwi Cheng, *Foreign Trade and Industrial Development of China: An Historical and Integrated Analysis Through 1948*（华盛顿：华盛顿大学出版社，1956），第19页和第34页。经授权再版。

和7.8%。东北大豆和豆饼的出口量却持续上升,到了20世纪20年代中期已成为占据中国出口商品首位的种类。然而,1931年到1932年期间,东北被从中国分割出去,东北大豆和豆饼出口量也因此从1931年占出口总量的21.4%下降到1936年的1.3%。菜籽油、兽皮和皮革制品、鸡蛋以及蛋制品出口量相对稳定,这表明至少中国手工业仍保持着较为强势的地位(如表8.2所示)。

以出口为目的进行生产,对于中国农民的生计既有积极的影响又有消极的影响,这一点在丝绸业上体现得最为突出。不过,丝绸行业有此遭遇并不意味着中国其他以出口为导向的行业也有同样遭遇,中国在20世纪早期的对外贸易领域非常多元(如表8.2所示),故国际市场变动并不会同时波及中国如此之多的行业——相形之下,倒是巴西相对单一的咖啡出口业或古巴相对单一的蔗糖出口业受国际市场变动影响的程度要高得多。

丝绸贸易的苦难只是部分地来自于国际市场的波谲云诡。

正如我们所知，中国在国际丝绸市场中的优势地位遭到严重挑战与其自身没有很好地把好产品质量标准有很大的关系。同样地，此前占据中国出口商品首要地位的茶叶到了19世纪晚期也逐渐不敌日本、印度和锡兰的茶叶，主要问题也出在质量方面——生产者和中间商都经常在运送出去的茶叶中掺杂次品，甚至掺杂草叶和沙子。另一些出口商品，诸如菜籽油、大豆和草编制品等后来也很难继续保持原来的优势地位，主要原因也都是产品掺假或者粗制滥造。1923年，汉口海关关长说："随着市场需求量的提升，商品质量的明显下降已经非常普遍，比如桐油里经常掺杂价钱便宜的胡麻油等，已经成为行业内的潜规则。"[7]总之，中国的生产者和商人总是受自己的"市场头脑"所累，他们总是特别看重短期利益而不在乎长远发展。

总而言之，中国的生产者在包括出口和进口两个方面的对外贸易拓展过程中都得到了实惠。如果生产者自身和北京政府或南京政府（如同东京政府一样）都积极去维护商品质量，那么中国的收益可能会更大。

Banking
银行业

虽然当时在华的外国人大多从事贸易，但他们很快就开始进入其他领域，因为当时的中国在国际银行业、保险业、运输业、采矿业与制造业等配套服务方面非常薄弱，而这些领域恰恰对在华外商开展贸易活动具有基础性作用。

在帝制时代晚期，中国本土银行，包括钱庄和山西票号等十分有效地满足了国内贸易的需求，但作为外来者的外国商人却很难从中国本土银行那里获得借贷，而且这些本土银行也没有开设国际货币兑换等国际金融服务业务。因此，早在1845年英国渣打银行就在香港建立了分行，三年后又在上海建立了分行。在接下来的二十五年里，十多家外资银行相继在香港成立并运营，其中绝大部分是英—印背景。

然而，中国国内贸易的错综复杂对于运营外资银行的欧洲人来说仍旧是一个谜，不过此后得以建立的一家专门服务于中国贸易的外资银行很快就在所有竞争者中胜出，它就是英国在1864年建立的汇丰银行。1889年以后，代表各国利益的外资银行也纷纷在华建立。

这些外资银行的首要目标是给对外贸易提供资金。从事中国商品出口的外商在从中国购买商品然后在国际市场卖出并获得利润的过程中需要银行提供贷款，而从事进口贸易的外商在从中国商人那里获得报酬之前同样也需要投入资金。比如当时最大的贸易公司怡和洋行不太依赖这样的借贷，而其余大部分由小商人经营的贸易公司则必须依赖由外资银行提供的贷款才能生存下来。20世纪30年代初，中国内陆和香港三分之二的外资银行为90%的中国对外贸易提供了资金，这充分体现了外资银行服务的重要性。

外资银行也为中国商人提供服务，他们向中国政府、私营企业乃至钱庄提供贷款。中国市民，特别是那些富裕的官员、军阀和地主等是这些外资银行的主要存款人，因为他们更关注自己财产的安全，所以宁愿舍弃中国银行能给他们提供的高回报。外资银行业也给中国政府提供存款服务，后者按惯例会通过这些银行来偿还其贷款和赔款等外债。外资银行还发行纸币，这种纸币自19世纪晚期到20世纪30年代在中国被广泛使用。

其实，在1910年到1930年期间，外国银行发行的纸币在价值上等于或大于中国发行的纸币，无论是公营的还是私营的。外资银行发行的纸币，无论是银元票还是银两票等银元纸币，比如港元和中国元等，还是外国货币本身，都比白银货币价值稳定且使用方便，所以受到中国民众普遍欢迎。相形之下，中国各省银行则自行发行价值浮动的纸币，这种纸币通常会被折价使用。

1897年，中国建立并运营了第一家现代银行。在"南京十年"(1927—1937)期间，中国的现代银行业的发展得益于与中央政府的"共生关系",[8]因此比外国竞争对手发展得更快。1929年中国重新获得关税自主权和对盐课收入的控制权后，中央政府选择了中资银行而不是外资银行作为存款机构。20世纪30年代初，中央政府非常依赖这些银行提供的贷款——这是中国银行家最"如鱼得水"的时期，他们每年实际收益达到了15%～20%。总之，在"南京十年"，中国的现代银行业实现了最初的繁荣，无论是在数量还是在资产上都实现了成倍增长。

然而，这种温室发展模式并未培育出强有力的银行体系，银行过分依赖政府对银行乃至经济整体的健康发展都无益处。由于银行将其对外贷款的主要份额提供给了政府（约为总贷款数额的40%~70%），所以能留给当时缺乏资金的私营企业的份额非常之少。20世纪30年代初，中国现代银行提供给实业的贷款总额只占这些银行资金总额的4%~5%。所以说，这些中国本土的新型银行对中国工业现代化做出的贡献很小。

与政府联系紧密虽非常有利可图，但最终却被证明是银行的毁灭之路。1935年，为了减轻政府对私人贷款的过度依赖，财政部长孔祥熙逐渐掌控了几家大银行。1935年这场所谓的"银行政变"之后，政府掌控了整个国家银行资产的七成，这表明政府今后可仅通过发行债券就能从银行那里获得数量不限的新纸币。这为20世纪40年代恶性通货膨胀的发生埋下了隐患，事实证明，这场通货膨胀对南京政府造成了毁灭性的打击。

Steamboat Shipping and Railways
轮船和铁路运输

商业对运输业的依赖是理所当然的。推动现代运输模式在中国发展的先驱是外国商会成员。沿海和内陆水路运输通常是一国专属权,但中国却在1844年签署《望厦条约》后将其沿海船运权让渡给了美国,另一些签约国也通过最惠国待遇的滚动升级获得了其他特权。此后,以1858年给予英国长江航行权为开端,中国将内河航行权也让渡给了外国势力。

在《望厦条约》没有赋予外商在通商口岸进行贸易的合法权之前,外商们也一直在毫不犹豫地把他们商船上的货物从香港发往内陆新开通的通商口岸。西方快船很容易把水上劫匪的船抛开很远,新成立的外国保险公司也不为中国本土船只货物运输提供保险。随着外国商船运输的合法化,外国货船纷纷来到中国,在中国水域的吞吐量大幅提升。

最初,一些外国贸易公司并没有亲自开展运输业务,但到了1862年美国旗昌洋行建立了第一家外国运输公司(旗昌轮船公司),其意图很明显,就是要垄断中国沿海运输业。在1867年到1868年,两个英属公司也加入了这个行列。这些外国运输公司及后来者是促使中国进行对外贸易的主要工具，而且中国每开放一个通商口岸后紧接着就是开放与上海和香港的定期货运。外国运输商也会冒险进入中国内陆，美国造的蒸汽轮船在1862年就曾沿长江航行到过汉口，1898年甚至航行到过重庆。

中国人自身为开辟本土轮船运输主航道做出了重要贡献。虽然首批在中国进行货运的轮船公司是美国和英国建立的，但中国的买办和商人通常是大股东。比如，中国人在美国人创建的旗昌轮船公司中就持有大部分股份，而且，这些公司承运的大多是看重外国货运安全性高和速度快等特点的中国商人的货物。早在1873年，李鸿章就组建了上海轮船招商局，后者很快成为外国货运公司的强有力竞争对手。虽然这个由政府运营的公司在1883年之后就停滞不前了，但中国运输业仍在向前发展，到20世纪30年代，其已对外国货运公司形成竞争之势。

尽管这场竞争越来越依赖于现代技术，但中国本土运输仍然顽强地向前发展着。其实，在20世纪30年代，中国水路货物运输超八成的份额都被中国本土运输占据着。虽然现代蒸汽轮船掌控了通商口岸间的大部分运输，但中国本土船运在通商口岸以外运输领域中的主体地位未受威胁，因为中国本土船运主要为中国国内贸易服务，并向对外贸易运输提供支流运输服务。由于20世纪商业活动日益频繁，中国水域中本土船只数量也增长了两倍。

中国人对铁路运输的接受程度要低于其对轮船运输的接受程度。中国的第一条铁路竣工于1876年。带着当时外国商人固有的傲慢情绪，英国怡和洋行在没有得到中国政府允许的情况下，以小块侵蚀的方式购买了从上海到吴淞口之间长达14.5公里的狭长土地。尽管遭到当地人的强烈反对，火车还是得以于1876年在这条线路上运行。仅在两个月之后，这条线路上的火车就撞死了一个中国人。盛怒之下，朝廷买断了英国人对这条铁路的权利，在1878年11月拆除了这条铁路，废弃了所有的火车。

中国对于这条铁路及在19世纪60年代至80年代之间得到发展的所有铁路的反对情绪，部分来自于其战略考虑。北京大部分官员害怕外国军队会利用铁路对中国内地发起快速和深入的打击，而这会毁掉他们此前费心建立的海岸防线，再加上他们对太平天国和捻军起义仍心有余悸，也惧怕大量运输工人因为铁路竞争而失业并因此起义。与此同时，大部分中国老百姓也害怕铁路，他们觉得铁路上喷着"臭气"的火车破坏了风水，会给活着的人和亡者都带来灾难性后果。

尽管中国各阶层人士都持反对态度，但务实的直隶总督李鸿章却很快开始主持建设从唐山煤矿到天津附近港口的铁路。这条长达12公里的铁路竣工于1880年，它的明显效用也很快就平复了保守主义者的批评，再加上这条铁路是中国政府而不是"外来的野蛮人"建设并掌控的，所以中国人对此也自然感到比较舒服。在中日甲午战争(1894—1895)爆发前夕，中国已经铺设了300多公里的铁路，但真正意义上的铁路建设其实在甲午战争之后才开始。接下来在仅仅八年的时间里，中国就铺设了4000多公里的铁路，但其中三分之二都是外国人铺设的。

外国势力对铁路的兴趣主要不在于经济方面。在清朝被日本打败之后，他们希望这个已然摇摇欲坠的帝国快点坍塌。1895年到1903年期间，外国势力竞相争夺对铁路的控制权，主要是觊觎这些铁路运输覆盖范围内的土地。政治史和外交史多次讲述了贪婪的帝国主义彼此之间所做的肮脏交易，但这种交易其实也起到了刺激中国发展自己铁路事业的积极作用。大众的"救亡运动"带动了铁路建设，从广州到汉口、汉口到四川、苏州到宁波等很多条新铁路建设工程得以开展。然而，人们的热情经常超越能力，在清王朝1912年灭亡之前，上述线路中没有一条接近竣工的。最终，清朝廷还是完成了3200多公里铁路(包括上海到南京，天津到浦口这两段铁路)的铺设，大众支持下的铁路建设却只完成了600多公里。到了1911年，中国总共拥有9200多公里铁路,其中41%归外国人所有。

在接下来的二十五年当中,直到日本于1937年开始全面侵华战争之前,中国又修建了1万多公里的铁路,这时中国已拥有了超过2万公里的铁路。当时中国半数以上的铁路都在东北,其中1.1万多公里的铁路用于服务中国自身。此外,外国人对长城以南铁路的持有份额到1937年下降到了35%。

铁路建设在中国得到迅速发展,驱动力主要来自政治方面:外国势力将铁路当成他们在华势力范围的标识,后来的民国中央政府则把铁路看成是统一国家的工具。也就是说,铁路所能带来的经济收益从一开始就被看成是次要的。

不过,采煤业却在中国引入铁路运输后发生了彻底变革。早在唐代中国人已开始烧煤做饭、炼铁、制陶和制造玻璃,但运输煤这种重量大而单位价值低的商品成本极高,所以在传统上,距离煤矿远的地方用煤量是极少的。

随着铁路运输的引入,远距离运输煤就变得比较经济了。比如李鸿章主持铺设唐胥铁路等若干线路,特别是一些支线,主要就是为了把煤运送到工业中心。这个时期的运煤价格已降为19世纪70年代煤运价格的五分之一,这对煤炭工业的发展起到了极大的促进作用,大煤矿产量(关于小煤矿的产量没有可靠数据)从1896年到1936年增长了六十倍。正因如此,中国在20世纪早期广泛地把煤作为制造业动力资源才成为可能。

此外,铁路还通过为日用品生产运输所需的原材料为中国近代工业的发展做出了贡献。中国用于日用品生产——这种生产占据了中国工业的大头——所需的绝大部分原材料都是农产品,[9]而其中的60%都是通过铁路进行运输的。很明显,铁路对于工业生产具有非常显著的重要意义。

铁路为中国本土的服务主要体现在近代经济领域,而20世纪30年代的中国近代工业和采矿业仅占国内净产值的2.95%。可见,铁路虽然带动了制造业和采矿业的发展,但对推动中国经济整体发展的作用并不太大。

有人认为,铁路曾对中国农业发展起到了实质性推动作用,指出正是铁路推动农民卷入市场经济并提升了农业产量。然而相关数据却并不能支撑这种观点。比如,整个农产品市场中用铁路运输的商品超不过总量的4%～7%,而且用铁路运输的农产品只占铁路货物总运输量的12%～15%。有些专门种植经济作物的地方,比如种植烟草的山东或种植棉花的河北等,无疑都从这种相对便宜、安全和迅捷的运输方式中得到了实惠。不过,从铁路运输农产品的数量上看,受益地区其实并不多。

中国铁路运输经济收益受限的因素有两个:第一,中国的铁路很少。只需对地图一瞥,你就会发现1937年中国的1.1万多公里铁路只覆盖了长城以南约1500个县。实际上,1937年时中国铁路里程(包括东北地区的铁路)只占中国全部陆路里程的2.4%。[10]第二,长城以南大部分铁路都是已有贸易路线的冗余部分,中原和南方地区更是如此。在后两个地区,航行于密集水路网络上的舢板和蒸汽轮船以竞争优势很大的价格运载了大量货物。即便在中国北方地区，大部分铁路也与水路相重合。[11]

同时，中国经济也并未受益于铁路建设的后向关联效应（the backward-linkage effects），而这种效应却曾大大惠及西欧和美国的生产资料经济。这是因为中国从数量和质量上都缺乏能够生产机车、轨道车辆、铁轨以及桥梁材料所需的钢铁和重型机械工业。1895年到1916年期间，仅有30%的铁路相关工业产品是在中国本土购买的，其余70%都来自于从国外进口。中国在1897年到1930年期间购买的1244辆机车当中，只有58辆是本土制造的，其余的则产自英国、德国、法国、比利时和美国。

可见，中国铁路建设的繁荣发展并未使中国工业获益，却使外国工业获得了大大的好处。

与长城以南地区相比，东北铁路对促进当地经济发展发挥了重要作用。在地广人稀且不发达的东北，铁路很快就在以往交通网基础上得到了很大拓展，并带动了对东北北部广袤森林的开发和对矿藏丰富的煤、铁资源的开采，以及对大豆和豆制品（这种商品在20世纪20年代成为中国最主要的出口商品）的运输，同时也为山东、河北大量移民进入东北提供了便利。1931年之后，东北对日本经济的贡献甚至超出了其对中国本土经济的贡献。

Foreign Manufacturing

外国制造业

在1895年中日《马关条约》签署之前,外国人没有在中国境内开办制造业工厂的合法权利,但外国人恃其强权照样建立了很多制造业工厂以服务于自身的商业活动。据估算,1895年之前外国人公然藐视中国法律,在中国境内共开办了103家工厂。

中国境内第一个外国工厂是一家船厂。鸦片战争后,外国船只来华数量稳步提升——1865年前后,每年来华船只数量有1.6万艘左右。这些来自欧洲和美国的船只远航之后都需要修理。最初,外国人依靠中国公司给他们修船,但他们并不信任中国人的手艺,除非中国人曾经受过外国专业人士的指导。正是这些外国指导者或监督者当中的一个人在1845年到1856年期间的某一年在华开办了第一家船厂。接下来,很多外国人(大多数是英国人)在华开办了更多船厂,但直到1863年才诞生一家规模最大的船厂,即祥生船厂。1895年以前,从拥有资本数额角度看,造船厂和修船厂是当时外国在华最大规模的企业(如表8.3所示)。

表8.3　1894年在华外资企业数量和资本

类型	数量	资本数额（银元）
船厂：造船和修船	12	4,943,000
茶加工	7	4,000,000
机器缫丝	7	3,972,222
进出口商品加工（茶和丝以外的商品）	19	1,493,000
其他轻工业	39	3,973,000
电厂和自来水厂	4	1,523,000
合计	88	19,724,222

注：表中数据为不完全统计数据，包括一部分在香港的工厂和公司。
来源：费维恺：《1870—1911年晚清帝国的经济趋向》，载于《剑桥中国史》第11卷上。费正清、刘广京编（剑桥：剑桥大学出版社，1980），第29页。经授权再版。

为服务于自身在华的商业风险投资，外国商人逐渐开始在中国加工当地原材料，然后再将加工品运回本国。把原材料运回欧洲和美国的成本很高，而在中国对原材料进行初加工之后再将其出口的好处却很明显。俄国茶商自1863年始在汉口种植茶树并继而开办了第一家茶厂从事茶出口生意。另一些国家的商人很快也在中国开办了加工羊毛、皮革、鸡蛋、糖、桐油以及菜籽油的工厂，然后再把这些经过加工的产品运往国外。

逐渐地，外国商人还在中国创办了日用品工厂。这些日用品中一部分是为了满足在通商口岸生活的外国人的需求而生产的，包括西药(始于1853年)、面包和糖果(始于1855年)、啤酒(始于1864年)、冰淇淋(始于1880年)、玻璃(始于1882年)、家具(始于1885年)及水泥(始于1891年)等。另一些外国工厂受益于中国廉价的劳动力市场，甚至开始与外国进口商品争夺中国日用品市场，因此开办了生产火柴(始于1880年)、香烟(始于1902年)、电灯泡(始于1911年)、金属钉、纸张、肥皂、留声机、热水瓶等产品的工厂。

棉纺厂是规模最大的外国在华工厂。英国和美国商人早在19世纪60年代就计划在上海开办纺织厂，但在中日签署《马关条约》之前中国的反对力量成功地阻止了外国势力进入本土。1913年，英国、日本、美国和德国商人在华开办了8家棉纺织厂，这些工厂共计拥有34.5万个纺锤和2000部织机。到了1936年，中国境内的外国棉纺织厂已经拥有250万个纺锤和3.3万部织机，虽然其生产的棉纱只占据中国棉纱总产量的29%，但其生产的棉布却占据了中国棉布总产量的64%。

第一次世界大战期间和之后，日资企业数量大大增长。到20世纪30年代中期，德国和美国的棉纺织厂早已退出竞争，英国纺织厂的纺锤数量和织机数量只占总量的4%和7%。相比之下，日本纺织厂大量投资购买新设备从而大大提升了生产效率，而且还占据了高级棉生产市场，把低级棉生产留给了设备陈旧的英国和中国纺织厂。

外国企业在华优势突出，这是中国竞争对手不能比的。外国企业受条约保护，中国政府无法介入更无法压榨它们，它们由此省下了不小的一笔。同时，外国企业更容易接触到包括工程技术在内的西方先进技术，也很容易从外资银行那里获取低息贷款，而中国企业家却总是面临资金短缺困境。因此，到了1933年，外资公司在棉布、香烟、煤炭和电力产量方面都远远超出中国本土工厂，而且还掌握了中国境内所有工厂（包括东北地区）资本总量的63%。

当然，中国制造商也拥有自身优势。首先，他们更了解当地情况：他们更了解当地人的消费需求，更熟悉中国的市场运作规律，比起那些受文化差异和港口限制的外国商人更能有效地向供货商和赊货者讨回债务。其次，20世纪不断高涨的民族主义也激发了民众联合抵制外国势力以及发起了"买国货"运动，而这其实使外国制造商陷入了不公平的处境。尽管中国近代工厂最初发展缓慢且不顺，但到了20世纪30年代，中国工厂的发展态势超过了外国在华工厂，且其在商品附加价值上已是后者的四倍。

近代民族工业
Chinese-Owned Modern Industries

最初阶段：1861 — 1912

中国人在效仿西方工业模式方面进展很缓慢，甚至在鸦片战争战败后仍毫无忧患意识地坚信中国文明的优越性，并坚决拒绝所有外来品，并且仍在潜心等待这些讨厌的外国东西自行离开。当然，他们所希望的事情不会发生，不仅如此，1860年欧洲人用现代武器占领了北京并火烧圆明园，中国的皇帝被迫躲到东北南部的热河行宫避难。进一步证明西方先进军事技术优越性的是，由华尔 (Frederick Townsend Ward) 和戈登 (Charles George Gordon) 指挥的"常胜军"成功地镇压了太平天国起义队伍，这充分地表明中国军队如果配备了西方火枪就完全能够镇压国内起义。

也就是说，最初引起中国人注意的是西方工业革命在军事上的效用。很快，由曾国藩、左宗棠和李鸿章带领的一小部分骨干力量开办了海军工厂和军械库，制造现代西方炮艇和火枪弹药。第一个尝试将西方技术用于武器制造的是曾国藩，1862年，他在安徽开办了安庆内军械所，而此间他正在试图镇压太平天国起义。他和李鸿章后来于1865年在上海开办了著名的江南机器制造总局，并启动了一批更大规模的项目，而江南机器制造总局因采用进口设备和原料很快就生产出了自己的工具和设备，并在1868年制造出第一艘炮艇。1866年，李鸿章又在南京开办了一家类似的兵工厂，该厂在1867年到1874年期间共建造了15艘战舰，其中最大的一艘长达约85米。正如《北华捷报》(North-China Herald)在1866年发表评论文章时所说，李鸿章的兵工厂"在某种程度上可与欧洲最强大的国家的兵工厂相媲美"，这些项目最初都很成功，生产了大量的弹匣和武器。[12] 然而，这些兵工厂并没有实现最初的愿景，因为它们生产的火枪和战舰在质量上非常令人失望，在价钱上也远远超出了进口武器和战舰，主要原因是大部分生产原料都必须从国外进口，而且工厂雇佣中国管理者和外国职工的成本也非常高。这些兵工厂从未真正地与欧洲对手之间形成竞争之势，并且在20世纪时已经彻底跌落在行业内的国际标准之下。

20世纪70年代，李鸿章意识到现代火枪和战舰只是西方强大的表象，一国强大的源头主要在于经济实力。他认为"中国积弱，由于患贫"。[13] 基于这种认识，他开办了很多非军事企业。李鸿章曾为外国人占据大部分中国商埠运输而忧虑不已，故于1873年开办了中国第一家轮船公司——上海轮船招商局，并寄希望于用这种方式遏止中国财富外流的趋势。

李鸿章还将开办上海轮船招商局的模式用于其他工业创新领域。1877年，李鸿章在天津附近开办了开平矿务局，为从上海返航的中国货船（此前这些船从上海出发运送贡米）提供燃料和货物。为把煤从煤矿中运送出去，他在1878年主持铺设了9.3公里的唐胥铁路。李鸿章开办的另一些实业，包括铜矿（1881年）和金矿（1887年）及一些煤矿和铁矿都采用了西方机械进行生产。1879年，李鸿章又主持铺设了中国第一个国有通讯电缆（英国和丹麦此前已经开通了上海到香港和上海到海参崴的通讯电缆，日本则早在1870年到1871年就开通了通讯电缆），在1882年开办了一家棉纱厂，在1890年开办了棉纺织厂。

可以说，李鸿章是19世纪70年代至80年代清朝统治者中最支持发展实业的人，与此同时，当时的某些省级官员也开办了一些非军事企业。张之洞在出任两广总督期间（1884—1889）和湖广总督期间（1889—1907）先后创办了棉纺织厂、丝厂、皮革厂、铁矿和煤矿以及汉阳铁厂（这个工厂后来发展成为著名的汉冶萍煤铁厂矿公司）。湖北乃至地处偏远的贵州等地省级官员也创办过一些纺织厂、火柴厂和铁厂等。

李鸿章发展实业的方式被称为"官督商办"，这是一种代理人管理体系与西方合股制公司的混合制度。这种方法使李鸿章能在作为潜在投资者的企业家缺乏主动性以及政府缺乏资金的情况下也能创办企业。这得益于他对大量商人投资的主动运用。在晚清时期的众多企业当中，只有十多家被正式认定为官督商办，"但晚清时期由中国人经营的所有商业和工业实业其实都是以'官督商办'为基本特征"。[14]

上海轮船招商局是一个典型的官督商办企业。李鸿章作为招商局创办者是最高领导，负责监督招商局管理者的腐败和保护招商局不受"不友好"官员的压榨，他同时也是最重要的股东，用属于他个人的五万两白银对招商局进行投资，并且还在自己掌控的官方资金中调出13.5万两白银借给招商局坐吃利息。他任命从前的一个大买办作为总经理管理招商局，而招商局其实属于所有股东。其实很多股东过去也是买办，他们共同为企业投入了十一万两白银的原始资金。招商局的风险由股东共同承担，李鸿章曾说过，"盈亏全归商认，与官无涉"。[15]然而，商人基本无权管理企业，因为中国人不太接受企业股东大会和董事会的概念，相反，政府对企业的干预程度却很高。上海轮船招商局还有个突出特征，就是拥有垄断权——当然，这个特征为所有官督商办企业所共有。轮船招商局每年都会受清廷委托从南方往北方运输贡米，其比例高达贡米运输总量的20%，可见，垄断权是帮助公司运转的一个保障。

自19世纪80年代中期开始，官督商办企业发生了一个微妙却重大的变化：虽然官督商办概念仍旧存在，但企业的管理权却落到了官僚手里。原来的情况是，企业的首任经理是捐了官位或学位的商人，这种人的第一身份仍是商人，其次才是官员。可是，自19世纪80年代中期以后接手管理企业的人，比如盛宣怀和张燕谋等人，其身份首先是官员，其次才是商人。这些官员身份的经理没有创业经历，其薪酬与公司收益不挂钩，工作方式也与商人风格显著不同。"官督商办"企业的管理因此很快就成了政府机构的风格：效率及能力低下，腐败盛行，并且无视股东利益。一个反对官方经理的商人股东曾给企业投资者写信说，"但以卵石之势，无可如何"。商人因此对官督商办企业也失去了信心，这些企业因此失去了投资来源，变成了各省政府沉重的经济负担。[16]

因为商人阶层产生了不信任感和敌意，新企业的官方赞助人自19世纪80年代后期开始尝试去寻找更能吸引投资的组织方式。他们想了很多种"幌子"，其中最为普遍的方式就是"官商合办"，承诺在官与商之间构建平等合作关系。首家以此种方式组建企业的是贵州省官员1886年创办的青溪铁厂。湖广总督张之洞是晚清时期仅次于李鸿章的实业家，他在自己创办的很多企业中也采用了这种粉饰办法。然而，事实证明官商合办企业与官督商办企业之间没有什么实质区别，因为在这种企业中，国家和官员对商人仍旧是采取威吓和压制态度。

中国近代工业形成时期只诞生了少数几家纯私营企业。1883年，买办祝大椿成功地在上海创建了机械厂，后来他又创办了纺织厂、面粉厂、造纸厂、碾米厂等。著名的荣氏家族的成功始于1901年无锡一家面粉厂的建立,到20世纪30年代荣氏家族已建立起很大规模的纺织厂和面粉厂王国。遗憾的是,这种成功的案例毕竟是少数,而且其虽一度繁荣但规模都很小。比如荣氏家族第一家棉纺织厂启动资金只有三万两白银,而官商合办的华盛纺织总厂则是以三十五万两白银起家的。完全靠自己运营的私营企业很难吸引更多投资。合股制公司的概念在当时尚未得到普及,而且私营企业也缺乏足够声望去说服潜在的投资者放弃对看似奇怪的合股制概念的质疑。此外,与官商合办企业投资者相比,私营企业也很难保护自身不受政府压榨。

中国的富人当然都在寻找投资机会,19世纪晚期在华外资企业40%的资金都来自于中国的富人,就是明证。不过,中国的富人都知道中国官员有压榨企业的嗜好,所以出于安全考虑不愿对中国企业进行投资,"中国经济发展的主要问题不是缺乏资金,而是投资者对官员的不信任"。[17]包括官员和商人在内的所有中国人都知道,要想让一个大规模企业成功发展,必须拉官员入伙,但这其中却存在一个进退两难的困境,那就是官员介入必然伴随着官员的掌控,而官员的掌控必然带来企业的衰落。

1899年以后,张謇等少数实业家发现了一种可以替代官员掌控的方式。张謇是那种罕见的天才人物,他是卓越的学者,却放弃从政而投身实业。1894年,张謇在当年殿试中被取为状元,这意味着他将来会在仕途上有很好的前景。然而,在当了一年的翰林院编修以后,他辞掉了官职转而去创办实业。1899

年，他先是在家乡南通以一百万两白银作为启动资金创办了大生纱厂，后来又创建了包括面粉厂、榨油厂、航运公司、酿酒厂和缫丝厂在内的名副其实的工业集团。

张謇的成功秘诀在于他首先是个商人而不是官员，他行事高效，以盈利为行动目标，再加上他还是个学者，能够结交张之洞和刘坤一等有权势的官员，因此能从政府那里获批大额度贷款和投资却无须将企业管理权交给政府。在清代最早一批工业实业中，张謇创办的实业是最成功的，但他代表的只是清王朝最后十年里极少数认为办实业比走仕途重要的官员(另一个突出的代表人物是周学熙，他在当时创办并经营着大规模的矿业公司和著名的启新洋灰公司)。这些实业家的职业生涯反映了王朝没落时期的剧烈社会变迁，他们的经历也表明官员身份和人脉关系对于成功经营成规模的工业实业已无裨益。

在1903年到1911年"收回利权运动"期间，经营工业实业的官员遭受到了严峻挑战。比如，盛宣怀领导下的大清国铁路总公司因过度依赖外国贷款，在20世纪初期排外主义浪潮席卷中国时，很多中国人都害怕清政府会为偿清外国贷款而赋予外国势力垄断权并对其作经济让步从而出卖自己。

为应对这种高涨的排外情绪，清政府从外国势力手里收回了粤汉铁路以及沪宁铁路修筑权，并特许19家中国私营企业在没有外资干预的情况下修筑铁路。为了资助民间粤汉铁路的修筑，广东的"收回利权运动"领导者将股份低价卖给这场运动的实际支持者，每股低至5个银元且可分18个月分期付清，这是任何劳力或学生都能买得起的价钱。实践证明，这个众筹计划的成功超出了所有人的期待。同时，在海外华人及各省捐助下，大清铁路总公司在四个月内筹集了4000万银元（当时折合3000万两白银），是原来预计筹集金额的两倍。沪宁线的修筑也效仿这种方法，在很短时间内筹集了1300万银元（这种筹集方法与一些私营企业想从商人群体那里拉投资的方法形成了鲜明的对比。比如张謇就是好不容易才为大生纱厂拉到了一百万两的投资）。

粤汉铁路和沪宁铁路的修筑虽在筹资方面相当成功，但在经营方面却极为失败。比如，有一个问题很快就暴露了出来：比起国家掌控的企业，这些众筹企业也没有好到哪里去，采取的依旧是粗暴的管理方式——经理们索要很高的报酬，随意挪用公款的情况很严重，且这些企业造的桥和修的路都是豆腐渣工程。1911年，当清政府宣布将铁路收归国有时，粤汉铁路计划修筑的1060公里线路只完工了45%。另一些众筹铁路在修筑过程中遇到了更大困难，它们的工作根本不值得一提。尽管如此，当清政府试图重新掌控这些铁路时，公众不满情绪高涨以致形成了政治抗议运动并最终导致了清王朝的覆亡。

1912年清王朝倒台之时，中国原本是有机会由此走上近代工业之路的。在1865年到1895年，也就是近现代工业主义酝酿时期，中国已拥有19家军械库和造船厂及75家其他类型制造公司。在接下来的十七年里，受到民族主义强国情结的驱动，同时也受到实际利益的驱使，私人身份及半官员身份的企业家开办了约500家工厂。

黄金岁月：1914 — 1922

中国近代工业在1914年到1922年期间经历了一段黄金岁月。在第一次世界大战爆发之后，欧洲工业家不再以出口为目的，而转向满足本国战时需要进行生产活动。日本对中国的棉纱出口量从1914年到1919年下降了65%。因此，这一时期，对中国工厂而言，来自外国的竞争消失了。与此同时，欧洲人对于中国商品，如战略性矿石（锡、锑、钨）、丝绸、羊毛、蛋制品等的需求大幅增长。另一个有利于中国民族工业发展的因素是，1918年到1919年期间海运运费比战前增长了10～20倍，也就是说，任何进口货物到达中国市场都必须支付高到淘汰所有竞争者的价钱，这几乎是起到了保护关税的效用。高额运费亦使中国的菜籽油和矿物等出口原材料在收益上有所提升，由此中国的加工业也得到了发展。很多中国企业家在第一次世界大战期间赚得盆满钵满。

在战后的两三年里，忙于战后重建的西方国家仍以满足本国需求为主进行生产，并仍旧是中国原材料和半成品的主要买家。此外，这一时期的排外性经济抵制运动在一定程度上也促进了中国民族工业的发展。中国在1905年针对美国政府出台的一系列排华法案开展了第一次对美经济抵制运动，1908年又开展了对日经济抵制运动。这些经济抵制运动很快成为中国的爱国者表达对外国势力不满的常用方式。在"五四运动"期间及爱国情绪高涨的整个20世纪20年代，中国社会对外国商品的抵制及"买国货"运动成为当时中国经济格局中的半永久性特征。

然而,中国企业家并没有能够充分利用第一次世界大战期间和战后的温室环境,原因是他们没有能够快速扩大工厂以满足潜在的市场需求。比如,纺织业生产商当时就没有购入提升产量所需的织机、纺锤、发动机和另一些资产设备,因为外国供应者转而为战时需要而从事生产活动,而中国机械厂还没有能力生产这些相对复杂的机器。中国企业家在1916年到1917年期间的确订购了很多欧洲设备,但是这些新设备直到1921年和1922年才到达中国港口。即便如此,中国的工厂当时发展得也很快,两年里仍有39家纺织厂开张。其实,中国民族工业的这段黄金岁月可从当时全国纺锤总量和织机总量的增长上得到体现——1914年到1922年期间,中国和外国在华工厂两者拥有的纺锤总量从86.6万增长到了300万(增长率为317%),织机总量在这一时期则从4800部增长到了1.9万部(增长率为300%)。其中大幅增长都实现于这个时期的后几年,而且这种增长率在当时也居于世界首位。

在黄金岁月中,中国民族工业日趋成熟,实现了两方面的飞跃:第一,日常消费品,特别是棉制品进口的大幅下降,而生产资料进口大幅提升(在1920年占进口总量的29%)。虽然当时的进出口总量表明中国经济仍处于"不发达"状态,但进出口结构的变化则表明中国经济已经进入了早期的工业化增长阶段。第二,工业发展主要得益于私人企业家的推动,后者既不是为政府服务也不是为与外国公司利益直接挂钩的买办服务。所以，民国早期，即军阀割据时代政府的无能反而减少了官僚对经济活动的干预。[18]

1922年底工业危机爆发标志着黄金岁月的结束。致使这场危机爆发的原因很复杂：1921年到1922年期间的棉花歉收造成了国内原棉严重短缺，而且这一时期国际市场上的原棉价钱也很高；白银价格下跌导致中国货币贬值；欧洲和美国竞争者在恢复元气之后重新加入了国际市场形成了对中国实业的竞争，等等。这场危机持续时间很短，1925年秋天棉花大丰收使原棉价格下跌，而另一场抵制运动再次促使国内市场对国货需求大幅提升。此后，中国工业又恢复了发展势头，不过其速度再也回不到黄金岁月时期了。[19]

南京十年：1927—1937

1927年南京政府成立之后，政府对工业的干预进入了新阶段。蒋介石政府总体上继承了孙中山遗志，以实现经济现代化为己任。在1931年到1936年期间，中国民族工业得到持续快速发展，实现了6.7%的增长率。有人认为，这种快速增长主要得益于南京政府出台的若干"促进增长举措"，包括实现关税自主权，废止厘金税，改革货币制等。[20]

然而，这些举措对促进民族工业发展所起到的作用非常有限。比如，厘金税其实只是被提法较委婉的"特殊消费品税"所取代，而国民政府的政策还屡屡阻碍民族工业发展。在整个20世纪30年代，政府首要关注的是军事任务，结果是，政府对促进经济发展的项目投入的资源和精力都很少，却在军备项目上花费了大量资金。随着20世纪30年代政府从国家银行借贷的资金达到自身掌握资金总量的40%，而民间为发展工业进行借贷却需要付出很高的利息，甚至达到了每年18～20个点。由于这个利率是"中国任何一家企业都付不起的，所以它们后来都由从事工业生产转而从事投机事业了"。[21]

此外，国民政府不善管理农村，因此不顾农业生产领域供应了绝大部分国民产值的客观事实，自1928年开始将田赋财政收入下放给省级政府。相比之下，由于对商业和工业征税更加容易，所以南京政府主要从以下三种间接税收上获取财政收入：消费税、盐税和所谓的统一货物税。其中征收统一货物税即在烟草、面粉、棉纱、火柴、水泥和酒的原产地进行统一征税。

政府因财政吃紧而征收重税，这对实业家来说是沉重打击。在国民党统治的最初三年时间里，上海182家中国卷烟厂中的三分之二都歇业了，据这些卷烟厂的老板说是因为税太重。一个香烟制造商在1930年时曾抱怨说："现在要交的税是过去的五倍……我们又不能加价，因为每次我们加价，这个曾经承诺鼓励中国商业发展的政府就会向我们征更重的税。"[22]到了1937年，当时最大的中资卷烟厂——南洋兄弟烟草公司再也交不起占其总收入37%的高额税赋，所以该厂老板将工厂转让给了蒋介石的大舅子宋子文。

外资工厂因其强大的政治影响力而能够免于缴纳这些重税。1935年，中资纺纱厂每生产一包棉纱需要上缴的税和偿还的利息加起来高达15银元，而外资工厂同样情况下则只需支付2.7银元。

基于上述种种原因，我们有理由怀疑20世纪30年代中国民族工业的发展并非是得益于国民政府所采取的"促进增长举措"。实际上，中国民族工业生产在1912年到1937年期间保持着匀速增长的态势，并且在1912年到1922年这个尤为繁荣的阶段里增速更快，因此人们也有理由认为包括电气化、工厂生产、铁路、对外贸易等在内的经济现代化所取得的成绩其实与当时的政治体制及相关政策都无关。

认为国民政府政策与当时工业繁荣发展无关，这显然是一个否定性的判断或评价。其实，这其中是存在例外情况的，比如国家资源委员会曾于1936年出台"工业三年发展计划"。国家资源委员会是蒋介石直接领导下的国家军事委员会下属的秘密机构，该委员会出台"工业三年发展计划"的目的是在国内创建工业基础，从而使中国在无外国援助情况下能与日本作战。三年计划指出，国家将创办煤矿、铁矿、铜矿、铅矿、锌矿及液化煤工厂、化学和电力工厂、轧钢厂、机械厂等十家大型厂矿。同时，一改以往将大部分厂矿建在沿海和沿河地区的做法，三年计划将十大厂矿选址在湖北、湖南、江西等省的内陆经济中心城市，目的是避免遭到日本侵略。在该计划实施过程中，德国扮演了重要角色。在三年计划实施的最初阶段，国家资源委员会聘请德国专家为顾问，并签约德国公司为十大厂矿创建提供设备和机器。此外，民国政府还与德国签署了易货协议，向德国提供钨等矿石以确保德国能生产出高品质的钢。

国家资源委员会实施三年计划的第一个阶段，即获取物资和培训人员方面进展顺利且未发生贪腐，三年计划因此前景看好。然而好景不长，三年计划开始实施的第一年，抗日战争就全面爆发了，日本人的侵略迅速扩大到十大厂矿所在地。

虽说抗日战争的爆发使三年计划被迫中途停止，但其在某种意义上也使中国私营企业没有彻底被国家侵吞。在20世纪30年代，蒋介石的经济规划师为"计划经济"的表面好处所深深吸引，并因此将所有工业都置于政府掌控之下。国家资源委员会的一位官员曾说，"如果事情按计划进行下去，那么所有工业接下来可能都会变成国营的"。[23]

The Wartime and Postwar Industries
战时和战后的工业

如果日本没有发动全面侵华战争，中国民族工业将会如何发展？这只能是个假设性的疑问，实际上，在1937年到1945年的抗战期间，中国的私营和官办工业都遭受到了重创。日本侵略者很快就占领了中国东部的主要城市，那里驻扎着大量中国民族工业。南京政府退回到西部山区当中，但当时中国西部地区，包括四川、云南、贵州、江西、湖南、陕西和甘肃等省份根本谈不上现代化。战争爆发时，这个占据中国国土近四分之三面积的地区的工厂数量仅占全国总数的6%。基于对长期战争的预估，国民政府将军械库、飞机装配厂、轧钢厂及另一些战备工业都迁到了内地。

这场大迁徙的运输工作成本不仅高而且非常危险，比如运输队伍在经过长江三峡时，经常需要上百个纤夫拉着大载重量的船在漩涡中前行。尽管如此，最终还是有639个工厂的装备被迁到西部地区，而且还有4.2万多位熟练工人跟随工厂西迁。战争初期，中国民族工业仍得到了发展，而且此间还创办了大量新工厂。在1938年到1943年期间，中国民族工业生产值增长了四倍。

当然，中国西部的工业基础是非常薄弱的，非敌占区的工业总产量从未超过1937年总产量的12%。1943年，工业危机爆发了。日本的封锁和轰炸、通货膨胀、技术条件恶化及民众的贫穷等都是危机爆发的原因。结果是，1942年到1944年期间，56%的工厂倒闭。当战争于1945年秋天结束时，中国民族工业已经处于全面崩溃的边缘。

不过战时国统区工业代表的仅是全中国工业基础的一部分或一小部分，当时中国还有大片土地沦为了日占区。1931年落入日本人之手的中国东北，土地面积超过了德法两国的总面积，虽然表面看东北归当时伪满洲国管辖，但实际上该地区的工业却掌控在日本军队手中。日本侵占东北的目标之一，是在当地建立计划经济并用当地工业支撑其在亚洲的军事野心。然而，与大多数沦为殖民国家原料供应地和过剩商品倾销地的殖民地不同，东北发展成了重工业基地。一方面，东北的铁路和公路里程数很快就实现了翻倍增长，另一方面，日本统治者为开采铁矿和煤矿，在发电、冶铁炼钢和制造机械及化学产品等领域对东北进行了大量投资。

在苏维埃式五年计划于1936年在东北实施之前，这里的工业化进程很慢，但此后，这里的工业却实现了飞速发展，达到了每年14%的增速，这使东北工业生产总量从1931年到1945年间实现了5.5倍的增长，而这个速度在当时唯有20世纪30年代的苏联和1932年经济大萧条结束后及1943年全面战争经济阶段之间的美国才可比肩。在1944年到1945年期间，东北的钢产量、发电量、水泥产量分别是是中国其他内陆地区巅峰年代同类产品产量的8.5倍、2.5倍和8.5倍。

日本自1937始占领了中国东部和北部的大部分土地，那里的工业因此在战争初期就遭到了摧毁。在上海，巷战摧毁了当地52%的工厂，而在南京和无锡，被毁坏工厂的比例则高达64%和80%。不过，日本人非常快速地恢复了当地的工业，因为他们认识到中国这些地区能为日本本土先进工业提供重要原材料和初级加工品，而中国1939年的工业产量也因此被推向前所未有的高度（如表8.4所示）。

日占区工业与国统区工业一样，也遭到了战争的摧残。特别是在1943年以后，当盟军向日本发起进攻时，日占区工业产量骤减。美国潜艇摧毁了日本商船后，日占区陷入工业材料奇缺状态，就连沿海航线上的工业制成品运输也停滞了。此外，与国统区情况一样，日占区的工业投资也受到了螺旋上升的通货膨胀的影响。战争结束时，这些地区的工业产量只有战前产量的25%。

表8.4 中国沦陷区工业衰退情况

年份	上海	华北
1936	100.0	*
1937	85.5	*
1938	74.9	*
1939	138.6	100.0
1940	154.8	121.0
1941	137.8	138.0
1942	—	148.0

*代表数据暂缺

来源：Yu-Kei Cheng, *Foreign Trade and Industrial Development of China: An Historical and Integrated Analysis Through 1948*（华盛顿：华盛顿大学出版社，1956），第19页和第32页。经授权再版。

然而东北作为东亚地区除日本以外的工业中心，其在工业上遭受的最严重损失却发生于抗日战争胜利之后，因为在战争尾声阶段占领东北地区的苏联于1945年11月宣布东北地区所有的日本企业都是其"战利品"。在接下来的几个月当中，苏联掠走了东北工厂里包括发电机、马达及其他重型机械等全部最新设备，只给这些工厂留下了拆除队肆意破坏过的东西。中国当地的老百姓对工厂也进行了任意破坏，他们偷走了很多机器、木头和燃料。当中国政权1946年恢复对东北的控制时，当地工业生产能力已遭到非常严重的毁坏（如表8.5所示）。

民国时期中国工业领域的一个主要进展是政府对工业的参

表8.5 东北工业遭破坏情况

工业	生产能力下降率
电力	71
钢铁	51—100
金属加工	80
有色金属矿业（煤除外）	75
液态燃料和润滑油	65
水泥	50
化工	50
纺织	75
纸张和纸浆	30
广播、电报、电话	20—100

来源：F.C.琼斯：《1931年以后的中国东北》（伦敦：皇家国际事务学会，1949），第299页。经授权再版。

与程度得以大大提升，这对中国当时的政治和经济状况影响很大。一些对政府持批判态度的人士将这种政策称为"官僚资本主义"，这无疑是一个贬义词，通常被用来描述国民党官员借职务和影响力之便，以不正当手段干涉商业和工业活动，压榨私营企业家，谋取私利。

政府所有企业数量不断增长是20世纪30年代中期以来中国社会非常突出的社会现象。1936年年底，也就是国民党统治中国社会近十年之后，政府所有的中资企业比例占总量的不到10%，到了1944年这个比例上升到50%，而到了1946年，据说这个比例已上升到70%～80%。在抗日战争期间，国民政府曾尝试在中国西部建立工业基础，并尤为重视与战备有关的工业。政府在战备工业领域占据优势是必然的,因为很少有私营企业有能力将整个工厂都迁到遥远的西部或在那里重建大规模的工厂。因此,1944年国统区由政府掌控的企业生产了78%的钢铁,51%的发动机,47%的棉纱和棉布及100%的石油。

战后,国民政府重新将首都迁回到此前被日本占领的南京,并由此接手了原来由日本侵略者或其他中国投敌者掌控的两千多家企业,但接下来却面临如何处置这些具有相当规模的工厂的问题。日占期间日本投资者曾对这些工厂进行大量投资从而使这些企业有所增值,因此政府认为如果将这些企业还给其最初的主人,就有必要以某种形式向后者收取费用作为对政府的报偿。与此同时,大众情绪也非常高涨,认为应该把与日本人做生意的投敌者的财产没收充公。

由此,政府发现自己陷入了两难境地。官方认为政府只应掌控和运营重工业和基础工业,而轻工业和日常消费品生产应交由私营。然而事实证明,如何公平公正地配置轻工业也是非常困难的。此外,很少有投资者愿意把自己的钱财投入到工业和制造业上——在战后通货膨胀阶段更是如此,因为这远远不如囤积居奇有利可图。对政府持批评态度者斥责官员们有意拖延向私营企业家出售轻工企业的事情,好借经营企业之机谋私利。无论这些指责中是否存在偏见,实际情况是,1947年前政府的确是工业生产领域的主要参与者:政府或其所属公司的钢铁产量、发电量分别占据总量的90%和83%,他们经营的纺织厂在纺锤和织机数量上分别占全国总量的38%和60%。此外，从全国工业生产总量来看，政府所有企业所占份额从1945年的15.6%增加到1946年的27.1%，到了1947年又提升到了42.4%。

国民政府对工业生产介入程度的突破性提升逐渐成为抗战胜利后中国社会最为热点的政治事件。毛泽东在1947年时曾宣布帝国主义、封建主义和官僚资本主义是共产主义革命的主要对象。人们也普遍认为，蒋介石、宋子文、孔祥熙、陈立夫四大家族通过官僚资本主义聚集了大量财富。比如，宋子文在美国拥有超过4700万美元的财产，还拥有通用公司和杜邦公司的控股权。还有一种说法是，宋子文和他的两个姐妹——蒋介石夫人和孔祥熙夫人在美国银行共同拥有8000万美元的存款。

这些说法给大众造成了这样的印象，即国民党已陷入了无可救药的腐败当中。不过，这些指控可能稍显夸张了。宋子文在共产党即将取得政权之际离开中国时，他的全部财产据说"尚不足一百万美元"，对于作为中国杰出的银行家的宋子文来说，这么少的财产似乎不合理，当然有人认为这个数字低到了滑稽的程度。[24]

另一个更加实质性的指控是，国营企业在战时和战后都对私营企业有所不利。为支持发动对共产党的内战,并消除因过量印刷纸币带来的通货膨胀,国民政府曾公开经营企业以增加财政收入。政府及国营企业与私营企业展开直接且不公平竞争,经常导致私营企业破产。比如,国营企业可以从政府掌控的银行那里以每月3%的利息拿到贷款,但私营企业却需为此支付每月15%的利息。国营企业亦可获得非常稀缺的原材料,比如在棉纺织业因战争遭到破坏而无法供应国内相应生产所需时,政府掌控的棉纺织厂却能够获得进口棉布总量的80%。再如,私营公司经常遭到燃料和动力奇缺的冲击,但国营企业却能从政府垄断的燃油附加公司(Fuel Adjustment Corporation)那里得到货源稳定且价格便宜的燃料和动力。

国民政府在1936年后对工业领域的介入显然是对晚清时期"官督商办"传统的回归,而这也是后来共产党政府在20世纪50年代将工业收归国有的前兆。可见,中国政府但凡变得强大,就会尝试掌控工业领域。其实,这种趋势是深深植根于中国政治文化传统当中的,即官员"轻商",儒家拒斥竞争和"不和谐",而政府必须掌控所有可能会挑战"国家凌驾于社会之上"的行为。然而暂不论原因究竟如何,过去一个世纪里中国私营工业的繁荣发展,的确是实现于政府介入工业领域程度最低之时。

The Industrial Legacy

工业遗产

在南京十年期间，也就是曾国藩和李鸿章建立江南机器制造局七十年之后，中国仍旧没有实现"工业起飞"，也未伴随出现传统经济的激进变革和社会结构的突变。实际上，近代工业当时在整体上仍处于中国经济和社会的边缘地带。传统手工业产量仍是工厂生产产量（在价值增值角度）的三倍多。1933年，中国社会的制造业、矿业和运输业及公用事业等整个近代工业领域的生产总值仅占国内生产总值的7%，其余93%的国内生产值仍来自于传统生产方式。与此同时，工业企业在20世纪30年代也仍集中分布于主要通商口岸及其周边地带。全中国2435家使用动力驱动机器的工厂中有一半都位于上海，而使用织布机和纺锤进行生产的工厂中有82%都分布在江苏（包括上海）及天津和汉口的郊区。

中国近代工业发展的这种水准对比同时期日本的情况可谓相形见绌，而这也正是中国很多民族主义者痛苦的根源。不过，这里面也包含比较积极的一面。在1912年到1936年中国工业产量以每年9.4%的速率增长时(包括东北地区在内)，复利在这二十四年的末期也呈现出非常清晰的增长趋势——这一时期，中国社会不仅构筑起了1912年时还不存在的开办工厂和使用机器的基础，而且还涌现出此前不曾拥有的经验丰富的管理者群体和分工明确、技术娴熟的工人群体。

当20世纪50年代中国以其在工业上的大规模快速增长令世界钦佩时，复利增长的重要意义就得到了更加明确的证实。绝大多数观察者推断，这种增长得益于政府在1952年到1957年第一个五年计划期间对固定资本的大量投资。实际上，政府投资的大部分都被用于建设新工厂了，而且大部分新建的工厂直到1957年之后才投入使用。也就是说，这一时期中国工业产值的大幅增长主要得益于对1949年前已有工厂的生产能力的充分发挥。据估算，中国当时三分之二的工业产值来自于

1949年前已有工厂，三分之一来自于新建工厂。

在共产党取得政权之前，中国民族工业已在某些领域取得了一定的成绩。这些领域中最具活力并实现高速增长的是化学工业，一位目光敏锐的中国企业家当时看到外国人通过向中国出口大量酸、硫酸铵、碳酸、谷氨酸等大大获利，因此在中国开创了这一领域的工业生产。到1936年，中国除氢氧化钠以外的化工产品产量已经超过了同类产品的进口量。

机器生产是另一个比较成功的领域。大部分机器生产厂家都发源于修船铺和机械修理铺，而修理技术大多都可直接转化为制造技术。20世纪30年代，这些工厂大多都得以发展并日趋成熟，其生产的产品替代了大量进口产品。比如，这一时期中国已拥有99家生产纺锤、织布机、吹毛分绒机等纺织工业所需的机器制造厂。中国工业家还生产了大量能替代进口火柴、香烟、面粉、肥皂、玻璃的产品。民国时期的启新洋灰公司作为中国当时最成功的水泥生产厂是另一个成功例证。

不过，当时大部分中国民族工业企业的确处于发展缓慢，甚至勉强维持生存的状态。这些企业严重负债，生产力低下，生产成本奇高，但生产出的产品质量却很低，因此破产或被外国人接管是常有的事情。市场需求低迷是困扰大部分企业的最大困难。由于中国民众的普遍贫穷，传统手工业持续强劲且大量存在，这些都意味着民众对工厂生产的日用品的需求不高，所以当时的民族工业很难有活力，也很难得到发展。同时，日用品工业规模小也意味着其对生产资料的需求小。

中国民族工业面临的困难很大程度上是缘于中国企业家管理不善且在经费使用上筹谋不当。比如，中国的工业家一般都倾向于建立大规模工厂，但对其投资却很少。典型案例就是一家资产只有1500万两白银的工厂却计划生产市值为2300万两白银的棉布。可见这些公司从最初就处于资金短缺的负债状态。此外，这些公司虽自顾不暇，但仍要确保每年给股东分8%～10%的红利。当然，这种保证股息的做法最初可吸引投资，但在公司已亏钱的情况下仍按承诺给股东分红则会加重公司的财务困难。

因投资不足和保证股息而陷入困境是大部分中国企业家都经历过的痛苦，企业因此关张更是家常便饭。当时的报纸杂志经常报道日本公司的成功及其在财务管理方面的精明。然而绝大部分中国企业家和投资者都怀有投机心理，寄希望于快速致富，因此放弃了长期发展的打算。这种心理对发展工业当然有害无益，但这也是当时中国政治环境动荡、长期投资不安全及可用于投资的资金短缺等客观情况的反映。

中国民族工业另一个遭人诟病的特点是技术过时。中国企业家在创办工厂时一般会进口同时期美国或欧洲工厂使用的同类设备，但为节约成本他们也会进口二手设备。在进行初始投资之后，这些企业家只是偶尔购入新设备，因此从国际标准来看他们的工厂很快就会陷入过时状态。到了20世纪40年代，很多棉纺织厂的纺锤和织机及水泥厂的窑炉都连续使用了三四十年了。由于技术落后，中国工厂与同时期在中国运营的外国工厂相比，效率更低而劳动力更密集（因此劳动力成本高），产品质量也很低。

这些工厂逐渐遭到废弃成为当时的一个普遍趋势，这跟中国企业家总是在低偿付能力的边缘上经营工厂不无相关。在资金不足或负债的情况下经营工厂，给股东分配过高的利息等种种情况造成了这些工厂没有足够资金进行重组。在西方，大部分工厂都会通过留出折旧提成费用来更新设备，但中国工厂大都没有这部分费用，即便他们留出了折旧费，通常数额也都很少。由于缺少更新技术的费用，再加上在低利润边缘上运营，中国工厂与外国竞争者之间的差距越来越大。

The Impact of Imperialism
帝国主义的影响

尽管有学者会强调从前遗留下来的工业基础包含着积极因素，但大部分中国本土和外来观察者都深信，中国始于19世纪中期的那场创建工业经济的努力是以失败告终的。他们之所以得出这种负面评价，是基于以下两方面的认识：其一，认为当年中国只有快速地进入工业化才能抵制来自帝国主义的侵略；其二，认为中国在经济近代化进程上比起日本简直是缓慢到令人悲哀。

谁或什么应该为中国的缓慢现代化进程负责？对此，爱国者给出的答案是"帝国主义的压迫！"他们得出此答案是基于以下推理：随着鸦片战争后诸多不平等条约的签署，中国无法再向外国进口商品征收超过5%的从价税，因此无法保护尚处于起步阶段的工业抵挡来自于西方制造业的竞争。1895年后，外国人获得了在通商口岸开办工厂的权利，并由此开始使用中国的廉价劳动力，同时还享有来自他们国家的低息投资和先进技术。帝国主义者每每在军事行动上取得胜利后都会向中国政府索要数额巨大的赔款，并把巨大利润遣返回国从而使中国的财富逐步缩水。帝国主义还通过摧毁中国传统手工业而削弱了中国本土民众的购买力,而这诱发了中国的政治动荡。最后,帝国主义强行将中国经济与国际市场相关联,使中国的生产者被国际市场价格和需求的变动牵着鼻子走。

应该说,对那些因自身主权受外国侵犯而感到耻辱的人来说,这种答案满足了他们的情感需求。当然,对所有视野超越乡村边界的中国人来说,鸦片贸易和炮舰外交、治外法权和赔款、外国商人无知的种族歧视和传教士的狭隘胸襟,等等,所造成的不公是显而易见的。虽然上海某公园曾在门口挂出"华人与狗不得入内"的牌子的故事在真实性上令人质疑,但爱国者们对此却深信不疑,因为这符合他们对在华及涉华所有外国人的预期。大多数中国人,包括孙中山、蒋介石和毛泽东,都认为19世纪以来中国在政治、社会和经济上的苦难统统来自于帝国主义的压迫。

对帝国主义是造成中国现代化进程缓慢的主要原因这一论断,西方的经济史学家,特别是过去二十年间的经济史学家逐渐感到不满,他们指出,其实中国民族工业与外资工业发展速度大体相同,而且外国工业家和中国工业家所获利润也大体相同。此外,虽然外国制造和投资曾在通商口岸和东北地区无节制地增长,但当时中国内陆经济基本没有受到西方影响。中国国土广阔,传统制造业和传统市场体系在中国一直持续地存在着并始终与外国经济影响保持着一臂之距。另外,这些西方经济史学家还一再提示我们,与其说帝国主义者获得了"不当之利",还不如说中国人获得了"不当之利",因为后者更熟悉中国消费者的需求和愿望,拥有更为优越的关于中国市场和其他商业活动运作体系的知识,而且20世纪早期民族主义思潮盛行所引发的"排外"和"买国货"运动还曾使外国人处于不利位置。

这些经济史学家还认为,外来经济的某些影响甚至具有积极意义。他们指出,外来经济给中国带来了最初的发展动力,如果没有这种动力,中国可能会在经济现代化道路上进展得更为缓慢。他们宣称,外来经济给中国带来了先进技术,而且外国公司和工厂在一定程度上还扮演了"学校"的角色,在中国人引进新技术或需要国际交往时为后者带来了相应的管理方法和制造技术,并为后者提供了有序和有效的工业运作模式。他们还指出,对外贸易为中国农民和手工业者创造了商业机会,从而改善了中国人的生活水准,少数几种真正在中国市场扎根的肥皂、火柴和煤油等进口商品为提升中国人生活品质做出了贡献,甚至还激发了中国企业去生产这些商品的替代品。[25]

关于帝国主义给中国经济带来的影响究竟是好是坏,至今仍是众说纷纭。很多各执一词的论著仍在不断发表或出版,我们要在这里解决这个极端复杂问题的可能性似乎很小。不过上述争论至少能让我们明确地了解到,帝国主义对中国的经济影响既不可能完全是毁灭性的打击,也不可能完全是有益的支持。一个尝试性的可能结论是,帝国主义对中国现代化进程缓慢的影响其实非常小,深层原因应该在别处。

对帝国主义持批评态度的人们仿佛忽略了一个事实,即经济现代化并不是一件商品，而是一个过程。脆弱的花朵很难从一个环境移植到另一个环境。欧洲大陆就曾有过类似经历：在英国进入工业革命之后，欧洲大陆却经过了几代人的努力才能获得现代工业技术，并且用了更长时间才获得了可与英国相比肩的产业绩效。可见，欧洲大陆虽然拥有与英国同等水准的科学实践水平和精英教育水平，但其仍需要经历这种缓慢进程。更何况19世纪的中国在很多方面是没有办法与欧洲大陆相比的，比如后者在人均生产总值和投资可用性方面都远远高于中国，而且也基本完成了巩固政权的大部分任务，并根据已有法律建立起了与之相匹配的官僚管理体系。当然，人们可能认为欧洲大陆国家与英国享有相似或相同的文化与语言，因此几乎是自发地进行了现代工业实践，但实际情况却是法国和德国几乎用了一百年时间才完成自身的工业化进程。

造成欧洲大陆经济现代化进程缓慢的原因与中国的情况极其相似。比起英国，欧洲大陆面积更加广阔，陆路和水路都不发达，运输成本高和市场碎片化情况很严重。虽然欧洲大陆人均生产总值很高，但财富分配非常不均衡，精英阶层非常富有，大众却挣扎在贫困线上。因此，欧洲大陆市场对工厂生产的标准化和大批量日常消费品需求量很小，却对由生产规模很小的、由工匠生产的高雅和昂贵的产品需求较大。可见，欧洲大陆当时的社会结构和价值观都不利于制造业的现代化。工匠不愿意卷入商业进程，而想向上层流动的平民也更倾向于进入专业领域或成为官员而不是进入商业或制造业领域。富裕的工匠总是花钱置地，成功的商人也更愿意把企业利润用来买地、买官职或贵族等级以提升社会地位。此外，欧洲大陆民众还把"勤俭持家"的理念移植到经营商业上，而且他们也不喜欢竞争，这些都导致他们无法吸纳英国模式。最后一个因素是，政府为促进工业现代化所采取的措施基本都以失败告终，因为"国家援助政策经常是鼓励懈怠和保护无能"。[26]

面积广阔、交通不便、民众贫困、轻商等所有致使欧洲大陆无法效仿英国快速进入工业革命的因素，同样都存在于中国社会当中。不过坦率地讲，中国在19世纪80年代到1949年期间的工业化进程，比起欧洲国家的经历，并没有那么晦暗无光。

当然，自1868年日本明治维新以后，中国在工业化进程上被日本落下了太远的距离。为什么会如此呢？答案部分在于，在19世纪中期西方势力集中到来的一个世纪以前，日本就已开始经历深刻的社会和经济变革了，这种变革业已推动日本经济向工业现代化发展并大大提升了日本的生产力水平。因此，随着海军准将马休·佩里（Matthew Calbraith Perry）1853年"打开"日本大门而同步到来的西方技术在日本遇到的阻力很小，很快就被日本所吸收了。

当然，在经济现代化方面，日本情况与中国一样复杂。要想对此做出完整阐释，需要将很多因素考虑在内，比如从日本封建制度中生发出来的政治多元主义允许地方自主实践并取得发展，这与中国高度中央集权的政治制度束缚地方性和工业性创新行动形成了鲜明对比。同时，作为日本统治阶级的武士是军事集团的成员，他们对日本与西方在权力方面的差距比较敏感，而中国的士大夫对此敏感度就较低。此外，日本国土面积很小，海上运输较为便利。日本还拥有较长历史的跨文化挪用传统，这使日本能够从西方人那里借用某些东西而不会挫伤民族情感（中国恰恰相反）。最后，日本明治维新期间政权稳定也为其实现工业现代化起到了积极作用，政治稳定的大环境培育了经济现代化所需的基础，包括形成覆盖全国的道路体系，创建丰富的工业能源、商业法律体系、银行业务和大众教育等，而同时期的中国在政权方面却相当不稳定。

必须承认，日本在半个世纪里迅速地实现经济现代化并获得大国地位是个伟大的成就，相比之下，人们更应把中国缓慢的现代化进程看作是现代技术被引入传统社会的历程。

Notes
注释

1 转引自 Nathan A. Pelcovits, *Old China Hands and the Foreign Office* (New York: King's Crown Press, 1948), p. 16。

2 G. C. Allen and Audrey G. Donnithorne, *Western Enterprise in Far Eastern Economic Development: China and Japan* (London: George Allen and Unwin, 1954), pp. 17-18.

3 转引自 John King Fairbank, *Trade and Diplomacy on the China Coast: The Opening of the Treaty Ports, 1842-1854* (Cambridge, Mass.: Harvard University Press, 1953), p. 380。

4 Albert Feuerwerker, "The Foreign Presence in China," in *Cambridge History of China* (Cambridge: Cambridge University Press, 1983), vol. 12, ed. John K. Fairbank, p. 129.

5 Robert F. Dernberger, "The Role of the Foreigner in China's Economic Development," in *China's Modern Economy in Historical Perspective*, ed. Dwight H. Perkins (Stanford, Calif.: Stanford University Press, 1975), p. 31.

6 Albert Feuerwerker, "Handicraft and Manufactured Cotton Textiles in China, 1871-1910," *Journal of Economic History* 30, no. 2 (June 1970): 377.

7 转引自 Allen and Donnithorne, *Western Enterprise in Far Eastern Economic Development*, pp. 74-75。

8 王业键，《中国近代货币与银行的演进（1644 — 1937）》（台北：中央研究院经济研究所1981），第79页至90页。

9 在1933年，日用品生产值占工业生产总值的76%。

10 如果中国当时拥有能为铁路交通提供支路的,包括公路和高速路在内的有效交通体系,那么即便当时的铁路覆盖范围有限,也能为农村经济发展带来更大的好处。当然,当时的中国并没有这样的支路体系,而且当时用驮畜、手推车和人力进行运输也并不是便利的选择。

11 比如,当时的陇海线几与淮河—颖河水路并行,天津浦口线与大运河支路相接。实际上,在20世纪30年代,中国北方唯一的铁路主干道并未为长城以南区提供运输服务,所以郑州—汉口、青岛—济南、太原—正定等水路显然并不多余。

12 转引自 Mary Clabaugh Wright, *The Last Stand of Chinese Conservatism: The Tung-chih Restoration, 1862-1974* (Stanford, Calif.: Stanford University Press, 1957), p. 212。

13 转引自 Immanuel C. Y. Hsu, *The Rise of Modern China*, 3d ed. (New York: Oxford University Press, 1983), p. 284。

14 Albert Feuerwerker, *China's Early Industrialization: Sheng Hsuan-huai (1844-1916) and Mandarin Enterprise* (Cambridge, Mass.: Harvard University Press, 1958), pp. 9-10.

15 转引自 Kwang-Ching Liu, "British-Chinese Steamship Rivalry in China, 1873-85, "in The'*Economic Development of China and Japan: Studies in Economic History and Political Economy*, ed. C. D. Cowan (New York: Praeger, 1964), P. 53。

16 Wellington K. K. Chan, *Merchants, Mandarins, and Modern Enterprise in Late Ch'ing China* (Cambridge, Mass.: Harvard University, East Asian Research Center, 1977), pp. 77-78, 81.

17 Yen-p'ingHao, *The Commercial Revolution in Nineteenth-Century China: The Riseof Sino-Wesiern Mercantile Capitalism* (Berkeley: University of California Press, 1986), p. 258.

18 当然,这并不是说当时的军阀主义推动了经济发展。第五章曾探讨过军阀主义所带来的政治动荡和经济不安全给社会带来的负面影响。

19 John K. Chang, *Industrial Development in Pre-Communist China: A Quantitative Analysis* (Chicago: Aldine, 1969), pp. 70-74.

20 John Chang, "Industrial Development of China, 1912-1949," *Journal of Economic History* 27, no. 1 (March 1967): 80-81.

21 Frank M. Tamagna, *Banking and Finance in China* (New York: Institute of Pacific Relations, 1942), p. 212.

22 转引自 Sherman Cochran, *Big Business in China: Sino-Foreign Rivalry in the Cigarette Industry, 1890-1930* (Cambridge, Mass.: Harvard University Press, 1980), p. 189。

23 转引自 William C. Kirby, "Kuomintang China's 'Great Leap Outward': The 1936 Three-Year Plan for Industrial Development," in *Essays in the History of the Chinese Republic* (Urbana: University of Illinois, Center for Asian Studies, 1983), p. 58。我已把柯伟林（William C. Kirby）将"国营"翻译为"state-owned"改为"managed by the state"。

24 1987年5月24日我在马萨诸塞州剑桥市对杨格（William S. Youngman）进行了访谈。杨格先生自20世纪40年代始成为宋子文的律师并负责为其打理资产，他证实宋在1971年去世前拥有净资产总额为1200万美元。

25 柯文（Paul A. Cohen）在《在中国发现历史》一书第三章"帝国主义：是现实还是神话？（Imperialism: Reality or Myth?）"中的相关论述堪称外界对中华帝国影响力进行研究的开端。参见 Paul A. Cohen, *Discovering History in China: American Historical Writing on the Recent Past* (New York: Columbia University Press 1984), pp. 97-147。

26 David S. Landes, *The Unbound Prometheus: Technological Change and Industrial Development in Western Europe from 1750 to the Present* (Cambridge: Cambridge University Press, 1969), p. 136.

第9章

New Social Classes in the Early Modern Period

现代化早期的新社会阶层

中国现代化早期所经历的经济变迁是与影响深远的社会变迁同步到来的。帝制时代晚期的中国社会，只有士大夫阶层是统治阶层，但到了现代化早期，整个社会都开始变得多元化。到20世纪二三十年代，成功的商人、军官和专业人士等阶层在声誉方面几与学者和政府官员等阶层不相上下，有时甚至超越了后者。这一时期，一个新的平民阶层——城市工人也随着城市近代工业的发展而诞生了。社会的多元化及社会价值观的转变，比起同时期充满暴力的剧烈政治动荡更具变革性功效。

Social Elites in Late Imperial Times
帝制时代晚期的社会精英

帝制时代晚期中国的社会和政治领导阶层通常是由以下三个阶层构成：上层士绅（the upper gentry）、基层士绅（the lower gentry）（士绅内涵比较宽泛，主要是指退任的官僚、受过教育的地主以及富商财阀等——译者注）和没有头衔的地方精英。其中前两个阶层比较出名，他们通常又被称为"士大夫"。

上层士绅，是声誉最高的阶层，也是执掌或有资格执掌官僚体系的群体。19世纪中期以前，大部分上层士绅通过考取举人（通过省级考试即"乡试"获得的学位——译者注）或进士（通过乡试之后进而通过在北京举行的全国性考试即"殿试"获得的学位——译者注）来获得这种地位。还有一些人是通过武举考试或花钱捐学位或官职获得上层士绅地位的，当然后一种人在地位上是不能与真正通过科举考试的人相提并论的。

基层士绅是拥有生员头衔的人，他们虽然也是学者，但并不是官员。他们只通过了初级即第一层级的院试（童试包括县试、府试、院试，通过院试者才能进入所在地、府、州、县学为生员，俗称"秀才"——译者注），由此也只是获得了官方认可的生员身份并可据此获得朝廷发放的膳食和津贴，但并没资格做官。他们在地位上高于与他们拥有同样社会经济背景的平民，但低于上层士绅。当然，他们也享有上层士绅所享有的某些法律特权，比如可穿戴特殊的衣冠，免去某些罪罚及劳役和徭役。

社会史学家一直以来都认为，上层士绅和基层士绅是中华帝制时代晚期唯一的领导阶层，但这个观点尚待进一步研究。在过去的约十五年里，新一代史学家开始关注国家和省级层面以下的地方社会，在此过程中有一点越来越明晰，那就是领导权并不仅仅掌握在士大夫手里。

19世纪，中国士大夫的人数还不到150万，也就是说当时每300人中才有不到1个士大夫，而且他们当中的很多人都生活在大城镇，因此从人数和分布地域两个角度上讲，他们都无法填满庞大帝国的领导位置。特别是在低至管理小村镇乃至更加贫穷和偏远地方的行政层级上，士大夫的人数就更加少了。在这些地方，哪怕是生员，甚至是更低层级的士绅都很少。在社会底层，领导角色基本都是由非士绅阶层担当的，这些非士绅阶层通常都因富有、年长、智慧或拥有其他特质而在地方享有声誉和权威。

比如在安徽省的桐城，一些世家大族(例如，方、姚、马、张、何等世家大族——译者注)连续几百年管理着桐城县的事务，哪怕这些世家大族每一代都出现过没人考取功名的情况。这些世家大族的权力和声誉能持续存在，并不在于其拥有学术地位，而是因为其拥有大片土地且非常富有。"拥有学术地位和官职并不是一个人能够富有的唯一前提，而一个人富有的话有时却会让一个人获得学术地位和官职"。[1]

可见，富有是塑造帝制时代晚期精英阶层的必备要素。然而每一个有抱负的年轻人，无论其贫富，都梦想着有朝一日通过科举考试考取功名，而科举考试是宋代以来中国读书人通往仕途的主要路径。可以说，拥有官职和学术地位的人掌握着权力、荣誉，拥有法律特权，他们是中国社会精英中的精英。

The New Elites
新精英阶层

随着16世纪以来中国社会商业的发展，商人群体规模不断扩大，富裕程度也不断提升。1644年后，满族人成了中国社会政治体系中的统治阶层。虽然如此，但中国社会精英结构自宋代以后到19世纪中期这个阶段并未发生根本改变，直到太平天国起义，旧的社会结构才开始瓦解。在20世纪二三十年代，传统社会的上层人士已被新阶层所取代，而这些新阶层的出现反映了当时经济体系快速变迁和政治体系时刻面临革命等日益复杂的情况。

最初，这些变化主要产生于中国社会内部。在19世纪中期农民起义频发情况下，清廷最终陷入了巨大困境当中。为增加财政收入，清政府开始出售官位和学位。1850年前，政府卖掉的官员职位不超过总数的30%，太平天国起义被镇压之后的若干年里，这个比例上升到了50%。结果是，处于中国社会结构顶层的群体在本质上发生了变化。钱财，而不是学术成就，成为获得士绅地位的先决条件。

在当时的中国社会，拥有财富无疑是变得越来越重要了，但倘若中国社会能一直与西方社会保持距离，财富越来越重要这件事是否会对中国造成长远影响，恐怕我们就只能猜测了。也许中国社会整个价值体系也会逐渐发生改变，中国社会对商业和工业领域的企业家精神也会逐渐产生推崇之情。不过我们却无法对此进行假设了，因为此后不久，西方存在与西方理念就成为中国社会变迁的重要动力之一了。

新的商人阶层

商人是清政府出售学位和官职这一举措的最大受益者。逐渐地，富商买头衔成了当时中国社会中的普遍现象。当然，富商这么做是为了获得声誉，但同时也是想借此来享受更低的税率、与官员平起平坐的特权和某些刑罚豁免权。比如在19世纪下半叶的汉口，买官职和学位就非常有吸引力，当时半数以上的批发商及大代理商都有买来的头衔。

不过，当时的中国社会中也存在着一种反向运动：越来越多的士绅开始做起了生意。特别是在19世纪70年代以后，当通商口岸的工业和商业在西方影响下得到进一步发展时，士大夫们在花钱买地上投入得越来越少，却对在通商口岸创办新企业上投入得越来越多。其实，投资买地从来都是一件利润很小也不够安全的事情，但西方人创办企业却总是会产生很好的投资回报。此外，那些花费很多年备考科举的人突然发现自己的天赋已不受欢迎了，相反，大量的政府官员职位都被受教育程度相对较低但很有钱的人占据了。

在19世纪最后二十年里，士绅对商业活动的挑剔程度日益下降。在某些士绅圈子里，某个人对西式企业投资甚至会受到特别的尊重，因为这被认为是有助于富国强民的行动。虽然买办是中国近代企业最大的投资者，但在19世纪和20世纪之交，绝大部分定居于城市中心的士绅都在从事某种创业活动。1890年到1910年期间新创办的26家西式纺织厂当中，有20家是由在职及退休官员或学者创办的，而这恰恰反映了士绅对商业的态度已经发生变化。

19世纪晚期，尽管士绅和商人这两个阶层已有所重叠和交叉，但社会中仍存在着对商业活动的偏见。直到19世纪即将结束时，中国依然是一个士绅占主导地位的社会，商人虽富有和具有影响力，但他们在政治和社会层面仍未被完全接受，除非他们买个学位或官职，把自己打扮成士大夫的样子，戴上士大夫的光环。

特别是在19世纪80年代到20世纪20年代期间，中国的社会和政治领导阶层在构成上发生了巨大变化，随经济和社会变迁不断加速而产生的新精英阶层逐渐取代士大夫阶层成为领导阶层。其实在19世纪80年代士绅已逐渐无法独占社会上层领导角色，而决定性转折则发生于1905年，就是在这一年，清廷宣布废止科举考试。老一辈士大夫的人数越来越少，1905年前成为士大夫的人逐渐老去、失去了活力，并相继逝去。当然，这是个渐进的过程，清廷在1909年和1911年两度召集中央和省级官员开会时,代表中仍有九成来自士绅阶层。随着时间的流逝,到了20世纪20年代,政府机构中老一辈士绅的人数已非常少了。以浙江为例,当地政府机构中上层士绅的人数从1911年革命前的46%下降到1918年至1921年期间的6%。

同时,原本在地位上次于士大夫的商人逐渐占据了社会和政治领导地位,并且随着自身管理经验的增加逐渐建立起了自信。当然,商人阶层在经济价值和政治立场上历来都是持多样观点的异质群体。比如,小商人对社会前景通常都持保守观点,但更成功的和视野更广阔的商人却逐渐拥有了现代资产阶级所应有的态度,即崇尚经济理性、自由企业精神,以经济增长为意识形态等(当一个人提及商人阶层时,他首先应明确区分大资产阶级和小资产阶级,就如同我们之前明确区分上层士绅和基层士绅一样)。其实,即便是相对现代的资产阶级彼此之间也经常持不同观点,特别是在五四运动(1919年)期间群情激昂的社会氛围中,资产阶级中有越来越多的人都开始为民族主义所鼓舞,并由此逐渐卷入当时的政治斗争。

商人阶层首次出现在中国政治运动中是在1905年,那时他们为反抗美国政府出台的《排华法案》而领导了"抵制美货运动"。在接下来若干年,商人们又投身到反对满族统治者专制的运动中,要求建立立宪政体,并为改良派和革命党提供了资助。尽管一些人认为1911年革命是资产阶级革命,但其实商人的经济实力在1911年还非常薄弱,而且他们在政治乃至心理上也仍次于或从属于士绅阶层，所以他们在政治层面尚无承担独立领导权的要求。

商人地位在20世纪早期不断提升的一个标志是他们更多地扮演起民间领袖的角色，其实扮演这一角色对他们来说并不完全是新鲜事。长期以来，商人们通过行会组织参与各种慈善活动，在太平天国起义期间，商人们在某些城市还承担起了征税和指挥警察与管理民兵组织的职责。在整个20世纪，商人阶层越来越多地承担了管理城市的角色。比如在1905年，当上海市议会——这是中国建立的第一个现代的和西式的城市管理机构——成立时，委员会中38位代表中的20多位都有商人背景。

商人们通常都会借商会这个平台实施日渐增长的权力。1902年，为促进贸易和工业发展实现强国目标，清廷正式批准商人们建立商会组织。到了1908年，中国31个大城市和其他135个城市都成立了商会。到了1912年，全国商会总数已经达到了1200个。商会在其所在的城市里一般都承担着政治和管理职能，"逐渐成为民国时期城市生活中最重要的组织，在很多城市的运转中发挥着关键的作用"。[2]比如说，商会通过推动开展照明、办学、供水、污水处理和港口政治等公共事业，逐渐成为城市现代化进程的首要发起者。此外，商会还支持了很多社会福利事业和护卫一方的民间武装事业的发展。

商会的声誉和影响发展到顶峰状态是在20世纪20年代

中期,这一时期也是军阀发展的顶峰时期。与此同时,政府的官方管理权日渐衰微,而自信心已得到极大提升的商人逐渐填补了部分政治真空。商人不仅成为地方代表组织的领袖,有时还会成为县一级代表大会的领袖,比如1922年绍兴县(浙江省)的情况就是如此。在"五四运动"感召下,一些民族主义商人逐渐意识到自己是"建立一个新中国的主要乃至唯一的主要力量",[3]因此开始担负起领导反帝国主义的经济抵制运动的任务。在1919年到1926年期间,这种运动的发展势头非常强劲。

不过,随着蒋介石和国民党在1927年到1928年期间赢得对各军阀的军事胜利,商人在政治主张上却开始碎片化。这个建立于20世纪初的国民政府新政权,在某些方面类似于清朝但同时又是个现代化的官僚体系,它既想实现商业和工业现代化,但又无法忍受一个自主发展的商人阶层的存在。1927年后发生的事情似乎再次证明中国官员对资产阶级怀有永恒的敌意,而资产阶级似乎只能在中央集权衰落时才能得到发展。

在1927年革命前夕,资产阶级是欢迎国民党统治的。资产阶级在过去很多年里不断遭受军阀的掠夺,而且工会组织对他们的敌意也日益增加,再加上他们对共产主义革命怀有恐惧心理,所以他们非常愿意接受一个能恢复政治和经济秩序的新政权并且乐于为其提供资助。然而到了20世纪30年代,新的国民政府对商会进行了重组,逮捕或淘汰了商会从前的领导者,由此打破了商会组织此前非常强有力的权力。政府甚至从商会手中夺走了领导经济抵制运动的职责,并将经济抵制运动转变成为"恐吓工具和使资产阶级听从国家管制的方法"。[4]

然而,新商人阶层的重要之处不仅体现在他们扮演了经济和政治方面的角色,他们中很多人还承担起了中国近代社会转型的领袖角色。很多商人都是国际主义者和改革论者,而且他们当中最成功的那些人基本都受过良好教育,其中一些人还在国外生活和学习过。比起大多数中国人来说,商人更欢迎外来改革,并对中国在国际社会中的地位有着更为客观的认识。他们都是自发的自由主义者,支持法治和政治代表制度,并且支持地方享有自治权,也是工业发展和经济合理性的推动者。他们在生活方式上极为西化,住在西式的房子里,穿戴西式服饰,听西方音乐并能伴着音乐起舞,喝咖啡,抽雪茄,等等。此外,很多商人还是基督徒。

在20世纪早期,新商人阶层逐渐取代了士绅阶层成为统治阶层,特别是在城市当中更是如此。在整个20世纪三四十年代商人的社会地位(暂不论他们的政治权力)都很高,且远远高于其在19世纪七八十年代的地位。当然,商人的进步和西化都是有代价的。到20世纪30年代,资产阶级与农民及乡村之间仍然有着不可忽视的鸿沟,但其实后两者才代表着中国的真正面貌。在这方面,新商人阶层与中国的新知识分子阶层是十分相似的。

新的知识分子阶层

在20世纪二三十年代已经得到发展的新知识分子阶层，相对于从前的知识分子阶层即士绅而言，是一个非常多样化的阶层。这个阶层并不持有共同的意识形态和政治立场，而且他们基本都扎根于城市，来自于较为富裕的社会阶层。新的知识分子阶层是受过教育的专业人士，大多是在城市里生活和工作的工程师、律师、医生、记者，等等。他们中的绝大多数人与乡村生活和普通民众都失去了联系。另一方面，他们仍像士绅那样渴望得到官职，却没有像士绅那样做出过为民众服务的承诺。

19世纪后半叶，中国的教育体系开始随着中国与西方发生关联之后所产生的新需求而有所调试。1862年，清政府在北京创办了翻译学院京师同文馆，目的是向国人教授外语，此后不久，工程、科学、医学和国际法等专业也被纳入京师同文馆的教学课程。上海和广州分别于1863年和1864年建立了类似的学校。1866年，福州船政局开办了一家航海和工程学校，同时还开设了英语和法语课程。自1872年始，中国一共将120个年龄从10岁到16岁的男孩派往美国康尼狄格州的学校学习，并让他们在美国家庭中生活。五年之后，福州船政局开始逐年向法国和英国派遣30个年轻人去学习造船和海军战略。

然而，中国19世纪晚期在教育方面所做的种种努力仍从属于为科举考试提供生源的传统教育体系。此外，这些所谓新举措教出来的人在以传统为主导的社会当中仍是边缘人，他们可能会讲某一门外语或懂得蒸汽机原理，但并未因此获得社会的尊重。就连冯桂芬这样的著名改革家也曾说过，"今之习于夷者曰'通事'，其人率皆市井佻达游闲……其质鲁，其识浅，其心术又鄙，声色货利之外不知其他"。[5] 此后，科举考试被废止终于公开地宣示了对以科举考试为基础的传统学问和社会体系的否定，一个新的知识分子阶层由此才得以真正产生。

1895年之前，大多数中国文人和上层社会成员对自身所处的社会环境都非常满意，因此并没有改变传统教育体系的需求。然而，面对中日甲午战争以来中国接连的军事失败，随之而来的帝国主义势力和以1900年义和团运动爆发为高潮的耻辱事件等，即便是最愚昧和最保守的人也都认识到了，中国作为一个国家要生存下去就必须学习新知识和新技术。然而，在培养懂科学、数学和西方发展模式的新一代领导者的过程中，总是会出现计划缺失和执行糟糕的情况，所以结果也总是一片混乱。

1898年百日维新运动期间，清廷首次尝试改进传统的教育体系，推出创办县级学校、开设京师大学堂，在全国建立学校网络，将西方专业引入教学课程等一系列举措。这次试图在一夜之间改变整个国家的政治和教育体系的改革很快就终结了，就连主导这场改革的光绪皇帝本人也被囚禁了起来，其他改革者则不是被处死就是出逃在外。只有京师大学堂在慈禧老佛爷发动的这场政变中留存了下来，此外其他所有改革措施都被取缔了。

新教育体系和新知识分子阶层其实是在义和团运动结束后才得以真正形成和产生的，那个时候就连慈禧太后都开始认为，只有将传统教育体系与西方教育理念和制度相结合，清廷才能继续存在下去。1901年，慈禧太后直接沿用了1898年戊戌变法的做法——当然，她并未因此给光绪皇帝和当年的改革者们平反——号召在全国创办学校，并在学校中同时教授儒学和西方专业知识。慈禧太后甚至亲自敦促有关机构将年轻人送到国外学习西方知识，还宣布废除八股，在科举考试中增加西方政治和科学方面的内容。

1901年的这些改革大多停留在理论层面，而教育结构在实践层面上真正发生变化的速度其实很缓慢。朝廷在实施教育改革方面并无经费可投入，而且全国能教授西方课程的老师也很少，要编写新教科书也需要很长的筹备时间，就连新校舍也通常是用寺庙改建的。甚至到了1909年，中国仍未建立起完整的国家教育体系。改革期间，很多官员竟将朝廷政策解读为在每个县建立一所小学（而这些县平均人口数量为3万），而且在已经建立起来的现代学校里，课程内容也与过去相差无几。

因为新学校数量少，且在全国范围内分布不均，再加上很多家庭对新教育仍持怀疑态度（一些家庭希望恢复儒学教育，另一些家庭则认为西方学问太过奇思异想和不切实际），所以老式私塾在中国教育体系中仍占主导地位。20世纪20年代，中国的大部分学生仍在私塾中学习，"很少受到政令和教育家理念的影响"。[6]

尽管清末的教育改革进程很缓慢且实施范围很窄，但这场改革却产生了深远的社会影响。作为这场改革的成果之一，科举考试在1905年被废止。此后，全国那些比较好的学校不再把儒学作为唯一课程，而这种传统深厚的道德哲学也不会再在意识形态层面对年轻人产生导向性影响了。年轻人转而去学习各种专业知识后，接受儒学道德教育的机会必然就相对较少。不过，对于这个变化，我们无疑是需要给予谨慎评价的。首先，在中国现代化过程中，社会伦理的变迁不可避免，而且会受到很多复杂因素的影响。其次，很多生活在20世纪初期的中国人都曾切身感受到放弃儒学却找不到能替代儒学的道德教育方式所带来的伦理缺失状态。据说，中国的知识分子正是在经历这次变迁后才变得毫无道德感，无视自己的社会责任而只关心自己的利益。

当然，太过强调中国精英的道德缺失可能是错误的，但在20世纪20年代至40年代期间，这些精英的确在当时的道德共同体中处于缺席状态，可从前绝不是这样的。此外，这些精英彼此之间也不享有共同文化、价值观和立场，不过他们却拥有一个共同困惑，他们不知道自己何种言行会引起同胞的认可或谴责。结果是，20世纪受过良好教育的精英比帝制时代晚期的精英更多地考虑自我利益和自我发展。相比之下，从前受儒学教育的精英一直把为公众服务和"地位高责任就更重"等伦理视为理想，不过这种伦理到此时已丧失殆尽了。另外，20世纪三四十年代中国社会官员腐败和自我膨胀情况非常严重，并对国民党统治造成了极大的损害，而这与当时中国社会传统伦理沦丧不无关系。

清代教育改革的另一个社会效应在于，受过教育的精英基本都来自于城市的富裕家庭，而且他们与农村及贫困阶层的距离也越来越大。在旧的体系下，教育资源并不十分昂贵。私塾这种老式私立学校通常都建在村子里，学生们都能在不离家的情况下参加学习。大多数农村子弟家庭都能买得起一整套儒家经典和笔墨纸砚，而且很多亲戚、族人或同乡都经常资助那些聪明但贫困的男孩上学。很多年轻人不去上学的一个重要原因并非是没有钱，而是没时间，因为贫穷的家庭需要孩子帮助干农活。

在新的教育体系下，钱的多少成为决定一个男孩能否去上学并是否能因此获得显赫地位的重要原因。因为国家更重视高等教育，而在中小学教育方面投入很少，所以当时村一级行政单位几乎都没有建立新学校，而发展得最好的中小学几乎都集中在城市里，这样的学校自然更欢迎城市里的年轻人。此外，也只有殷实的农村家庭和能够支付得起寄宿费的孩子才能到这样的学校上学——当然，寄宿费远远高于这个孩子在农村的家里生活所需的费用。

此外，新学校在学费和其他花费上比起老式私塾也高出很多。比如，学生再也无法只靠几本基础性的儒家经典学习了，新学校要求学生购买一系列按等级排列的教材、参考书，而且还要求学生能运用图书馆和实验设备等。据统计，接受新式小学教育所需费用是接受旧式小学教育费用的两倍，而中等教育和高等教育则比从前同等情况贵四到五倍。因为新式教育名声好且价钱高，所以富裕的精英也不愿意再给乡学或家族办学提供资助，穷人因此失去了求学机会，新式教育变成了富人才能享用的奢侈品。

新式教育体系的建立导致的最严重后果是人们由此开始过分看重海外留学的意义。实际上，中国在19世纪七八十年代派往国外学习的第一批年轻人都是穷人家的孩子，因为富裕家庭能负担得起让孩子参加科举考试所需的教育成本，所以一般不愿意送孩子到国外学习外语、工程及另一些"未开化人"的学问。因此，被政府或一些从事慈善工作的西方人送往国外学习的通常都是穷孩子。1901年清廷在实施"新政"后开始大力推进向日本派遣留学生的工作时，穷学生其实很占优势，因为朝廷为留学生提供了奖学金。比如，1906年在日本的中国留学生数量达到了1.5万多人，其中8000多人都是政府资助的。

清政府在1912年被推翻后对留学生的资助骤减。虽然此后一段时间里中国赴海外求学的留学生数量仍在稳步增长——比如赴欧洲留学的人数从1914年的565人增长到了1923年的3180人，同时期赴美国留学的人数从847人增长到了2600人，但这些人中依靠奖学金留学的人数比例却大大下降了。1905年，赴美留学的人中有61%得到了政府提供的奖学金，1910年这个比例下降为32%，而1925年到1935年期间这个比例是19%，到了1942年已经下降到了3%。这意味着这一时期绝大多数赴海外留学的年轻人依靠的都是个人财力，而在海外留学，特别是在欧美留学所需的费用，以中国人的标准来看是"过高了"，所以这一时期绝大多数留学生都来自于富裕家庭。1947年，赴海外留学的人中有30%都来自商人家庭，27%来自特定专业领域从业者(律师、记者和工程师)家庭，而17%的来自官员家庭。另外，这些人中的绝大部分都是来自非常西化、城市化的富裕地区。1903年到1945年，中国赴美留学生中有2/3都来自以上海或广州为中心的江苏、浙江和广东三个省份。

不过在当时，无论是何种条件促成了一个年轻人获得到外国大学读书的机会，他最终都会回到中国成为新知识分子群体的上层成员。一般情况是，有海外留学背景的年轻人回国后会成为大学教授或中央政府某些部门的负责人，本土培养的学生基本都在中学和较低级别的政府部门工作。本土培养的学生的失业率相对高些，比如在1935年，7000名大学毕业生中只有2000名找到了工作，而这在任何社会里都绝对算是爆炸性消息。表9.1是中国最著名的出版社商务印书馆按照员工海外留学资质给出的薪酬等级，虽然商务印书馆在1927年后已采取了更为灵活的薪酬体系，但其仍以非科学却有趣的方式解释了中国新知识分子群体内部不同阶层之间的区别。

表9.1 商务印书馆供员工薪级表 (1912—1927)

教育背景	月薪 (元)	配套
中国大学 （有工作经验）	80	3'×1½'书桌
日本大学	100—120	3'×2'书桌
日本帝国大学	150	4'×2½'书桌；书架 水晶墨水台；藤椅
西方大学	200	
哈佛、耶鲁、牛津 和剑桥	250	定制书桌；书架； 水晶墨水台；藤椅

来源：汪一驹：《中国知识分子与西方（1872—1949）》（教堂山：北卡罗来纳大学出版社，1966），第90页。

在民国时期，受欢迎的赴日，特别是赴西方国家留学的学生都有着深厚的社会和政治背景，他们基本都会成为中国精英阶层的领导者。1939年的《名人录》中收录的名人中有71%都有海外留学经历。1927年后，在国民政府工作的绝大部分中高级官员都有在欧美留学的经历。这些人大多来自城市和富裕家庭，而且基本对存在于乡村和农民中间的"真实的中国"采取了无视或漠视的态度。他们从海外归来后，基本都定居于大城市，很少进入中国内陆地区。相比较而言，19世纪后半叶中国仍有41%的进士生活在乡村，而清华大学1925年公派赴美国留学的学生中没有一个人在回国后选择回到县以下的地方。[7]可见，中国的政治和社会精英阶层与普通民众之间自此开始形成了巨大的社会差距和智力鸿沟。

不过，从国共两党领导人的社会和教育背景来看，上述提及的差距及鸿沟其实因人而异。两党领导人最初均是中上阶层的年轻人，都受过良好的教育。此外，与俄国革命者和德国纳粹的领导人相比，中国的革命领导者也基本都是非常典型的接受过大学教育并有海外留学背景的人。

上述相似之处其实也蕴含着不同之处。尽管国共两党领导人都来自富裕家庭，但典型的共产党领导人都是生活于中国乡村腹地的地主或富裕农民的孩子，而典型的国民党领导人一般都来自广东、江苏或浙江等沿海省份的商人家庭，或来自城市中从事特定专业人士的家庭，后者显然更容易受到西方影响。此外，从教育背景来看，大多数国民党领导受到的是美国和日本教育，比起大多拥有留学苏联和法国经历的共产党人来说，前者相对保守。当然，两个政党最终的命运绝不是取决于社会和地理差异，但这两个差异却表明，在中国现代化早期，经济和教育的变迁的确影响了此后中国的社会结构和领导阶层的形成。

新的军人阶层

大多数关于传统中国社会的研究都表明，军人阶层一直是受歧视的社会底层。按照儒家对社会各阶层"士农工商"的排序，军人甚至都没有被提及的资格。中国社会最流行的一句俗话是，"好铁不打钉，好男不当兵"。

其实在传统中国社会，从地位上讲，军人与商人同样置身于矛盾状态中。中国历朝历代创建者最初大多是以军队领袖身份当上皇帝的，而且中国历史上最受尊敬和欢迎的角色，比如曹操、关羽（后被封为关帝）和岳飞等都是将军或军事战略家。此外，中国明代最伟大的文学作品《水浒传》和《三国演义》再到武侠小说也都广为流传了几个世纪。即便是在戏剧中，演员也都喜欢扮演军人，观众也喜欢这样的角色。

在实际生活中，对生活水平处于底层的人们而言，当兵非常有吸引力。一方面，干农活极其辛苦和枯燥，另一方面，对很多有野心的人来说，当兵则意味着能过上更好的和更刺激的生活。正如阴与阳的关系一样，军用和民用两者在中国社会中也是互补关系。在官方意识形态或正统的民众观念中，从事和平职业总是比当兵更令人尊敬。

中国社会对军人地位的评价开始发生变化似乎始于太平天国起义期间。在镇压这场声势浩大的民众起义过程中，朝廷正规军几乎没发挥什么作用，很多官员和士绅出于维护自身和家庭安全的考虑开始担当起反太平天国起义民间武装的指挥官。这些指挥官中的很多人——包括曾国藩和李鸿章等军队创建者，也包括他们的下属军官岑毓英和张树声及刘炳章等人——都因军功卓著而在整个社会中声誉鹊起。毋庸置疑，这些拥有军事天赋的士大夫出任军队指挥官成功给自己去除了"只拿佣金"的污名。然而，他们中绝大多数人在这场起义被镇压后还是选择了到朝廷中当官，这表明即便是在19世纪下半叶，士大夫仍比军队精英享有更高的地位。

大约在1895年之后，特别是在清朝统治的最后十年里，军人的声望得到了快速提升。在这一时期，很多中国人的关注点也发生了变化。他们无法继续在儒家学说的平均地权论中寻求到满足感，特别是在经历中日甲午战争战败和义和团运动带来的灾难和耻辱后，他们更加忧虑中国今后是否能还以一个国家的身份继续存在下去并由此产生了民族国家意识，而拥有军事防御力对民族国家而言具有重要意义——至此，"保家卫国"才成为一种令人油然起敬的职业。

此后，能当军官的人的类型也发生了变化。为了用新的军队取代早已名誉扫地且腐败了的军队，清朝在1895年批准建立西式军队——由袁世凯在北方建立北洋新军，由张之洞在华东地区建立自强军。在义和团运动被镇压后，朝廷要求新军采用西式训练方式并配备西方装备，新军在此后发展成了36个师。新军的军官在才能上比起旧军队的军官要强很多。这些新式军官不再是只能举起重石和只能记住全文不超过百字的《孙子兵法》的人，而是受过高等教育的人。新式军队中的很多普通军人也都是有读写能力的。到了1906年，中国已经拥有了36个省级陆军军官学校，6000余位军校学生。到了1911年，中国陆军军官学校数量已接近70个。除了军事教学，这些陆军军官学校也教授科学、外语和文化课程。

由于中国新式军队的军官受教育程度很高，再加上国家有军队存在就意味着有能力抵抗帝国主义侵略，所以军官的社会地位得到了提高。现在，士绅的儿子把当兵作为第一职业选择已是很平常的事，就连在1905年前考取生员或举人的士人（比如后来成为民国大总统的冯国璋和后来成为著名革命领袖的蔡锷）都选择去当兵了。因为军队是采用西方技术的前沿所在，而整个社会对现代和西方事物的感受也越来越敏感，军官由此成为备受社会青睐的阶层。

在1911年革命期间，政治权力落入了军队领袖的手里。大部分新式军队，特别是那些南方的新式军队都有强烈的反对满族统治者的情绪，他们因此很快就站到了革命一边。政治大动荡时期，军队无疑是各省组织性最强大的一支力量，因此，在清政权在地方层面彻底崩塌之时，这些军队正好处于接管地方权力的最佳位置。当时的绝大多数文官精英都支持军队精英接管权力，因为他们意识到这些大多来自士绅和地主家庭的军队指挥官不会容忍激进的民众起义对已有社会和经济秩序发起挑战。在革命爆发后不久，中国当时14个省份中有11个省宣布脱离清政府统治并建立军政权。

袁世凯在出任新诞生的共和国大总统之后，恢复了类似文职政府的管理体系。在1913年到1914年期间，为削弱省一级的权力，加强中央集权，袁世凯剥夺了各省军阀的行政管理权力，并在各省建立了文职政府。然而，袁世凯推行的一系列举措并没有使军政权回退到1911年以前的水平。1916年初，袁世凯宣布复辟帝制期间，军阀们重新获得了对各省的统治权，自此，中国开始了长达十二年的地方割据势力争夺政治和经济权力的北洋军阀统治时期。

不幸的是，军阀主义招致了更进一步的军阀主义。在北洋军阀统治时期，没有任何一个政党能够在不掌握军队的情况下掌握国家政权。当1927年的国民革命在名义上统一了中国以后，军人出身的蒋介石成为新政府的领导者。在他的领导下，最初的民族主义运动被转化为军人独裁统治，管理机构、政党、政府都失去了活力，军队成了政权的基础支撑。军事任务，包括镇压共产主义革命和地方武装力量，以及抗日都成了政府的首要任务。在这种政权中，军事委员会是核心权力部门。

在那个阶段，军官在中国社会中获得了空前高的地位，这是当时世界上绝无仅有的情况。一位研究者曾这样说，"在当时西方社会若干相对稳定的政权中，从社会地位上讲，德国军官远远高于英国和美国军官，但即便如此，德国军官对于政党的影响也不及中国军官对中国政党影响力的三分之一"。结果是，"在中国，革命引起的社会动荡使暴力专家(比如军事野心家)能发挥更大作用，相比之下，符号专家(律师、记者和教师)能发挥作用的空间就缩减了"。[8]

军人在政府及社会中的地位不断提升对各行各业的中国人都有影响。蒋介石等人作为军事领袖自然倾向于用军事方法来解决政治问题。因此，在国民党统治时期，经济、社会和政治改革都没有引起社会的广泛关注。此外，国家为战争的耗资都来自对农民、商人、工业家和银行家的压榨。整个社会都深切地感受到军政带来的危害。年轻人如果生活在相对安稳的年代，就可能会选择从事科学、教育、工业和另一些具有建设性的职业，但在战乱年代，他们都选择了暴力职业，"这最终使得中国(包括政府和社会)丧失了稳步向前发展的机会"。[9]

虽然在国民党统治时期，军政对中国造成了非常严重的损害，但军官的社会地位在这一时期还是达到了顶峰状态——当然，整个社会仍对普通士兵持歧视和畏惧的态度。自20世纪初开始，很多来自"名门望族"的年轻人都选择了参军，到了抗日战争初期，民族主义情绪高涨的公众更是把军人当成英雄来看待。"人们赋予了军人以无上的尊重和钟爱，来自上层社会的年轻女孩或读女子大学的女学生与海陆空军官交往是非常普遍的现象，因为她们看重军官这种身份的社会效应。"[10] 当然，军人也并没有受到其他所有社会阶层的奉承，比如知识分子对军人就一直持鄙视态度，无论后者获得怎样高的级别。国民党军队在抗日战争后期的严重腐败及其在对共产党发动内战时期表现出的无能使这支军队名声扫地，然而，它在整个20世纪三四十年代却拥有非常强大的政治权力和影响力。军队掌握权力，新商人阶层和新知识分子阶层因为富有而兴起，所有这些社会现象一并揭示了中国社会结构在现代化早期究竟是发生了怎样深刻的变化。

The Urban Proletariat
城市无产阶级

现代化早期社会结构的重大变迁在富裕的且受过良好教育的上层社会中体现得最为明显。大部分平民，比如农民，与一二百年前相比其实没有什么差别。然而，在近代化过程中的确产生了一个新的社会阶层，那就是无产阶级。

工业劳动者，即在作坊或工厂里利用动力机械劳动的人的出现，其实只不过是以往的传统手工艺者向前迈了一小步。现代化早期的工厂，特别是中国人自己开办的工厂在技术成熟度上相对较低，工厂里的工人也大多在农村生活。不过，这些工人与传统工匠也的确有所不同，首先，他们与雇主之间的关系不再是个人化的了。其次，雇主对他们在生产上的要求也更加严格，此外，他们开始前所未有地日益聚集在城市当中。更为重要的是，工人群体在20世纪20年代成了"政治煽动者"所特别关注的对象，所以他们虽然数量不多，却在中国政治革命中占据着前所未有的重要地位。

中国的第一批工人诞生于鸦片战争后由外国商人在广州和香港创办的修船厂和另一些企业当中。后来，在19世纪

60年代，曾国藩和左宗棠等朝廷官员从这些技术娴熟的广州工人中招募了一批人去他们在北方和华东地区创办的造船厂和船政局工作。据大体估算，中国的工业劳动力到了20世纪20年代已增长到一百万人左右，并主要集中在上海、广州—香港、武汉、青岛—济南、北京—天津、东北的南满等六个地区。[11]

这些工人在生活和工作状况上与查尔斯·迪尔肯斯（Charles Dickens）所描述的英国工业革命早期英国工人的情况基本一致。脸色苍白、营养不良的女工在工厂里用织布机织布，她的孩子就在一旁的地板上爬。10岁到12岁的男孩每天在机器齿轮旁工作12个小时，如果他们的注意力稍有分散，就很容易把自己的手搅碎，而如果在机械传送带旁边工作，他们的胳膊一不小心就会被机器卷掉。工作结束之后，他们回到宿舍却只能吃稀粥和很少的蔬菜，睡在肮脏的、跟另一些倒班童工共有的床铺上。中国过去的工匠和学徒也是在湿冷的作坊里长时间工作，但现代工厂的经理对工人们更缺乏家长式的关怀，更加严厉和无情。

20世纪20年代的大部分工厂，无论是中国人开办的还是外国人开办的，都实行12小时轮班制。一项对1923年天津的23家工厂的调查显示，其中一家工厂每天工作时间为15个小时，另两家工厂每天工作时间是14个小时，所有工厂每天平均工作时间为11个小时55分钟。这是非常普遍的现象，而只有那些掌握高端技术的工人，比如受过培训的机械师和印刷工每天才可以工作较短的时间，只有他们才可能每十个小时或每九个小时进行轮班。然而，绝大多数中国工人都不掌握什么技术，而且大部分工厂所采用的生产技术也都是基础性的，所以也只能要求大多数工人都从事简单的重复性劳动，而稍微需要一点复杂技术的工作都由机器来完成。中国的棉纺织业和丝绸业等主要工业领域的情况尤为如此，从事这些行业的工人大多数是女人和儿童，因为她（他）们的收入只是家庭收入的辅助部分，所以她（他）们也默许工厂按最低工资给自己发放薪酬。

根据1924年上海制定的一项修正案，工厂不得雇佣10岁以下的儿童，10岁到14岁之间的儿童每天工作时间不能超过12个小时，而且这些童工每周必须有24个小时的休息时间。不过，这项修正案从未真正得以推行过。工人工作时间本来就过长，再加上操作机器不安全、通风不畅、营养不良等，情况就更糟了。相关统计表明，上海棉纺织厂的880名工人当中，有6%的成年男性，14%的成年女性，22%的男女童工患有肺结核。不过这种情况下，工人却不享有任何医疗待遇。

工厂一般通过三到四种方式招募工人。绝大多数无技能的工人都被招为学徒或合同工，而这两种方式通常会使工人们沦为准奴隶。学徒制产生于传统手工作坊生产，在这种制度下，男孩子们通常与作坊签三到四年的劳动合同。在这三四年里，学徒们除了食宿免费之外获得的报酬极少，或者就没有报酬。不过好在他们在学徒期满后能以技术工人身份受雇，这主要得益于行业协会对本行业劳动者人数做了很严格的限定。可是在新工厂里，这种制度却崩溃了。学徒制不再是传授技艺的方式，而仅仅变成了雇佣童工和降低报酬的方式。此外，由于新工厂不限数量地雇佣学徒工，所以这些学徒工中很少有人在出徒之后能发展成为技术工人。

合同工制度是1928年以后才产生的一种制度。包工头通常都是去往内地的村镇寻找潜在劳动力——目标主要是14岁到18岁的女孩，包工头会向这些女孩许诺让她们在城市里过上更好的生活，比如能吃上各种好东西，能学习技术，而且还有机会看到"十里洋场的奇异美景"等。[12]当然，包工头也会给女孩父母一些钱——差不多三十多块钱——作为带走他们的女儿到工厂里做工三年的报偿。

实际上，通过"签合同"而"被卖掉"的女孩根本没有机会去看城市美景。回到上海后，包工头会把跟他签了合同的女孩送到很多家工厂去做工，但这些女孩仍旧是他的"财产"：他会到女孩们做工的工厂去领取本应属于女孩们的工资，并把大部分工资留作己用,并强迫女孩们住在他提供的宿舍里,甚至不让她们自由行动,为的是防止她们逃脱管制。因为居住条件差,工作劳累,吃不饱,还经常挨打,这些女工经常受伤或生病。因生病或任何其他事情耽误做工时间,都会通过延长合同补回来,所以很多女工虽然最初只签了三年合同,到头来却为包工头工作了四到五年。这些女工还经常遭到包工头及其亲信的性侵犯,有些包工头甚至把这些女孩卖给妓院去当妓女而不是让她们到工厂做工。

关于中国工业无产阶级的研究通常都会强调工人生活和劳动条件的艰苦,其实,经由自由劳动力市场受雇的工人在生活条件方面还是比较凑合的。当然,自由劳动力与合同工一样都在条件极差的工厂里工作,他们也会挨老板的打骂,工资也非常低——但是,技术工人能赚到的工资远比他们在家务农所获收入要高得多。自由劳动力不需要通过包工头领工资,也就不必跟包工头分成,他们直接从老板那里领取工资,所以拥有一定程度的经济独立性。这一时期,很多女工都发现在工厂做工是一种较优的选择,她们因而拒绝再听从父母之命,不会像从前那样在父母认为对的时间里嫁给父母认为对的人,这样一来,这些女工通常都能比仍旧生活在乡村里的表姐妹们晚些嫁人。此外,这些女工结婚之后也倾向于当"新式家庭主妇"——这是1935年中国社会学家对这种角色的称谓——而不愿再当丈夫和婆婆的附庸,不想生太多孩子。[13]当然,男工在精神上也更加独立了。所以在这一时期，传统家庭对成员的掌控程度在总体上呈弱化趋势。应该说，现代化早期中国社会底层民众中发生的变化，在工人群体那里体现得最为明显。

当然，这一时期大多数工人仍是扎根农村的，很多人都是为逃离饥饿和干农活的辛苦才选择离开农村，但他们仍把自己的家和心留在了农村。年轻女工在合同到期之后基本上都会回到农村嫁人，而住在工厂宿舍的已婚男工在一年中至少会在过年时回农村看望妻儿，还有一部分人会在春天回农村播种，秋天回农村收割。对当时的工人来说，农村是最好的"失业保险"，一旦面临失业威胁或遇到罢工，他们随时都能回到农村跟家人一起生活和劳作。

新形成的工人群体并不太容易形成工会组织，因为这一时期农民意识仍扎根在他们心里，他们因此很难形成关于工人阶层的独立意识。此外，占工人群体绝大多数的女工和童工都是工厂里的流动人员，而且当时大部分生产活动都是数量众多的小型工厂来开展的。工人们因此也很难产生命运共同体的感觉，也不太关注共同面临的问题，更何况工厂外大量失业人群随时都在准备着取代工厂内的"刺头儿"工人。不过，虽然面临着上述种种不利因素，但中国的工人阶层还是在20世纪20年代很短的几年里成长为一股潜在的政治力量。

中国工人第一次罢工发生于1868年，在1895年到1919年期间，中国又发生了152场罢工活动。上述罢工活动，大都是工人们自发组织的反饥饿和反贫穷运动，因为现代化早期的无产阶级尚未形成自己的组织,自然也就无法制定出一整套可以代表自身利益的发展战略。相反,这一时期的所谓工人组织,即传统的行会组织和新产生的"工业发展协会"等,都是由雇主所领导的组织,而这种性质的组织至少在表面上看是同时代表雇主和雇工两个群体的利益的。

直到1919年五四运动爆发,中国工人的政治潜力才得以充分地体现。城市里的工人参与了由年轻的知识分子和商人组织的对《凡尔赛和约》、日本帝国主义和北京的亲日政权的抗议活动,还参与了全国性的抵制日货运动,并组织了大罢工运动声援被北京政府逮捕的学生。这是中国工人第一次超越对本行业问题和经济利益问题的狭隘关注,发挥出如此强大的政治能量。当然,这一时期工人运动在组织和政治上的不成熟仍体现得很明显,比如他们虽然在五四运动中表现出真正的愤怒情绪,但仍只是这场运动的追随者,而这场运动的领导者和组织者主要是知识分子和商人。

五四运动爆发后不久,即1920年到1921年期间,中国第一个真正意义上完全代表劳动者利益的工人组织诞生了。与此同时,代表无政府主义者、工团主义者或马克思主义者等多元政治力量的激进青年知识分子也纷纷将目光转向无产阶级,他们意识到无产阶级才是历史发展的驱动力。工人群体不断提升的阶级意识和外来力量围绕工人群体所做的组织工作,共同推动工人群体形成了一股真正的政治力量。在1927年国民革命中,这股政治力量发挥了至关重要的主导作用。

新的工人运动首先呈现为1922年到1923年期间的一系列工人罢工运动。这一系列罢工运动以1922年初爆发的香港海员大罢工为开端，当时，近三千名海员加上码头工人、苦力、运输工人和电工及家庭佣工等一道参与了罢工活动。到了1922年3月，罢工人数增长到了十二万，所有发往英国殖民地的船运事务因此遭到停滞，直到两个月后，这场罢工才以海员获得实质胜利而宣告结束。

这场罢工为全国性的工人运动输入了强大动力。1922年4月，中国第一次全国劳动大会在广州召开。在这次大会上，中国劳动组合书记部（中国共产党在1921年初组织成立领导工人运动的机构）被指定为协调全国工人运动的机构，这表明，当时的工人群体已逐渐生发出在全国开展活动的组织能力。作为当时在广州成立的中华民国政府领导者的孙中山有感于香港工人的政治潜力，提出建立"联俄联共"的统一战线的政策。1924年，国民党第一次全国代表大会上，国共两党之间实现了第一次历史性的合作。

然而，第一波劳资争议在1923年2月7日这一天戏剧性地骤然停止了，在这一天，军阀吴佩孚带领军队屠杀了罢工的35位工人——其中一位是京汉铁路总工会江岸分会委员会林祥谦，他因拒绝号令罢工工人恢复劳动而被斩首示众。1923年，军阀对工人运动进行了集中镇压，也正是在这一年，很多新成立的工会组织被迫解散。

在中断两年之后，工人运动终于在1925年得以恢复。经济大萧条的爆发，宣告了中国工业黄金时代的终结，而这大大损害了工人的利益，也在资产阶级那里激起了抵制帝国主义的情感。因此，1925年1月再次爆发的罢工潮被接下来发生的两件事情——本年5月上海一家煤矿的日本工头杀害了一位罢工工人，接下来英国官员指挥警察射杀了13位抗议工人和学生——推向了高潮，整个中国都因此产生了一种排外情绪。五卅运动，被认为是对五四运动更高层次和更大规模的重复，通过这场运动，学生、商人和工人结成了全国性的统一战线。不过这一次，学生和商人扮演的是辅助角色，而自1919年以来得以不断成长的、阶级意识日益提升的、更加成熟的工人阶级已成长为工人运动的领导阶层。

五卅运动的发展势头一直持续到了1926年，它有效地打破了中国原有各政治力量之间的平衡。在工人运动带来的热潮中，工人和农民组织在中国南方地区遍地开花，为国民党巩固其在广东的革命基地发挥了重要作用。共产党党员数量在这一时期成几何级倍增。上述因素都为北伐战争铺平了道路，而北伐战争最终使国民党和蒋介石获得了对国家的统治权。

然而，工人运动所促生的权力却反过来反对或压制工人运动。1927年4月12日，蒋介石在上海资产阶级和外国势力及青帮的支持下，发动了对共产党及其工人联盟的恐怖活动，在三天之内仅失踪者就达五千多人。显然，工人运动的蓬勃发展让蒋介石及其同党感受到了威胁。

在蒋介石统治中国大陆期间，国民党一直在努力阻止城市无产阶级形成一股能够威胁其统治或威胁其社会秩序及理念的革命力量。国民党政府或解散工会组织，或直接任命工会领导者。被批评者称为"黄色工会"的组织是掌控和监督工人的组织，它不再代表工人阶级利益，而是主张资产阶级和工人阶级"合作"，自此工人运动也就不再是民族主义中国的重要政治力量了。

当然，这并不一定意味着工人受到了经济压迫。实际上，第二次世界大战结束后的1945年到1949年期间，在通货膨胀变得不可遏止，知识分子和大多数工薪阶层都陷入贫困时，国民政府却给予了工人以相对优厚的待遇。1946年上海工人的实际收入（一项当时政府报告数据）是其在1936年收入的三倍，而在这十年间，工人每天工作时间却从过去的11个小时减少为10个小时。为了维持这种优势，政府在通货膨胀期间还推出将工人收入与物价变动挂钩的举措。当时的企业家对政府要求他们给予工人过分宽松的待遇多有抱怨，他们还曾告诫政府这会导致企业生存困难。然而，随着1947年到1948年期间中国经济的全面崩溃，工人生活水平也下滑得非常严重，工人因此再次将不满化为行动。不过，国民政府在过去二十年间推行的工人政策充分表明，国民党其实非常惧怕这支在经济近代化过程中业已形成的重要力量。

The Political Consequences
新社会阶层的政治影响

新社会阶层的产生对20世纪上半叶中国政治和国家权力运作产生了深远的影响。在帝制时代，中国的政治体系非常稳定，生命力也很顽强，这与当时国家和社会的关系结构密切相关。一方面，地方以上的政治权力都集中于官僚体系，这是一种精英主义的、家长式的和独裁主义的权力体系。另一方面，平民则不享有村镇层面以上的政治权力，也绝无参与官僚体系的决策的权利，他们在社会中所扮演的标准角色就是服从、有序和纳税。因此，国家和社会之间形成了巨大的政治和社会鸿沟。

帝制时代，联接国家与社会的桥梁是士绅，士绅是国家与民众之间的中介人。然而，士绅在根本上是忠于国家的，因为他们被灌输的是官方正统观念，而且需要通过科举考试获得相应的社会地位。这些因素混在一起促生了一场奇异的政治化学反应，即中国社会虽然一直在经历王朝更迭和传统农业社会的变迁，但其政治体系在近千年当中却没有发生根本变化。

在现代化早期，中国的政治体系因遭受冲击而发生了错位。人们第一次感受到这种混乱是在19世纪中期，那时"富有"逐渐取代"有学问"成为人们获得精英身份的路径。同时，外国势力的介入加剧了这种混乱，并加速了新社会阶层的产生。1895年到1920年期间，老的士绅阶层和官僚体系就失去了在原来政治体系中的优势地位，而新诞生的社会阶层——商人、知识分子、军人却纷纷成长为社会和经济精英。不过，他们并不像老的士绅阶层那样对国家有很强的认同感，他们大多不是通过政府获得地位和职业的，而且他们也不再把自己的青年时代都用来学习官方认可的、暗含着国家认同的教条。当然，所有新的社会阶层在面对帝国主义欺凌和政府的无能与无效时，也都会受到民族主义情感的感染。20世纪早期，随着传统政体的瓦解，一些新兴的政治力量纷纷涌现，这些政治力量在经济利益和政治忠诚上各不相同，而且逐渐产生了在政治体系中扮演相应角色的要求。

新的社会阶层介入政治进程对中国社会产生了深远的影响。首先，这些新阶层的某些成员进入了政府并获得了相应领导地位——这些人来自城市的富裕家庭，对广大农村的状况和农民的生活知之甚少或漠不关心，他们因此无法像传统士绅阶层那样成为国家与社会之间的桥梁,所以这一时期隔断国家与社会之间的鸿沟甚至比帝制时代晚期更深更宽。

其次,现代化早期中国政府中拥有领导地位的人们——不论其背景如何,与其前辈们一样优秀和有权威,却没有很强的家长作风。清末执掌权力的满族王公及后来的袁世凯和蒋介石等人,虽然都被迫接受了民主政治的代议制和其他相关制度,但他们在自身早期社会化和政治经历中并没有做好接受民众参与政府决策的准备,所以在他们看来,民众参与政府决策就像是"儿子要管老子"一样不可接受。新的社会阶层因此没能真正地成为政府体系内的制度化角色,也从未建立起对政府的高度认同。与此同时,军队却逐渐成长为政府的主要支撑力量。

任何靠军队支撑的政府无疑都是一个弱政府。正如一位政治学者所说,这种政府在本质上缺乏合法性。当时的中国政府不允许新的社会阶层进入政治进程,是其政治不稳定和力量薄弱的表现,而这也是导致当时的中国社会陷入困境的重要原因之一。直到1949年共产主义革命取得胜利,这种状况才得到改善。

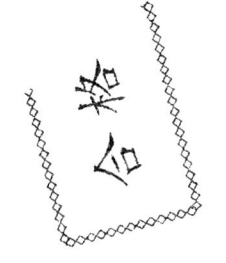

The Challenge to Familism
家庭主义的变化

在现代化早期，随着新的社会阶层不断产生，经济现代化进程不断得以拓展，旧的社会价值观也日益遭到批判。与此同时，个人主义精神和妇女解放运动也开始发起对传统的家庭主义的挑战。

1895年和1900年中国两次战败，1905年儒家意识形态与政权解绑，1912年清朝灭亡等历史事件开启了受教育阶层对传统社会观念的批判，很多在政治上已经觉醒的中国人逐渐失去了对传统道路的信心。到20世纪20年代，陈独秀和胡适等知识分子在思考外国人为何给中国人带来如此之多耻辱的过程中，越来越相信中国的耻辱和无能是源于中国仍在走旧社会惯用但在当时已不合时宜的老路。为使国家获得新生，中国应该效仿西方社会。由此，新文化运动诞生了。这一运动在1915年到1922年期间达到了高潮，它批判家庭主义不论能力而一味尊重长者的观念，男人凌驾于女人之上的观念，以及为家庭财富和声望牺牲个人的观念等。鲁迅曾在《狂人日记》中说，旧社会的礼制以儒学正统学说为名消耗和毁掉了所有中国人，封建礼制是"吃人"的。鲁迅认为中国的未来在青年身上，因为青年尚未受到传统礼制的侵蚀，而新文化运动也正是为中学和大学里的青年学生和青年知识分子所开创的。

新文化运动似乎未触及劳动者阶层，但其实城市中的劳动者阶层也逐渐告别了传统。传统社会的父权制家庭既是传统工匠经济的产物，也是这种经济得以延续的基础，但工业制造的发展却给旧的社会制度造成了压力，同时也使青年精英开始思考代际、性别和个人主义问题。

在中国小农经济中，技术更新非常缓慢，一个人能在家庭中获得领导资格主要是因为有经验。在这种情况下，家庭领导权自然而然地就落到了长者身上。相形之下，20世纪早期，在以西方技术和理念为基础的工业领域，再依赖过去的经验和方法就会阻碍工业向前发展。时代呼唤新理念和创新精神，需要与传统决裂，而这是年轻人的特质。这一时期，受新式教育的年轻人接触到父辈所不能理解的一整套新思想和新学问，同时，放弃传统就意味着把老一辈抛在身后，由此，一种新的"青年文化"正在社会某些领域逐渐形成。整个社会开始产生一种对新奇事物的迷恋情绪及由此产生的对司空见惯的旧事物的厌弃情绪。过去，药剂师最喜欢说他的药"很古老"，而现在他却爱用"很科学"和"来自国外"来吸引患者。约翰·杜威(John Dewey)说，只要你跟学生说你的观点是"新的，或与破除传统有关"，[14]那么学生就会被吸引过来。受这种观念影响的青年几乎毫不掩饰他们对老一辈的蔑视，而这在根本上造成了对中国传统社会家庭结构和价值观的挑战。

个人主义正是产生于青年群体当中的叛逆精神。当时接受了新式教育的青年大多都阅读了很多关于西方自由和独立自主精神的论著并喜欢就此进行探讨，他们由此逐渐产生了一种个人主义和独立自主的价值观，即"个人主义理想"（individualism by ideal）。而与此同时，城市劳动者阶层却正在培育一种"默许的个人主义"（individualism by default），因为青年男性和女性离开乡村来到城市，远离管教他们的父母，所以必须凡事都自己做主，经济独立。当然，年轻人如果还跟原来一样与父亲一起种地或与婆婆一起在厨房干活，也是很难培养出独立自主精神的。在传统社会，孩子的首要任务是实现整个家庭的目标，但新观念却强调孩子之于自身的重要性，他应该拥有超越家庭的、属于他自己的关切和相应权利。这种反对传统社会家庭主义的观点暗含着革命的意味：儿子不必牺牲自己意愿而屈从于老一辈的观点，也不必牺牲自己的幸福去服务于大家庭的利益或声誉；老一辈则开始担心自己的世界会坍塌，因为他不再拥有绝对权威，他的儿子也不会再像过去那样一直跟他住在一起并给他养老。

在新的个人主义精神和青年反叛精神的影响下，女性的地位也开始发生变化。在帝制时代晚期，大部分男性都认为女性最适合呆在家里或织布机旁。虽然上层社会的女性也接受适度的读写教育，她们中的一部分人甚至还成为诗人、书法家或艺术家，但传统观念仍认为"女子无才便是德"。19世纪中期，基督教传教士开始在中国推行女性教育，但收效甚微，在他们推行女性教育三十三年之后，也就是1877年，中国也只拥有38所女校和524位女学生。在19世纪末，一些开明的男性知识分子开始为女生授课，因为他们认为"无知的女人也会养育无知的儿子"。这些进步思想家出于对国家命运已掌控在帝国主义者手里的忧虑，认识到只有中国人自身觉悟起来，中国才能走向富强。他们因此呼吁男孩和女孩都去接受现代教育。

女性裹小脚在这一时期再次受到批判，因为无论是从民族主义出发还是从实际来看，因裹脚而跛足的女性都无法生育身体好的孩子。清廷在1902年也宣布支持反裹足运动，敦促上层社会尽快"摒弃错误做法，永远废除这种陋习"。[15] 在1911年革命之后，这种陋习基本上被革除了。不过在今天的中国社会，人们仍能看到一些裹足的老年女性，这表明裹足这种陋习在20世纪20年代以后仍在中国偏远地区沿袭着。

1915年新文化运动开始，新文化运动领导者将妇女解放作为反对旧社会的主要目标之一，此后，整个社会掀起了反对压迫女性的强大攻势。很多进步杂志刊登的关于女性问题的文章纷纷揭露包办婚姻、对再婚的偏见以及男尊女卑观念等对女性造成的伤害。有关于此最为激进的革命理念是宣称女性也是独立个体。

当时底层社会的女性对知识分子层面开展的女权运动基本毫不知情，但城市女性却越来越难以忍受压迫和束缚。工厂里的女工和年轻女孩开始要求在家庭里拥有经济权，并逐渐因此在家庭中有了话语权，她们的父母也不再像从前那样在她们年龄很小的时候就急着把她们嫁出去了。

当然，我们不应该太过夸张，所有这些变化——对青年重要性的强调，个人主义的发展，女性解放等——都只是部分地实现于中国的少数家庭里。受过良好教育且拥有自己专业的阶层容易受到新文化运动的影响，但他们只能代表中国社会很小一部分人。从中国庞大的人口基数来看，离开乡村成为工人的青年和女性的数量毕竟也只是少数。同时，并不是所有受现代教育的年轻人和城市工人在接触新社会思潮之后都会改变自己在家庭范围内的态度和言行。的确，上海和北京那些拥有专业知识的男女大多拒绝了包办婚姻而自由选择伴侣。一项关于20世纪30年代的调查显示，在北京拥有专业的人士当中的80%，上海同样人群中的70%都选择了新式婚姻，但是超过八成的北京中产阶级婚姻和超过八成的上海工人阶层婚姻都是传统婚姻。在农民阶层中，传统婚姻形式几乎未发生任何变化。比如，某项研究中接受调查的170位村民中，只有3位听过"现代婚姻"这个说法。

当时的政治环境和政府立法对女性地位及家庭关系的改变作用十分有限。1930年，国民政府为给当时的社会变迁提供合法依据而颁布了新的民事法典，新法典规定女性有择偶和拥有个人财产及合法继承父母财产等权利。不过，这些法律大多没有付诸实践。

解放区在20世纪三四十年代也颁布了若干反映社会变迁的法律和行政条令。根据新的法律和条令，女性被赋予了结婚和离婚的自由，参加群众组织和接受基本教育的权利等。不过，即便是在解放区，社会变迁也遭到了抵制，因为共产党的领导人也担心太过强调性别平等可能会使人们分散精力，降低对政治和经济革命的参与程度。实际上，如同女性到城市工厂中就业有助于其提升自身经济价值一样，女性共产党动员参加战时生产也有助于提升女性在解放区的社会地位。

Notes
注释

1 Hilary J. Beattie, *Land and Lineage in China: A Study of T'ung-ch'eng County, Anhwei, in the Ming and Ch'ing Dynasties* (Cambridge: Cambridge University Press, 1979), p.131.

2 Shirley S. Garrett, "The Chambers of Commerce and the YMCA," in *The Chinese City Between Two Worlds*, ed. Mark Elvin and G. William Skinner (Stanford, Calif.: Stanford University Press, 1974), p. 217.

3 Joseph Fewsmith, *Party, State, and Local Elites in Republican China: Merchant Organizations and Politics in Shanghai, 1890-1930* (Honolulu: University of Hawaii Press, 1985), p. 64.

4 Marie-Claire Bergère, "The Chinese Bourgeoisie, 1911-37," in *Cambridge History of China*, vol. 12, ed. John K. Fairbank (Cambridge: Cambridge University Press, 1983), p. 813.

5 转引自 Sally Borthwick, *Education and Social Change in China: The Beginnings of the Modern Era* (Stanford, Calif.: Hoover Institution Press 1983), pp. 39-40。

6 Borthwick, *Education and Social Change*, p. 80.

7 清华大学的前身清华学堂是1911年建立的赴美留学预备校。

8 Robert C. North, with the collaboration of Ithiel de Sola Pool, *Kuomintang and Chinese Communist Elites* (Stanford, Calif.: Stanford University Press, 1952), p. 55.

9 Ibid.

10 Martin M. C. Yang, *Chinese Social Structure: A Historical Study* (Taipei: National Book Company, 1969), p. 267.

11 对当时工业劳动力规模所做的各种估计彼此差距很大,特别是不同评估者所持的工业劳动力概念各不相同时,这种差距尤为突出。本书对当时工业劳动力规模的说法采用了尼姆·威尔斯的说法,参见 Nym Wales, *The Chinese* Labor Movement (New York: Day, 1945), pp. 9-10, 152-55。费维恺估计,1933年中国工业劳动力数量为100万("Economic Trends, 1912-49" in *Cambridge History of China*, vol. 12. [Cambridge: Cambridge University Press, 1983], p. 61),但谢诺(Jean Chesneaux)估计,1919年中国工业劳动力数量为150万(*Chinese Labor Movement, 1919-1927* [Stanford, Calif.: Stanford University Press, 1968], p. 43);而琳达·诺林·谢弗(Lynda Norene Shaffer)认为当时工业劳动力约为400万的说法要比谢诺给出的150万更有说服力("The Chinese Working Class: Comments on Two Articles,"*Modern China* 9, no. 4 [October 1984]: 461)。

12 转引自 Emily Honig, "The Contract Labor System and Women Workers: Pre-Liberation Cotton Mills of Shanghai," *Modern China* 9, no. 4 (October 1984): 426。

13 转引自 Chesneaux, *Chinese Labor Movement*, p. 111。

14 转引自 Tse-tsung Chow, *The May Fourth Movement: Intellectual Revolution in Modern China* (Cambridge, Mass.: Harvard University Press, 1960), p. 183。

15 Elisabeth Croll, *Feminism and Socialism in China* (New York: Schocken Books, 1980), p. 49.

第10章

THE YIN SIDE OF SOCIETY: Secret Societies, Bandits, and Feuds

社会当中的"阴"：秘密社团、土匪及纠纷

到此，本书已对中国传统社会生活中合法与正统的一面——我们可称之为社会当中的"阳"——进行了探讨，但中国传统社会中也有"阴"的一面，即非法或者非正统的神秘世界。[1]这个神秘世界是难以进入的，不为大多数人所知且声名狼藉，而且由于它不符合儒家精英关于理想社会的想象，所以相关的官方记载很少。然而，对于饱受贫穷、遭受不公正待遇及处于不安全状态的劳苦大众来说，这个神秘世界比那个由贵族和精英所主导的世界更有吸引力，因为他们能通过参加秘密社团组织、当土匪或参加大规模血腥械斗，获得在"阳"世界中无法获得的财富、安慰或报偿。

Secret Societies
秘密社团组织

"秘密社团组织"（secret society）在中国语境曾一度是新词汇。19世纪中期，西方人在中国社会中发现了与"共济会"（the Freemasons）和"烧炭党"（the Carbonari）相似的社会组织，并由此将这种社会组织命名为"秘密社团组织"。后来，这个词汇被翻译为"秘密社会"，并逐渐成为中国的固有词汇。不过，一些中国学者在了解到西方社会为何称某些组织为秘密社团组织之后，却开始避免使用这个词汇，他们更愿意使用"教门"（文中使用的"教门"是指流行于社会中下层，未经政府认可的民间教门——译者注）和"会堂"来指代中国传统社会中两种完全不同的所谓秘密社团组织。实际上，教门和会堂两者的不同之处恰恰就是了解中国所谓"秘密社团组织"的关键所在，而更重要的是，中国传统社会还有一种可称为"防护性组织"的社会组织，其同时拥有"教门"和"会堂"两者的共有特征。

教门

1813年秋天，八卦教会的十万名信众在中国北方攻占了多座城市，甚至冲进了北京的紫禁城。然而，在三个月之内，朝廷的军队就镇压了这场起义，近七万名起义者死于这场试图建立新的政治和道德秩序的徒劳尝试当中。

八卦教起义只是18世纪晚期和19世纪这个历史时期中由信奉千年末世思想的教派发动的反清起义活动之一，而教门恰是这些起义活动的产物。不过，教门其实首要是宗教组织，在很长一段历史时期里从未参与过起义活动。比如诞生于16世纪并一直延续存在至20世纪40年代的黄天道就从未参与过起义活动，存在了两百多年的闻香教(the Wang Sect of Stone-Buddha Village)也仅在明朝衰落时期参加过一次起义活动。可见，教门主要是宗教性的，而非政治性的存在，只是它的宗教性有时会把它带入起义活动。

教门的宗教信仰，如同民间信仰一样都是非常具有包容性的。帝制时代晚期的大多数教门都隶属于白莲教。白莲教是12世纪时从天台和净土宗中衍生出来的教派，这些最初是佛教性质的教派在漫长历史年代里逐渐与道教、民间信仰，甚至摩尼教的教义与仪式相融合，到了16世纪，大多数教门所信奉的至上神都不再是佛教的菩萨，而是中国早期宗教信奉的母系神灵——无生老母。

根据白莲教的宇宙观：无生老母是人类始祖；人们深陷红尘而迷失本性并受尽苦难，无生老母为此感到非常悲伤，想尽办法把她最初的孩子救渡出苦海，让他们返回"真空家乡"，也就是天堂，在那里，人们不再经受生死轮回之苦，没有苦难和不安定，只有欢乐、平安和祥和。

为救渡孩子回到天堂，无生老母派遣佛去往尘世教授世人如何实现真正救赎。不过，这些佛只在三劫（劫，若干万年的一个周期）末期才会来到人世，而这时水灾、火灾、风灾会彻底毁灭所有不真正信仰无生老母的人，而未来佛则通过弥勒佛化身降临人世去引导信仰无生老母的人去重新创造一个新的道德秩序。

大多数教门信奉的千禧年救恩论最终都成了引发起义的火花，这是因为教门基本都宣称当世劫快要到来时，信徒必须通过摧毁当时的政权而为建立新秩序做准备。

其实，在很长一段历史时期里，教门都平和地存在着，即便是在基层社会也是如此。虽然政府对教门采取禁止态度，但实际上除非受到政府镇压威胁，教门通常不从事秘密活动（这是教门被称为"秘密"社团组织的反证），甚至还为信众建立庙宇和驿馆。社会当中参加教门的也只是一小部分人，大多数中国人可能完全没有意识到教门的存在。相对而言，教门在中国北方较为多见，"人们很容易在北方找到并加入这种组织"。[2]

教门之间的关系非常松散，虽然它们绝大多数属于同一宗教体系，但彼此之间的联系非常薄弱。各教门的成员数量都很少，且每个成员在从事宗教活动方面都彼此独立。教门的首领在阐释教义时也比较随意，各教门之上也没有一个位于最高阶的白莲教去负责解释教义，而且一些教门的教主只学习他们自己拥有的那些教义。因此，各教门的教义非常多样化，而且这些教义彼此之间倘若有联系，也通常表现为派别之争。各教门之间关系分散和彼此矛盾严重削弱了白莲教运动，即便几个教派之间有所合作，一般也不充分且时间很短，因此不能对政府造成实质性的威胁。不过，这种薄弱却恰恰是教门能长久存在的原因，因为政府每次只能根除几个教门，而未能对白莲教整体结构造成影响。

民间教门的领袖一般都来自落魄的知识分子群体，他们受过教育，但没能在自己想从事的职业中得到认可或荣誉。他们可能是和尚、祭司，或科举考试落榜生，也有可能仅仅是算命先生或生意失败的商人。大部分普通信徒都是农民或在任意时间里加入教派的、来自各行各业的人，但唯独不可能来自在清朝社会地位最高的精英阶层。众所周知，就连地主和宫廷里的太监都有加入教门组织的。

普通信徒虽然不全是文盲，但其中绝大多数人都不识字，而教门对普通信徒也不设置这样能读会写的门槛。19世纪早期要加入白莲教只需会念八字咒语"真空家乡，无生老母"即可，因为白莲教宣扬，信徒不断重复这个咒语或这个咒语的某些变异版本就能得到神奇的好处，比如健康、富有等，而且还能免灾。不同教派念咒时的仪式各不相同，甚至心理成熟度不同的人在念咒时举行的仪式也不同。一些人只是默念八字咒语，但念多少次并不一定。另一些人在每天早上闭眼盘腿打坐时，唱诵27遍咒语，然后再拜祭东升的太阳，在中午再次打坐、拜祭太阳，唱诵54遍咒语，到了晚上唱诵81遍咒语，拜祭西下的夕阳。

教门具有神奇的治病作用，这对很多想要加入教门的人来说是最有吸引力的。在近代科学产生之前，如帝制时代晚期的中国，人们不太清楚生病的原因，也不掌握现代科学的治疗方法，因此生病是最可怕的事情。很多民间教门的教主说自己能治疗或帮助人们预防疾病，而这是招募信徒最有效的方法。这些人会用瑜伽冥想或按摩治病，他们让信徒闭上眼睛、盘腿打坐，然后给信徒全身，特别是脑袋运气。他们用低级别的瑜伽技术——冥想帮人们战胜疾病、熬过灾难，甚至增强免疫力从而获得长寿。此外，教主还会给信徒的经络和穴位运气，人们也认为这些神奇的按摩术能给人治病疗伤。

教授拳脚功夫是教主们吸引追随者的另一种方法。人们认为习武能健身并能锻炼意志。其实这就像西方人认为慢跑和其他体育运动有利于身心健康一样，并没有什么好奇怪的。有些教门的拳脚师傅还教人们练刀枪不入的功夫，比如一个已练成刀枪不入功夫的人用刀反复砍自己，但他身上除了留下白色的刀痕之外，并没有受伤。

此外，一个人在入教之后还能找到其他的满足感。中国人尤为重视社会关系，人们主要借此建立自我认同和人生目标，所以加入半排他性的教门组织，把自己和另一些人联系在一起，无疑会提升一个人的安全感和满足感。同时，教门组织也是分层的——很多教门分为九层，信徒们根据法力高低被分在不同阶层或等级，这使他们也获得了拥有头衔和获得认可的机会。在士大夫占统治地位的现实社会中，他们是没有这样的机会的。此外，教门与其他秘密社会组织不一样，它们给女性也留有空间，女性在教门当中能够获得领袖地位，有些女性甚至能够当上教主。

白莲教推行性别平等主义，这在中国社会中其实是比较少见的，这可能跟白莲教的最高神灵——无生老母是女性有关。男女可以同时参加白莲教集会，这给朝廷斥责白莲教借某些仪式行淫荡之事提供了口实。当然，古代道教的确修炼所谓房中术用以凝聚元气，但并没有证据表明白莲教也有这个传统。不过，教主和徒弟之间乱交的事情倒的确发生过。1813年，后来成为八卦教领袖的林清曾到过一个学生的家里，然后跟他学生的妻子和儿媳妇发生了性关系，作为交换，林清让自己的妻子和继女也跟他的学生发生了性关系。这种乱交只是个人道德败坏，并非是宗教要求，而且也不是所有信徒都会如此。

更重要的是，教门并没有把发动政治革命和经济变革当做基本使命。在平时，教门不太在意地主的剥削和沉重的田赋，它们只是在为数不多参与反朝廷起义期间才会特别关注这些事情。作为宗教组织，它们一般不太关注特定经济阶层的物质问题或政治诉求。

不过，民间教门组织还是会定期地发起反抗政府的运动。在1622年，也就是明代晚期，白莲教的某一个教门曾宣称新一轮劫难就要到来，并因此掀起反抗政府运动。这次起义不到三个月就被镇压下去了。在此后一百五十多年间，这个教门在政治上沉寂下来。乾隆年间，民间关于弥勒转世和劫难到来的说法越来越流行。民间起义也因此越来越多，第一场是发生于1774年的王伦起义。王伦对本教门成员说他就是未来佛转世。后来，他带领一千多名信徒攻下了山东西部的三个县城，并控制了大运河上的临清县。虽然朝廷派军队在三周内就把这场起义镇压了下去，但它仍堪称一个世纪后教门组织频繁掀起反抗朝廷活动的先驱。在后来的诸多起义活动当中，最为著名和严重的是1796年到1804年期间爆发的白莲教起义，它几乎攻占了中国中部和西部所有城市，并差点就颠覆了清王朝，另一场则是1898年到1900年期间的义和团运动，这场运动把对朝廷的愤怒转移到对外国势力那里，由此引发了帝国主义势力对中国的干涉。

民间教门在17世纪到18世纪漫长的年代里都平静地存在着，但在此后的一个半世纪里却频繁发动或参与起义，这非常令人不解。一些学者认为是清廷对教门的压制开启了教门起义的浪潮，这些教门由此放弃了自己在当下社会里原本永久安全的活动空间，而去无生老母许诺要建立的新的社会和政治秩序里寻找新的空间。³可是，这种解释忽视了晚清政治状况每况愈下的客观情况。民间教门起义频发时期，其实也正是匪患、暴乱、武力争斗等其他集体暴力普遍发生的时期。这表明当时的整个社会环境都处于失调状态，民间教门也绝不是因再次燃起对千年末世论的兴趣就频繁发动起义。

洪门

洪门跟其他民间教门一样，也是从社会底层当中吸引成员，而且也会定期发动起义，但其在形式和功能方面都与民间教门有所不同。

直到19世纪下半叶，规模最大、最活跃的洪门分支是三合会，这是一个非常典型的秘密社团。三合会的起源很模糊，似乎隐藏在神秘的面纱之后。在诸多民间教门当中，三合会建立时间很晚。三合会宣称自身是福建少林寺武僧在1674年建立的，这种把三合会跟中国著名的武术派别联系在一起的说法流传较广。18世纪80年代清廷对三合会做过一次官方调查，调查表明三合会的确是一个福建和尚在1767年建立的。⁴暂不论这个组织建立于何时何地，它的权力和活动中心其实位于广东和广西两地，不过它的成员却遍布中国南方地区。

三合会跟其他民间教门比起来其实算不上是宗教组织。它没有咒语、冥想等仪式，其成员也没有刀枪不入的能力，当然也没有对超自然力量的信仰。三合会倒是有佛教、道教信仰，也信仰包括白莲教的无生老母在内等神灵，但是它主要崇拜的是历史英雄,其信仰对象中最著名的是关帝,这是一个生活在公元2世纪的、以忠勇著称的将军。

三合会基本职能之一是为成员提供各种帮助和保护。大部分中国人都是在家庭或家族中获得社会关系的,而工匠、商人或学者等远离家乡的人则在行业协会里获得一部分社会关系。对于穷人、受压迫的人和被原有社会关系抛弃的人及社会地位低下的人来说,比如小商人、差役、失地农民、淘粪工、轿夫、码头工人、窃贼和走私者等,洪门就是他们获得社会关系网的地方。洪门是这些社会边缘人,还有一些地主和富人的"代家族"(Substitute Clans)。[5]比如,为培养成员彼此相连的紧密感,三合会在入教仪式上让新招募的成员喝血酒(血取自于成员的手指头或者白公鸡),并且都追随创始人改为"洪"姓。

三合会有很多名称,如洪门、三点会、天地会等。它是个庞大的组织,分会组织和成员遍布东至台湾,西至四川、甘肃,就连美国的夏威夷和加利福尼亚等地的中国社区也有这个组织。不过,三合会在结构和组织上都比较薄弱,将所有分支机构联系在一起的只有相同的仪式,对现有政治体系的共同憎恶和很模糊的社群意识。三合会没有集权性的领导,不同分支之间激烈的争斗有时候会升级为血腥械斗,而这又造成了更多的分裂。各个分会只有在面临共同威胁时才能长期合作并组建具有一定规模的军队。然而,即便如此,它们也很快会因为意见不合而分道扬镳。狭隘的利益观占据了三合会成员的头脑,他们永远都无法像太平军那样组建为足以威胁朝廷的规模足够大的队伍，不过它们却跟民间教门一样有着九头蛇般长寿和迷幻的特质，政府很难彻底消灭它如此之多的实体。

虽然三合会组织松散，但它强调的兄弟情却能把不同分会联系在一起。如果一个三合会成员外出远游，他就可以去寻求其他分会的帮助。他通过做出一整套复杂和深奥的手指或身体动作，或通过把茶壶旁边的茶杯排列成特定阵型，就能跟当地的兄弟彼此相认。当地分会招待这位客人的慷慨程度取决于这个客人潜在的回报能力。因此，一个在组织中地位高或有一定职务的人因为拥有高回报能力，就能得到当地分会的慷慨招待。而一个普通三合会成员最多也就能有一两顿饭或晚上留宿的待遇。

在一个分会内部，组织程度就相对较高，而且成员彼此之间的义务也较多。如果一个成员卷入某场外部纷争，他肯定会得到分会里其他兄弟的帮助；如果他犯法了，他的兄弟还会帮他逃跑；如果他需要钱，他的兄弟必须借给他钱。另外，分会内的一个穷人如果去世了，分会内的兄弟也肯定会给他出钱安排葬礼（这对于西方人来说不是个大事儿，但是对中国人来说却是个非常大的事情，因为他们认为死后如果没有被安葬，自己就会成为恶鬼，但有个葬礼他们就安心多了）。三合会的领袖也跟家族族长一样，负责调节成员之间的纠纷，创造机会组织聚餐或其他聚会等。

分会对于成员的约束也是很严格的。如果一个成员对外泄露了自己分会的秘密，他就会被千刀万剐（这样看来，洪门与民间教门相比的确是秘密组织）；如果一个成员跟另一个成员的妻子通奸，或与另一个成员搞同性恋，抑或是在跟成员赌博时行骗，他通常会受到可怕的惩罚。他如果抢劫、强奸、酗酒、诅咒他人,受到的惩罚则会较轻,比如遭到竹竿抽打或被剪掉一只或两只耳朵。

三合会所倡导的道德其实是反主流文化的,因为它的纪律都是用来保护和维系组织成员彼此情感和内部团结的,而不是用来维系组织成员与儒家秩序保持一致的。实际上,三合会深陷各种犯罪活动,比如,三合会成员经常组织并掌控某一地区的赌博、吸毒、嫖娼等活动;他们还走私盐,而按照当时的法律,盐贸易其实是由政府垄断的;他们还向商店、旅客和妓院收保护费。三合会的行为与《水浒传》中的英雄好汉的行为相类似,强调内部成员之间的彼此信任、合作和兄弟情,却对外界有权有钱的人进行劫掠。《水浒传》是对12世纪一帮"不法之徒"的描写,深深地影响了洪门,后者在组织、仪式和自我形象塑造上在很大程度上都是对前者的仿效。

19世纪后半叶,随着太平天国运动的爆发,三合会变得也很活跃,特别是在广东和广西。然而在清朝其他地方,哥老会却是最活跃、分布最广的秘密组织。哥老会在组织形式、功能、传说和仪式方面很像三合会,但它却不是三合会的分支或地方组织。

哥老会是如何形成的,我们至今仍知之甚少。这个组织可能起源于19世纪50年代的四川。那个时候,整个四川地区都处于混乱状态,到处是贫穷的农民和被击溃而流窜至此的太平军。在贫穷与动荡交织的情况下,一部分白莲教徒和三合会及啯噜会等秘密社团组织取得了联系,并结合在一起成立了哥老会——关于它们究竟是怎样结合在一起的，我们现在并不十分清楚。在很多情况下，哥老会与三合会在组织特征上基本相同，但两者崇拜的创立者各不相同。

在曾国藩把哥老会的很多成员招募到湘军里之后，哥老会就从四川拓展到了贵州。哥老会的影响力也因此得到了提升，到了19世纪60年代末和70年代，哥老会在整个长江流域及很多地方都很有影响。甚至到了20世纪40年代抗日战争期间，哥老会在四川的影响力仍然很大。

比起民间教门，洪门这种组织对政治地位有着较为强烈和持续的追求。三合会和哥老会的信条和仪式中充斥着对清朝的憎恶和反叛之情，它们以"反清复明"为口号，试图推翻满族的"异族"统治，恢复明朝汉族皇帝的统治，它们认为这样社会就会变得公正和富强。[6]

不过洪门可能夸大了自身的政治定位。19世纪末20世纪初，随着外界对洪门的了解逐渐有所增加，人们发现这些组织只是在仪式和信条上用"反对满族统治"来激发成员共鸣，但其实际行动却是走私、敲诈和赌博。"洪门之所以在这些有利可图的领域开展活动，主要是想跟剥削它们的主流社会共存，而并不想摧毁主流社会。"[7]即便如此，"反清复明"这个口号却一直吸引着平民，特别是那些被社会所孤立的群体——他们把清政府视为榨取自身利益的邪恶力量。

随着清政权在19世纪的衰落，洪门得到了较快发展，其反政府活动也越加频繁。三合会1802年和1817年在广东发动暴动，1837年又在广东两次暴动，同年还在广西、江西、湖南和福建等地暴动。后来，在1839年到1842年鸦片战争期间和19世纪中期太平天国起义期间，洪门得到了很大发展，其反抗清朝统治的各类活动也因大众对清朝的不满和清政权加速衰落而更加频繁。在太平天国起义和捻军起义之后的二十年里，洪门活动逐渐平息下来，但是在清朝统治最后十五年里，洪门又得以复苏，他们一贯坚持的反清朝统治的主张使他们天然地成为新兴革命力量的盟友。实际上，洪门与新兴革命力量之间有着很广泛的联系与合作，但前者却因意识狭隘、结构松散而在推翻清政权过程中贡献很小。

其实，意识狭隘一直是阻碍洪门发挥政治作用的重要原因，比如洪门几乎从未关注过迫在眉睫的经济问题。另外，虽然洪门曾经也会参与太平天国某些活动，但其组织的暴动通常只在当地有点影响力，而从未像太平天国那样对清政权造成过沉重打击。此外，三合会曾与拜上帝会有过一段非常短暂的合作，因为三合会并不像太平天国那样专注于推翻清王朝的事业，而是经常对平民百姓进行掠夺和施虐。太平天国运动领袖洪秀全曾评价三合会说，"它真正的目标已变得非常低劣和不值一提了"。[8] 应该说，这个判断是对洪门利己主义的本质和犯罪性质的准确描述。

防卫性社会组织

中国的秘密社团在组织形式上很松散，在教义上包容性较强，因此在漫长的历史过程中很容易随着社会和政治环境的变化而变化，也很容易因地区不同而产生差异。鉴此，1911年革命爆发导致中国政治生态发生明显改变后，一批完全不同于早期主要教门和洪门的新的秘密社会组织得以产生并逐渐占据了主导地位，就不会令人感到惊讶了。这种应激性组织被称为"防卫性社会组织"，它是由地方精英所领导的半军事化性质的组织，在政治定位上较为保守。

其实，这种新的秘密社团组织的前身早就产生了。18世纪70年代，三合会在台湾的一个分会领袖是一个地主，他发现三合会其实是一种"公共防卫组织"。[9]在19世纪60年代，某些富商偶尔会利用哥老会保护他们的财产和股份。1898年到1900年期间的义和团运动也拥有同样的共同防卫性质。学者们一直在尝试区分地方武装力量与义和团起义中白莲教某些派别的武装力量这两者在影响力上的差别。其实，秘密社团一开始就具有防卫功能，但秘密社团在1911年革命之后才一度以防卫作为主要职能。

革命时期(1911—1949)最广为人知的防卫性社会组织是红枪会，该组织以其成员使用带有红缨装饰的长矛而得名。关于红枪会的起源，至今仍众说纷纭。一位学者认为红枪会诞生于元代，另一位学者则认为红枪会是1900年被镇压的义和团的"复活"。无论红枪会何时起源，有一点是确定的，那就是该组织在1920年或1921年发展成了一个规模更大的、更复杂的组织。在1927年，红枪会已经拥有三百万成员，成为中国北方平原地区，特别是河南(红枪会的发源地)、山东、安徽、江苏和陕西等省份的主要政治力量之一。

红枪会，至少是20世纪的红枪会得以建立，与中国北方在这一时期陷入无政府状态有密切关系。20世纪20年代，军阀割据在中国发展到了巅峰状态，这一时期各级政府机构接近崩溃，成千上万的土匪四处烧杀抢掠。村民们纷纷组织"自卫队"以防范各路掠夺者。不过这种自卫队其实没什么用，因为自卫队里的武装人员缺乏战斗精神，而且村民们在土匪去别的地方抢劫后就不愿意再养活自卫队了。为建立一支更加有效的防卫力量，一些地方领袖想到了请宗教领袖掌管训练军队的主意。红枪会就是这样得以建立的。[10]

红枪会具有一定的宗教性质，这是它与一般的村落自卫队最大的不同之处。红枪会跟19世纪的教门和洪门一样，崇拜从关帝到观音菩萨，从孔子到老子等各类神灵。红枪会特别突出地强调"刀枪不入"，把教本会成员如何抵挡最致命武器当成本会信仰和仪式的最重要内容。新成员入会后一般都要接受一定时期的净化和训练，时间从三个星期到三个月不等。新成员要学习背诵一些咒语，喝下掺着用符纸烧成灰末的水，并参加一些需要跪上两三个小时的仪式和一些军事训练。新成员在接受训练期间经常会挨打，不过据说这是为了增强肌肉力量，以备将来参加战斗。师傅还会在新成员头上开砖，如果这个新成员没有感到疼痛，那么他就可以接受下一步训练了。

更高水平的训练是师傅用刀剑砍受训人的前胸而完全不留

痕迹或只留下白印儿。如果这个受训人成功地通过这一步并且能遵守保守组织秘密、不吸食鸦片等组织纪律，神灵就会收下他并赋予他"刀枪不入"的能力。作为义和团分支的红枪会与义和团一样非常确信自身拥有超自然力量，红枪会成员甚至经常公开展示他们抵挡子弹的能力。一位对此持怀疑态度的国民党军官在20世纪20年代曾目睹一个红枪会师傅用剑刺向本会成员的身体，还开枪射击这个成员赤裸的胸膛，后者却完全没有受伤。这个官员检验了那些武器，发现那些武器都是真的，于是他得出结论说："我曾经非常怀疑红枪会成员说自己刀枪不入，但现在我相信他们的身体的确发生了某些生理变化，而这使他们能够抵御射击的子弹和砍过来的刀剑。"[11]

有时候，红枪会成员也会死于这种表演。不过，这个人的死却会被解释为他在仪式前沾染到了不洁因素，或是他信仰不够虔诚。[12]即便是亲眼看见自己的兄弟死于这种表演，很多红枪会成员仍坚信自己拥有刀枪不入的能力——不过，这种坚信倒是能提升他们参加战斗的勇气和斗志。

红枪会战斗力相对强大，这与其各分支之间的成功合作密切相关，但相形之下，传统的村落防卫组织则因相邻村落之间彼此不愿为对方出力而战斗力低下。在当时，相邻几个村落里的数千位红枪会成员聚集在一起并不罕见，比如某一次，河南好几个县多达三十万的红枪会成员就曾联合组成一支队伍。

当然，红枪会在某些方面也并未超越19世纪的民间教门和洪门组织，其中较为突出的方面就是它仍具有农民的狭隘性，不同领袖之间政治分歧很严重。不同分支即便是联手建起一支规模很大的队伍，这种合作也很短暂，因为成员们很快就会回到各自的村落和家庭当中。红枪会更为薄弱的一个方面是，领袖们都有很强的分裂倾向，他们都想从原来的组织中分化出来建立独立的防卫组织，结果是黄枪会、天门会、小刀会等各种名目的、类似红枪会的组织纷纷在中原和北方地区得以成立。所以说，虽然防卫性组织在20世纪20年代已经成为各政治力量之间互动的重要因素，但是其自身却没有后劲。在20世纪30年代中期的国统区，这些组织很快就消失了。不过，日本于1937年全面侵华之后，这些组织却得以复苏了。

虽然绝大多数防卫性组织得以建立的主要动因是群体防卫，但这些组织却很快都被冠上了政治反叛的名义。这是因为这些组织不仅反对土匪，也会像土匪一样与勒索他们的军阀发生冲突。比如，军阀为资助自己掌管的规模越来越大的军队，会向农民征收新名目的和更沉重的赋税。之所以说这些赋税更加沉重，是因为军阀们一方面强制农民们用金银等高价值货币来缴税，另一方面却大量发行基本没有价值的纸币并用这些纸币来偿付农民的劳动。乡村精英对此自然持反对态度，在1925年北方的红枪会曾成为乡村精英反抗军阀征收沉重赋税的工具。这种最初对军阀贪婪征税的抵制，到后来对国民党统治的反抗，有时会演变成为全面开战。红枪会1926年在河南北部大城市开封与军阀吴佩孚的军队展开战斗时曾发布过一则告示，揭示了以防卫为目标的秘密社团组织的动机：

> 开封的兄弟们……现在事实证明，吴佩孚比他的前任更加残暴。这里征收附加费，那里征收附加税……你们即使是卖了粮食，当了衣服，也不够交这些重税的。看看吧，他的军队比土匪还要凶残，他眼看着四处闹匪患却坐视不管。我们再也不能容忍了……团结起来，打倒吴佩孚！行动吧！[13]

红枪会开展武装行动的巅峰时期是1927年，那一年它成了"中国北方各方力量对比中的关键要素"。[14]接下来，红枪会在与国民党军队及各股军阀势力战斗的过程中，掌控了对开封和其他几个县的管理权。

虽然红枪会围绕反对征收重税展开了长期的、艰苦卓绝的斗争，但就目前我们所知，它却从未反对向农村社会最底层民众征收田赋，因为红枪会的领导权基本都直接或间接掌握在地方精英手里。实际上，红枪会是拒收没有土地的农民成为其成员的。当然，这种限制并未阻碍大多数农民进入红枪会——因为中国北方农民普遍拥有土地，而这正是红枪会在社会构成上与三合会及白莲教的大不同之处。

地方精英加入秘密组织在20世纪似乎是十分普遍的现象，但在1911年革命爆发之后，这种情况似乎开始发生变化。[15]有人推测这种变化发生的原因在于一些社会精英参加秘密社会组织之后在声誉上有所提高，所以带动了更多的社会精英加入。

当然，还有另一种解释是说，由于君主制与儒家正统学说的崩坏，地方精英在通往忠诚的道路上失去了"意识形态和体制上的媒介"。[16]

上述解释都有一定合理性，但还有一种解释是认为地方精英在加入秘密社会组织的态度上有所转变与当时的社会变迁有关。在民国初年，地方政府尚未建立对地方的有效管理，所以当时暴力事件频发。地方精英失去了以朝廷官僚体系为支撑的权力和合法性，于是开始试图寻找另一些方法来确保自己的人身和财产安全，并试图建构再次掌控村落政治和经济生活的社会网络。经过多次试错，他们发现，组建秘密社会组织以及借此建立的约束和沟通机制是一个非常有效的途径，而且他们还发现这种社会组织的犯罪要素其实是一个十分有力的要素。此外还有一种可能的原因是，"社会解体"（Social Disintegration）导致村落精英的本质发生了变化，新的精英阶层不再像老一辈精英那样在意他们的社会关系和言行方式。[17]

无论上述解释准确与否，防卫性组织作为地方精英的组织载体，已逐渐成长为地方层面的政治力量，甚至19世纪的哥老会也发展成了一种防卫组织。

> 比如1948年，在四川歇马乡，所有人都是哥老会成员。哥老会虽然被国民政府界定为非法组织，但它却公

开活动，而且能把它想发展的所有人都吸纳为其组织成员……

在歇马乡……哥老会并不直接参与政治……但它却拥有很大的政治权力。乡里几乎所有富人和受过教育的人都是哥老会成员……拥有哥老会成员身份几乎是一个人在当地政府工作的必要条件……歇马乡的哥老会成员包括来自各经济阶层的代表，不过，它最欢迎的还是上层社会成员和受过良好教育的人。[18]

虽然防卫性组织有乡村精英的加入，但其在民国时期仍经常从事犯罪活动，在这一点上它与19世纪的洪门十分相似。20世纪40年代，哥老会经常参与鸦片贸易。在19世纪，青帮成员还大多是长江下游地区的船夫和运输工，而到了20世纪，这个帮会组织却变成了在上海雄霸一方的涉黑组织，成为鸦片贸易、嫖娼业、赌博业和另一些犯罪领域的老大。红枪会也是如此，很多分支都堕落为匪帮，在自己家乡以外的地方打家劫舍。军阀时代的中国社会在政治上的无政府主义使执法者与强盗，保护者与掠夺者之间界限非常模糊且非常容易发生角色转换，就如同美国西部电影里的怀特·厄普（Wyatt Earp）和马特·狄龙（Matt Dillon）一样。

Bandits
土匪

匪患是长期困扰中国当权者的问题,在20世纪初,匪患再次成为普遍的社会现象。在经历1928年大饥荒之后,河北境内20%的百姓都加入了土匪组织。同样,据统计,20世纪30年代山东和东北的土匪人数达到了一百万,而四川的土匪人数则达到了一百五十万。这些数据虽然并不十分精准,但也足以印证匪患的严重性。

精英阶层是土匪打击的主要目标,他们因此也自然对土匪的烧杀抢掠十分憎恶。不过,在中国当土匪却是一个受尊重的传统,在某些村落,当土匪甚至是一个被认可的职业,而且还拥有父子传承的体系。安徽北部一座华丽庙宇甚至专门供奉传奇土匪头盗跖。《水浒传》多少代的读者,包括毛泽东在内,都非常喜欢梁山一百单八将的冒险故事——这是一个比英语世界的罗宾汉及其手下的故事更为浪漫的故事。不论人们对土匪做何种道德判断,土匪都是在中国社会长期存在的一支重要力量。

土匪在中国之所以能普遍存在,主要是基于以下两个原因：第一，地方政府总是很被动，且管理能力弱、管理范围窄。在地方社会，很多匪帮横行多年却从未受到过政府关注。即便一个地方官在其管辖范围内发现了土匪活动，他多半也会坐视不管。在清朝官僚机构中，社会失序被认为是官员管理能力不行。如果一个官员向朝廷报告匪患事宜，那么这会对他接下来评级晋升都很不利。当然，如果某位官员辖区内匪患太过严重以至于他不能无视，那么他也可能尝试去消灭或招安土匪，或申请上级官员派军队来剿匪，但朝廷军队一般都很散漫且贪婪，所以他们所造成的危害比土匪更大。鉴于上述原因，土匪总是有能够生存下来的机会，特别是在那些山高皇帝远的、连当地官员自身都不在乎上级眼光的地方，更是如此。

造成中国社会匪患盛行的第二个原因是，中国农村人口的一贯贫困。乡村里的贫苦农民和流氓无产者挣扎在贫困线上，时刻都面临着忍饥挨饿的残酷现实。大部分人仍选择耕地、挖矿，或当苦力，麻木地接受命运，而另一部分人——可能是因庄稼歉收陷入贫困的农民，也有可能是既没有土地也没有工作的失业青年，意识到自己是"光脚的不怕穿鞋的"，所以就铤而走险走上了违法道路。

这部分人大多是季节性的土匪，他们只是在机会找上门或迫于经济压力才会选择当土匪。比如，中国北方平原地区的夏末时分，需要做的农活少了，而与此同时长到两米左右的高粱也恰好可以给伏击和逃跑提供完美屏障，所以闹土匪的高峰期就到来了。另一个匪患高发期是过年前的一个星期，因为这是地主集中要债时期。对于季节性土匪来说，他们掠夺来的财产补充了，而不是替代了他们的合法收入。这种匪帮是临时性组织，在家里有农活或者官府要来镇压时就会解散掉。

然而很多时候，特别是在自然灾害发生的年份，季节性匪帮也没有那么容易解散掉。这些季节性土匪因为几乎没有机会找到正当工作，所以开始全职进行抢劫。这些"永久的"或者"半永久的"匪帮往往会在更大范围抢劫，这个范围大小取决于安全性。他们也会去抢劫跟他们自己村落一样因歉收而陷入贫困的其他村落，但他们也知道"兔子不吃窝边草"，所以一般不会对周边的村子动手。同时，家乡是土匪们逃避官府剿灭或镇压的安全港，在那里，土匪们能够获得来自家庭乃至整个村子的保护和支持，因为土匪在自己得到满足之后通常会跟亲属及所有保护过自己的人分享抢夺来的战利品。因此，土匪在自己家乡是非常受欢迎的英雄。

永久匪帮的首领并非是贫苦农民，而基本都是底层精英。他们可能是地主或富农家放荡不羁的或"变坏"了的单身儿子，年轻且野心勃勃，却因没受教育或没有强大的家庭背景而无法走上仕途或者没资本做生意，并因此严重受挫。白朗 (因其名谐音而绰号"白狼"——译者注) 是民国时期最为知名的土匪，他曾经这样解释自己为什么选择当土匪："我曾经想去当官，但不谙官场勾心斗角之道；我也想过当议员，但是又不擅鼓动别人，于是我就冒天下之大不韪地走上了危险的起义之路。"[19]

另一些土匪首领则是因败诉、跟官府发生冲突或得罪了权贵而被迫逃离家乡的人。比如说，某个警察就因为他的上级犯罪却让他当替罪羊而被迫逃走当了土匪；另一个人则因为激怒了从前的上级——大军阀张作霖而跑路当了土匪；还有一个人是因为杀死了谋害他哥哥的恶霸而投身匪帮。由此可见，当土匪是那些失去更好就业机会的底层精英进行社会流动的主要途径。

除永久和半永久匪帮以外，匪帮还有第三种形式，即复合型的匪帮。复合型匪帮一般是很多独立匪帮的联盟，拥有成百上千的成员。比较成功的复合型匪帮同时也是规模很大的武装队伍。"白狼军"在1914年和"老洋人"在20世纪20年代初发展之顶峰状态时都各自拥有上千人的武装力量。这些强大的武装力量通常是半军事化结构，由旅、营等单位组成，并由最高指挥官来指挥。不过，这样的武装力量一般都不太团结，因为每个分支的指挥官都拥有对自己队伍的自治权。因此，这些土匪武装都是蜂窝结构，不同武装力量之间很难实现长期合作。

在政府管理薄弱之处，永久匪帮尤为壮大。深山老林或湖河沼泽等都是土匪的天然巢穴，东北那些新殖民地遍地土匪。各县或各省交界地区也是土匪出没的场所，如果某地官府开展剿匪行动，那么当地土匪就可以逃到另一个辖区免于被剿，因为两地官府之间通常是不会合作的。比如在河南西南部和安徽北部及浙江和福建交界之处，四川各地等都是土匪常年出没的区域。除在这些地区活动以外，匪帮还经常袭击贸易路线和平原上的富裕村落。在中国北方，流动的土匪一般会给自己找好多彼此孤立的巢穴作为安全港，而骑马搞突袭的土匪可凭借高粱等作物形成的青纱帐突袭某地然后赶在防御力量到来之前隐匿起来。

虽然季节性和全职土匪存在于整个民国时代，但在民国初年得以繁荣发展并超出上述两种类型的土匪却是"兵匪"。其实，兵匪一直存在，比如19世纪太平天国起义和捻军起义期间就是如此。不过，在20世纪初期军阀割据时代，战争频仍和武装力量的膨胀都导致兵匪队伍的空前发展。比如，战败士兵遭到当局遣散后没有得到任何报酬和食物，又因没有土地也没有技术而无法谋得正当职业养活自己，但是他们有枪且知道怎么用枪，因此这群人似乎是理所当然地变成了土匪。

为了达到这个目的，兵匪需要首先让当局清晰地意识到他们的存在。他们不小打小闹，而是要弄出大动静以让当局无法忽视。由于兵匪需要引起注意，所以他们从20世纪20年代开始一直热衷于绑架外国人。绑架外国人不仅比绑架中国人更有利可图，而且还会引得国际势力出面敦促当局释放被俘人员并解决兵匪的身份问题，后一个问题一般是通过当局招安兵匪并把他们编入正规军的形式得到解决的。1923年，山东临城匪首——24岁的孙美瑶一手策划了临城劫车案，并绑架了车上所有乘客，其中还有20多位外国乘客。这一震惊中外的事件——其中被绑架的一个人还是洛克菲勒的妻妹，后来以孙美瑶等土匪被招安而告终。

被官方招安其实是一件冒险的事情。中国历史上不乏土匪接受招安后被屠杀的例子，但很多匪首还是把被招安看成是在当局谋得头衔的机会。由此，匪首就总是面临进退两难的困境，一方面他可能得冒险，而另一方面他的队伍规模越大，在接受诏安之后他就越有可能得到更高的职位。精明的匪首通常会算计投降时机，如果投降太晚的话他也有可能被消灭。

另外，军队编制内的士兵也总是会进行抢劫，他们收入微薄，吃不饱穿不暖，但却持有武器，所以他们对平民的抢劫行动比土匪还甚。如果这些人远离家乡去作战，他们就会在这些地方烧杀抢掠，奸淫掳掠，所以当地政府一般都不愿意让这些士兵到自己的辖区来作战。

对平民来说，无论他们是贫是富，在兵与匪之间都无可选择。中国有句俗语是"兵匪不分"。民国大总统黎元洪也曾说过，"如果当局遣散部队，那么被遣散的士兵就会变成土匪；如果当局招安土匪，土匪又会变成士兵"。[20]因此，"匪就是兵，兵就是匪"。20世纪初期，兵匪是影响中国经济环境和人民福祉的重要因素。

1959年，艾瑞克·霍布斯鲍姆(Eric Hobsbawm)将"社会土匪"(the social-bandit，或叫义匪)概念引入了社会科学领域，他指出社会土匪与一般的抢劫者和流氓并不相同。当然，这是从社会土匪自身及平民的视角，而非法律的视角得出的结论，在前者看来，社会土匪是穷人和受压迫者的救星。社会土匪劫富济贫，杀贪官恶吏，在平民眼中这是追求公平、正义和自由。虽然霍布斯鲍姆指出，社会土匪在所有农耕社会都普遍存在，但其实罗宾汉(Hobsbawm)才是社会土匪的先驱。[21]

有学者追随霍布斯鲍姆的观点，在对中国土匪进行研究的过程中也试图寻找相关论据。然而，社会土匪在20世纪的中国已很罕见了。虽然一些匪首仍声称自己抢劫是为了追求公平，比如临城土匪就曾说：

> 我们这些绿林好汉，清初时就聚在了一起，目的是为了反对当时的腐败。我们关注民众和公共事业，首先必须消灭所有的贪官和恶霸，摧毁旧中国腐朽的根，然后再创造一个新世界。[22]

著名的白朗匪帮(1912年，河南省宝丰县绿林首领为反对袁世凯政府的统治而发动农民起义)就是社会土匪，匪首白朗曾憧憬未来能有一个更加公平的政府，希望赋税更轻(而不是希望改革政治体制和土地所有制)。在1914年，他的这种理想为他赢得了更多追随者。白朗帮的一个土匪曾编了一首歌来颂扬白朗：

> 老白朗，白朗老，杀富济贫，替天行道，人人都说白

朗好，两年以来，贫富都匀了。²³

中国土匪其实与霍布斯鲍姆所说的社会土匪概念并不太对应。据说白朗帮"非常残暴，他们在攻陷一个城市后，更像是恶魔"。²⁴ 还有自称绿林好汉的临城土匪在接受政府招安，释放俘虏后被改编为政府军的一个旅，为此他们接受了政府支付的8.5万两银元的赎金，匪首孙美瑶也被提升为旅长。相形之下，只有那些当年是因遭受不公平待遇或政治迫害，而不是因为贪婪而当了匪首的人才像是社会土匪。大部分迫于经济压力成为匪首和普通土匪的人与霍布斯鲍姆所说的社会土匪的理想型有很大差距。

一般来讲，对普通守法民众来说，土匪会给他们造成可怕的伤害乃至毁灭性打击。20世纪二三十年代一个在福建工作的医生兼传教士在回忆录中描述了当地民众遭受土匪宝云 (Precious Cloud) 的残害的场景，一次，一个男人带着两个儿子来急诊：

> 两个小男孩一个五岁，一个八岁，爸爸带他们来治脸上的伤。孩子们脸上的伤长约十五厘米，而且伤口很深，都露出了骨头。我问他们："怎么弄的？"一边同时给他们缝合了伤口。
>
> 那个爸爸悲伤地说："我们付不起土匪摊派的捐税。"
>
> 我给两个孩子治好伤之后，又检查了他们脸上烧伤留下的疤痕，问："那这些伤又是怎么回事？"
>
> "去年我们也交不起捐税，宝云的人把两个孩子拖进

稻草堆，然后放了火。"爸爸说到这里脸色惨白，很是绝望。那个五岁的孩子已精神失常了。[25]

宝云匪帮是一个有上千土匪的匪帮，因奸淫掳掠而臭名昭著，很多村子的人只要听到这个匪帮要来就会全村逃走。当地民众对这个匪帮毫无好感，并且在当局抓到宝云匪帮某个分会的匪首时明显地表现出这种情绪：

> 军队抓住宝云把他送到三都，让三都的妇女来惩罚他。此前，这个人曾在这个地方抓了七十个妇女，所以军队才特意做出这种带有倾向性的审判。当地妇女决定用鞋锥子扎死他，她们先是把他绑在椅子上，然后轮流拿着锥子扎他。这种酷刑持续了三天三夜之后，他终于死了。[26]

这样的故事还有很多，而所有的故事都表明，匪患对土匪及受害者都造成了严重的损害。

Feuding 械斗

人们一般很难将中华帝国和美国田纳西州（the state of Tennessee）这两个地方联系在一起，但两者在械斗这方面却有相似的地方。田纳西州的哈特费尔德（Hatfields）和麦考伊（Mccoys）两个家族因曾结下血仇而一直械斗不断（经查阅相关材料，这两个家族一个在西弗吉尼亚，另一个在肯塔基，似乎与田纳西无关——译者注），而清代中国社会各地也是械斗频发。

实际上，自18世纪开始，中国社会的械斗现象就一直不断，有组织的武装匪帮之间经常开战，绑架和暗杀行为也很普遍，就连敌对村落和敌对家族之间也经常进行械斗。中国社会中各种械斗现象虽不及匪患普遍，却是常态化的集体暴力形式，曾在过去的两个世纪里对数百万中国人的日常生活和财产安全造成了严重影响。

中华人民共和国成立之前的两个世纪里，中国社会械斗频发在根源上与匪患肆虐相同，与整个社会在政治和经济上的积贫积弱密切相关。各类械斗在河南、江苏、安徽、山东、湖南、湖北和甘肃等地频发，特别是在中国南方的广东、福建和台湾尤为严重,很多当代研究者将此种现象归因于南方人性格好斗,但其实这究竟为何我们不得而知。1821年,福建一位高官曾说,"整个福建处于混乱和无政府状态,再加上这里的人们生性暴躁爱吵架,而且都倾向自发组织武装力量,还敢跟警察对抗"。[27]

不过,广东和福建械斗现象严重十有八九跟这两地宗族势力强大有关。宗族间的矛盾,同一宗族内不同支系之间和同一姓氏之内的矛盾,不同村落之间、不同秘密社团组织及不同族群之间的矛盾都会发生械斗。在台湾,来自中国内陆不同地方的汉族人之间也总是发生械斗,比如福建泉州人和福建漳州人之间就是如此,而这两个地方的人跟广东及安徽等地客家人之间也是如此。此外,汉族人跟中国穆斯林群体也会发生械斗。如果矛盾双方又分别与其他村子或族群的人联合起来,那械斗就会扩大化。

水源争夺和土地划界等涉及对经济资源的争夺是不同群体发生械斗的重要原因之一。有一种情况就很常见:在河流上游耕种的家族开渠将河水引至自家土地进行灌溉,那么在下游耕种的家族就会受到影响,因而两个家族必然为此争吵乃至大打出手,并最终发生械斗。因为名声、女人等引发的争吵,因为侵犯别人家的坟地,或因为指控他人偷盗等也会引发械斗。有时候,一个强势家族或群体还会故意挑起械斗,趁机侵吞相对较弱一方的财产或打压对方的经济竞争力。"很多时候……恃强凌弱就是麻烦的根源"。[28]可见,械斗背后隐藏着很强的征服欲。

械斗通常分为很多种规模。有些械斗会持续很多年,成千上万的人被卷入其中,比如19世纪30年代在福建泉州和漳州两县之间的械斗持续了三年之久,敌对双方共有十万人次参与了械斗,而且几乎一天就会有一个人死于械斗。最为严重的械斗发生在广府人(广东土著,一般称之为广府人——译者注)和客家人(the Hakka)之间。其实客家人与广府人一样也是汉族人,只不过客家人在文化上拥有区别性特征——自己的方言、发式和服饰,不许女子裹足等。

应该说,中国人有着较为浓厚的地域偏见和排他主义倾向。比如抗日战争期间,四川本地人与从东部省份迁徙过来的难民之间彼此不睦,而台湾本地人和后来从大陆来的人之间也十分不合。因此,清代发生在客家人和广府人之间的最大规模仇杀事件延续了整整十二年(1856—1867年广府人与客家人爆发了一次大规模持械斗殴事件——译者注)也就不足为奇了。据统计前后共有十万人死于这场仇杀,数千个村落遭到损毁。

械斗让中国社会付出了惨重的代价。中国社会的械斗主体并非我们通常以为的"乌合之众",而是有人出钱供养并对其进行训练的有装备有组织的武装力量。18世纪,用于械斗的武器一般都是农具、鸟枪和木柄铁矛等。到了19世纪,现代火枪乃至机关炮等越来越多地被用于械斗,由此造价很高的防御工事也相应被用于械斗。此外，械斗双方还经常贿赂政府官员以免他们出来干预，并且还为死于械斗的人的家族支付相关费用。

由于进行械斗需要花很多钱，所以械斗一般都发生在城市或市镇的两个富裕家族或群体之间，乡村和贫穷的边远地区发生械斗的情况相对较少。一般只有拥有丰厚财产和公有土地的家族或社区才能盖得起宗祠或寺庙，但恰恰是这样的宗祠和寺庙经常给械斗提供资助。亲身参与械斗的人们有时会让各自所代表的群体"上贡"或"交税"，这经常会让后者陷入经济困境。

19世纪的一位作家曾说："有室家之民受其重累，一斗而富者失富，再斗而富者转贫，三斗而贫者流离死亡。"[29]（此文出自清人陈盛韶所著的《问俗录》——译者注）其实，最初启动仇杀事件的族长在带领家族与流氓无赖或职业打手的械斗中经常会中途失控，而那些流氓无赖或职业打手却能因械斗持续不断而受益。很多家族就是因为无法终止械斗而最终彻底毁灭。

动荡的社会
Society in Turmoil

那个时代，即便是在所谓最好的时期，中国地方社会仍经常因暴力遭到严重损害。在中国东南部，"很多当地人……从未体验过历史学家所描述的18世纪'康乾盛世'时代的和平和有序"。[30] 相反，在晚清和民国时期，中国社会中的暴力事件发生频率越来越高且越来越普遍。民国政府所做的一项关于1796年至1911年之间的调查收集了此间涉及五人及以上人数的暴力事件数据（如表10.1所示），这些数据清晰地表明了清代最后一百年间社会动荡程度日益加剧。

数据显示，1846年到1855年及1856年到1865年，中国社会暴力事件发生频率非常高，而这两个时间段恰是太平天国起义和捻军起义期间。不过，在以后的四十多年间，暴力事件发生频率也再没有回落到起义之前的水平。这项针对19世纪中国社会暴力事件的分析非常有意义，而对20世纪同类社会现象却没有可用的研究。不过有一点是毫无疑问的，那就是中国社会在民国时期遭受匪患、秘密社团组织和械斗的影响要远比19世纪最后几十年严重得多。[31]

表 10.1 群体性事件

类型	1796—1805	1806—1815	1816—1825	1826—1835	1836—1845	1846—1855	1856—1865	1866—1875	1876—1885	1886—1885	1896—1911	合计
秘密教派暴力事件	8	37	31	28	24	25	19	29	27	36	29	293
匪患和抢劫	42	51	46	97	85	266	302	183	204	156	240	1,672
争执和财产纠纷	0	5	2	3	6	16	30	3	12	8	21	106
合计	50	93	79	128	115	307	351	215	243	200	290	2,071

来源：杨庆堃：《十九世纪中国民众运动的若干初步统计模式》，载于魏斐德、卡罗林·格兰特编的《中华帝国晚期的冲突与失控》（伯克利：加利福利亚大学出版社，1975），第190页。经授权再版。

经济境况更加窘迫是暴力事件频率逐渐提升的最明显原因。一般来说，一个人在陷入贫困时会绝望地挣扎但不会首先选择投身暴力行动，而"只有一个人所处的经济关系解体，而他也只求保命时，他才会认真考虑去进行'奢侈'的起义"。[32] 毫无疑问，中国社会暴力事件普遍存在的背后是慢性经济贫困，但经济贫困却是暴力事件高发的必要不充分条件。中国很多地方都遭遇过灾难性的歉收，但只偶尔发生过粮食骚乱或普遍骚乱。此外，第五章曾经提及，没有充分证据能表明中国在20世纪上半叶曾经历过普遍的经济贫困化。

中国社会在现代化早期暴力事件高发可能主要是政治方面的原因导致的。中国的管理结构在清朝衰落时期表现出鲜明的王朝循环特征：官僚体系丧失了其最初的有效性，开始走向腐败；与此同时，朝廷的军队，包括八旗军和绿营兵也都走向了衰败，不再是维系朝廷政治统治和社会秩序的有效工具；国家在军事上的衰败导致地方精英感到无所依傍，开始自行征税并建立只效忠于他们自身的村落武装。然而，这些村落武装的指挥官却总是与朝廷不和，而权力逐渐分解到地方精英的手里又加速了政治体系崩溃的速度。

结果是，政府需要承担的任务量越来越大，但管理却跟不上。比如说，清代晚期朝廷官员仍只有两万多人——几乎与明代中期朝廷官员人数等同，但是清代晚期人口数量却是明代中期人口数量的三倍还多。也就是说，清政府在管理理念和机构数量上都与自明代以来就在不断增长的人口数量及经济和政治变迁无法匹配。同样，美国在20世纪80年代仍延续着自18世纪初托马斯·杰斐逊（Thomces Jefferson）总统时代的管理理念和管理机构数量。然而，随着人口数量的增长，经济发展的多元化和商品化进程的加速，随着民众对日益腐坏的官僚体系越来越不满，地方精英也获得了更大的自治权，王朝管理能力已经跟不上社会的发展。整个社会当中暴力事件频发，以及随后军阀割据造成的社会动荡等，都标志着旧的政治体系即将崩塌。

中国社会在20世纪爆发的三大革命——1911年的共和革命、1927年的国民革命和1949年的共产主义革命——在一定程度上都孕育于这种集体暴力的大环境。然而，秘密社团组织和土匪是否可被视为促生革命的进步力量？是否能被称之为"最初的革命者"？[33]

毫无疑问，孙中山是偶然地与秘密社团组织联合在了一起的，毛泽东也在1927年将井冈山两股"土匪"势力联合在了一起。不得不说，这些联合一直伴随着冲突、争吵，因为传统起义和现代革命这两者的终极目标并不相同。洪门和土匪都具有封建性质，他们并不反对现有的政治秩序，只是反对这种政治体系对他们的压迫和不公，他们因此只想在这个体系中给自身找寻一个更加有利可图和安全的位置，而不会寻求推翻这个体系。

相形之下，现代革命则致力于推翻现有政治体系，因此现代革命与传统起义有着本质的不同。现代革命并非是对传统起义暴力形式的延续，相反，它的目标是消灭暴力。

Notes

注释

1 中国传统观念认为，阴阳两极相生相克，化生宇宙万物。女性、水、月等为阴，男性、土地、日为阳。这一观念看似简单，实则复杂深奥。由冬到夏的季节转换，也被认为是阴阳两极在发生作用。

2 Daniel L. Overmyer, "Alternatives: Popular Religious Sects in Chinese Society," *Modern China* 7, no. 2 (April 1981): 185.

3 相关解释参见 Susan Naquin, *Shantung Rebellion: The Wang Lun Uprising of 1774* (New Haven, Conn.: Yale University Press, 1981), pp. 53-56, 163-64; Overmyer, "Alternatives," pp. 162-63。

4 1925年的一项研究对早期三合会进行了考察，指出"毫无疑问，三合会并非是在17世纪末刚刚产生的一个全新组织，而是在这一时期进行了一次重组"[John S. M. Ward and W. G. Stirling, The Hung Society: Or the Society of Heaven and Earth (London: Baskerville Press, 1925), vol. 1, p. 2]。

5 Fei-ling Davis, *Primitive Revolutionaries of China: A Study of Secret Societies in the Late Nineteenth Century* (Honolulu: University of Hawaii Press, 1971), p. 73.

6 陈志让（Jerome Ch'en）认为哥老会并不像三合会那样彻底地反清["Rebels Between Rebellions: Secret Societies in the Novel, P'eng Kung An," *Journal of Asian Studies* 29, no. 4 (August 1970): 814-16]。

7 Susan Mann Jones and Philip A. Kuhn, "Dynastic Decline and the Roots of Rebellion," in *Cambridge History of China*, vol. 10, ed. John K. Fairbank (Cambridge: Cambridge University Press, 1978), p. 134.

8 转引自 Jen Yu-wen, The Taiping Revolutionary Movement (New Haven, Conn.: Yale University Press, 1973), p. 69。

9 Johanna Menzel Meskill, *A Chinese Pioneer Family: The Lins of Wu-feng, Taiwan, 1729-1895* (Princeton, N.J.: Princeton University Press, 1979), p. 64.

10 裴宜理（Elizabeth J. Perry）对红枪会发展史进行了精彩研究，参见 Elizabeth J. Perry, "The Red Spears Reconsidered: An Introduction," in *Tai Hsuan-chih, The Red Spears*, 1916-1949 (Ann Arbor: University of Michigan, Center for Chinese Studies, 1985), pp. vii-xxi。

11 转引自 Elizabeth J. Perry, *Rebels and Revolutionaries in North China, 1845-1945* (Stanford, Calif.: Stanford University Press, 1980), p. 191。

12 这种不洁大多跟性事有关。由于女性总是跟这种招人反感的因素相关，所以女性在义和团和红枪会中只被允许扮演非常次要的角色。

13 转引自 Perry, *Rebels and Revolutionaries*, pp. 165-66. Romanization modified。

14 Ibid., p. 174.

15 如前文所述，一些地方精英早年曾是洪门的成员。

16 Ch'en Yung-fa, "The Wartime Bandits and Their Local Rivals: Bandits

and Societies, " in *Select Papers from the Center for Far Eastern Studies* (Chicago: University of Chicago Press, 1978-79), vol. 3, p. 15; Perry, Rebels and Revolutionaries, pp. 200-01.

17 中国20世纪的新地方精英与西西里岛黑手党有相似性。安东·布洛克（Anton Blok）认为，黑手党是政治中人，地方精英则"稳坐在持不同政见的各方中间的位置"。黑手党"能够在乡村与外界社会之间的对话中钻空子，他们并不会去阻碍或毁掉这种对话，而是让这种对话必须经由他们而进行，而他们自身则借此繁荣发展"。[参见 Anton Blok, *The Mafia of a Sicilian Village, 1860-1960: A Study of Violent Peasant Entrepreneurs* (New York: Harper & Row, 1974), p.8。]

18 A. Doak Barnett, *China on the Eve of Communist Takeover* (New York: Praeger, 1963), pp. 127-28. Romanization modified.

19 转引自 Philip R. Billingsley, "Banditry in China, 1911 to 1928, with Particular Reference to Henan Province" (Ph.D. diss., University of Leeds, 1974), p. 133。

20 转引自 ibid., p. 161. 关于兵匪问题，也可参见 Diana Lary, *Warlord Soldiers: Chinese Common Soldiers, 1911-1937* (Cambridge: Cambridge University Press, 1985), pp. 59-70。

21 E. J. Hobsbawm, *Primitive Rebels: Studies in Archaic Forms of Social Movement in the 19th and 20th Centuries* (New York: Praeger, 1959), pp. 13-25.

22 转引自 Perry, *Rebels and Revolutionaries*, pp. 73-74. 贝思飞（Billingsley）本人确认此处引文来自于 Lincheng gang，参见 Billingsley,

"Banditry in China," p. 209。

23 转引自Billingsley, "Banditry in China," p. 209。

24 Times (London), March 7, 1914, quoted in Ibid., p. 368.

25 Ruth V. Hemenway, *A Memoir of Revolutionary China, 1924-1941*, ed. Fred W. Drake (Amherst: University of Massachusetts Press, 1977), p. 108.

26 Ibid., p. 134.

27 转引自 Maurice Freedman, Lineage Organization in Southeastern China (London: Athlone Press, 1966), pp. 106-07。

28 Ibid., p. 108.

29 转引自 ibid。

30 Harry J. Lamley, "Hsieh-tou: The Pathology of Violence in Southeastern China," *Ch'ing-shih Wen-t'i*3, no. 7 (November 1977): 34. Romanization modified.

31 表10.1中援引的关于1911年革命前十年的暴力事件数值可能太低了，参见 See Marianne Bastid-Bruguiere, "Currents of Social Change," in *Cambridge History of China*, vol. 11, ed. John K. Fairbank and Kwang-Ching Liu (Cambridge: Cambridge University Press, 1980), p. 594。

32 Carl Leiden and Karl M. Schmitt, *The Politics of Violence: Revolution in the Modern world* (Englewood Cliffs, N. J.: Prentice-Hall, 1968), p. 43.

33 Davis, *Primitive Revolutionaries*, pp. 5, 174-77.

结论

Constancy and Change

常与变

永远也不要再说帝制时代晚期的中国社会处于停滞状态，是一个"永恒停滞"的国家了。当然，这一阶段中国社会在技术上基本没有取得进步，而且在19世纪上半叶发生的变化最好用半个世纪来衡量，而不是用现代化早期那几十年或几年来衡量。然而，中国在19世纪60年代之前的三百年间却经历了社会各领域及民众生活方方面面的变化。

人口数量的增长和经济商品化是推动这些变化得以发生的两大因素。我们知道人口数量的增长曾迫使中国人不断将自己的生活领域拓展到偏远地区和未被开垦的土地上，而他们原来的居住地已是人满为患。村子越来越多，人口增长给人自身和土地都带来更大压力。可是，中国人口增长仿佛永远也到达不了所谓"马尔萨斯陷阱"，即可用资源已无法满足人口生存最低需求的程度。然而，人口与土地两者之间日益严重的矛盾使农民不得不在土地上进行更为密集的劳动，甚至达到了"自我剥削"的程度。18世纪70年代以后，越来越艰难的生活境况加重了社会和政治的不稳定，械斗、匪患和秘密社会组织起义等频发。所有这些都是实实在在地发生于中国民众生活中的变化。

商品经济的发展给中国社会带来了巨大变化。明代早期的乡村庄园通常拥有数百乃至数千农夫，但在现代化早期，这种庄园消失了，取而代之的是小规模自耕农土地。同时，农民和精英都逐渐开始以市场为导向进行生产劳动，到了18世纪，中国拥有了全国性的原材料市场和全国性的食品生产体系。贸易和生产制造业都能产生财富，集市得到极大发展，集镇则发展成为城市。随着贸易的发展，中国社会还产生了本土银行、汇兑银行、会馆等新金融机构。

可惜的是，清朝统治者没能适应经济和人口的变化而推行相应政策并建立新机构，他们始终认为朝廷的职责就是征税、维持秩序和维护自身权力，却从未意识到朝廷应该在推动社会经济发展过程中扮演积极的角色，也未意识到这对其自身及其统治者都有益处。当然这并不意味着清朝应该采用计划经济体制，也不意味着朝廷应该在经济领域扮演领导角色。其实，刚刚提及的政府概念或理念其实是20世纪的产物，在18世纪乃至19世纪早期的中国，即使可以想象，但也无法实施。可如果清朝哪怕能够最低限度地维护地区间交通网络或为本国货币体系树立一些秩序，那么也至少会营造出有利于经济发展的环境。如果清朝能推行一整套保护私有企业不受官方压榨的法律，或建立现代学校体系提升民众知识水平并培育出创新性思维的话，当然就更好了。

这些举措在当年看来也并非是超乎想象的——比如在日本德川时期的统治者就采取了类似举措，但清朝统治者却没有在国际社会上树立威严、在国内社会维护统治的视野，他们对政府职能的认知到了19世纪仍停留在很落后的状态。其实，清朝的税收只占国民生产总值的1%~2%，这个比例即便是在当时那个年代也是低到令人觉得不可思议。少得可怜的税收迫使朝廷不得不以"中介人"体系来担当原本应由政府担当的职责。这种在最低限度上行使职责的政府无法满足18世纪和19世纪中国社会人口增长及经济商品化的需求，最终导致整个政治管理体系瘫痪和经济衰落。

中国的社会和经济变迁在现代化早期不断加速，主要原因还是来自国内。中国社会自16世纪以来越来越明晰的商品化、货币化和城镇化进程，发展到19世纪中期已成为推动中国社会结构发生本质变化的重要力量。这一时期，商人的权力和声誉都有所提升，拥有财富而不是受过儒家教育，即便不是决定一个人社会地位的首要要素，也是重要要素。然而，19世纪中期以后推动经济和社会变迁的主要力量无疑是中国社会与西方社会的接触。

中国社会在现代化早期的"变"虽有重要意义，但是历史学家对"不变"也有着浓厚的兴趣。相对于中国社会过去百年间发生的技术、机构和政治变迁，其传统社会文化方面的特性却几乎没有发生变化。第九章曾经提及，20世纪第一个十年里，青年文化得以出现，个人主义得到发展，妇女解放对传统的家庭主义形成了挑战。不过，这种挑战只是在城市里表现得较为明显，并且只在某些小群体中发生了作用。自20世纪30年代以来，中国社会传统家庭主义就受到了越来越多的挑战，但在政治发生变革和经济得以发展的五十年以后直至今天，传统社会文化特征仍存在于中国社会生活的各个领域当中。

共和国成立以后的中国乡村仍是绝大部分中国人生活的地

方，在那里，家庭主义仍旧十分盛行：家中最年长的男性通常就是掌控所有成员收入的家长；青年男女的婚姻都是在父母积极干预下才得以缔结的，而且缔结一桩婚姻主要是基于经济生产和繁衍后代的考虑，而不是为了爱情和互为陪伴。一家如果生了儿子，那就是天大的喜事，因为儿子在父母年老之后能为其提供物质保障，而女孩是"没用的"，都是"给别人家养的，将来总有一天会成为别人家的人"。虽然很多传统家庭生活中更残酷的方面都得到了改善，但这种传统观念却一直在乡村社会普遍存在。直到今天，杀死女婴的事情仍会发生，也会发生某位丈夫在妻子生下第三个女儿之后把妻子打得昏迷不醒的事情。

中国1949年以后发生在城市中的社会文化变迁远比发生在农村的要剧烈，这与20世纪20年代的情况几乎等同。在城市中，女性和青年的社会地位都得到了极大改善，传统家庭主义支配下的男权意识有所减弱。比如说，最年长男性就无法再掌控整个家族的经济收入了。年轻人在想跟谁结婚和不想跟谁结婚的问题上也逐渐有了一些发言权，当然，青年男女以约会形式彼此认识仍然不太被接受，但是亲戚朋友给青年男性介绍女孩的形式已经较为普遍。在城市里，生女孩并不再被认为是对家庭毁灭性的打击，一些城市家庭逐渐发现女孩在长大之后比男孩更孝顺父母，也更加可靠。

这一时期，城市家庭生活发生了很多具有影响深远的变化。不过，即便是在城市里，男权意识传统仍有所遗留。一般来讲，妻子在下班之后还得再"上一个班"，因为丈夫期待妻子承担起打扫、购物、做饭、洗熨等全部家务。虽然法律规定女性与男性同工同酬，但工厂里的男性经理和村子里的男性领导仍认为女性无法干重活或者技术活，所以不能赚取更多报酬，因此，无论在城市还是在乡村，女性劳动报酬都相对较低（以在北京郊区麦田里劳作的一个男人和两个女人为例，女人们的工作是将水引到田里，这需要她们短距离地来回跑，挖沟排水，而这被认为是不需要技术的劳动，所以她们每天挣6.5个工分；而那个男人干的是技术活，蹲在水泵旁边指挥两个女人，同时打开或者关掉水泵，他每天能挣10.5个工分）。[1] 从这个角度来看，当时的中国仍存在大男子主义。

社会文化领域另一个没有发生变化的方面是指第二章曾经提及的中国人社会行为的三大特点，即强调社会等级和身份、重视"关系"和"要面子"。在今天的中国社会，你很快就会发现权力价值观——民众对政府干部的从属和依赖——非常重要。比如，要干成一件事，要被大学录取，要晋升，最有把握的方式就是"认识人"，即认识那个掌握相关权力的人。一些美国政治学家对中国进行研究之后指出，中国政治体制在某种意义上是一种"侍从或庇护体系"，当然，其实没有哪个术语比"关系"或者"感情"更贴切。

希望有人能对中国社会中这些传统的社会行为特征进行更多的研究，相对而言，我们对中国社会文化的另一个领域，即民间信仰领域则更为了解一些。

四十年来，中国共产党对"封建迷信"进行了主动而积极的打击。1949年以后,绝大部分传教士、萨满和风水先生及其他宗教专家都被迫放弃了自己的职业。在1958年开始的"大跃进"期间,绝大部分此前被保留下来的村庙或被砸毁,或转变成新成立的公社的办公场所。20世纪60年代之后,国家对民间教门的压制更为严厉。

虽然遭到压制,民间信仰却仍然顽强地存在着。清明节期间,人们会去祭扫祖先坟墓,一些农民也会在自己家里私下给祖先上供。有些地区还重新建起了村庙,但官方舆论仍在声讨巫医治病、驱邪和看风水等活动,并抱怨这些活动在民间社会的"肆虐"。[2]

虽然政治变革和经济变迁曾使近代中国社会陷入动荡不安,但价值观和社会行为的文化基础——"中国人所以为中国人"的根基并未发生改变。在我个人看来,这种"未变"有些可惜,因为老的价值观在某种程度上与实现政治自由、性别平等所需价值观是相悖的，并且是一种不太值得尊重的社会关系——民众与当权者处于从属关系——得以持续存在的根源。不过，老的价值观经久不衰，也意味着中国人一直就是既热情又冷漠、既勤劳又懒散、既进取又保守、既慷慨又自私的群体，应该说，中国人身上有很多自相矛盾的地方，但正因为如此，他们才是这个星球上最令人着迷的居民。

Notes
注释

1 Margery Wolf, *Revolution Postponed: Women in Contemporary China* (Stanford, Calif.: Stanford University Press, 1985), pp. 83-84.

2 Ann S. Anagnost, "Politics and Magic in Contemporary China," *Modern China* 13, no. 1 (January 1987): 43-44; Elizabeth J. Perry, "Rural Collective Violence: The Fruits of Recent, " in *The Political Economy of Reform in Post-Mao China*, ed. Fruits of Recent Reforms, " in *The Political Economy of Reform in Post-Mao China*, ed. Elizabeth J. Perry and Christine Wong (Cambridge, Mass.: Harvard University, Council on East Asian Studies, 1985), pp. 180-85.

Family, Fields, and Ancestors: Constancy and Change in China's Social and Economic History, 1550-1949
Copyright © 1988 by Oxford Vniversity Press, Inc.
Simplified Chinese translation copyright ©2018 by Beijing Alpha Books Co., Inc.
All rights reserved.

版贸核渝字（2016）第 171 号

图书在版编目（CIP）数据

家族、土地与祖先：近世中国四百年社会经济的常与变 /（美）易劳逸著；苑杰译. -- 重庆：重庆出版社，2019.1
书名原文：Family, Fields, and Ancestors: Constancy and Change in China's Social and Economic History, 1550–1949
ISBN 978-7-229-13421-1

Ⅰ.①家… Ⅱ.①易… ②苑… Ⅲ.①社会史—研究—中国—1550-1949 ②中国经济史—研究—1550-1949 Ⅳ.①K248.07②F129.48

中国版本图书馆CIP数据核字（2018）第172760号

家族、土地与祖先：近世中国四百年社会经济的常与变
JIAZU TUDI YU ZUXIAN: JINSHIZHONGGUO SIBAINIAN SHEHUI JINGJI DE CHANG YU BIAN

［美］易劳逸　著
苑杰　译

策　　划：	华章同人
出版监制：	徐宪江　伍　志
责任编辑：	陈　丽　李　翔
责任印制：	杨　宁
营销编辑：	张　宁　胡　刚
装帧设计：	视觉共振工作室

重庆出版集团
重庆出版社　出版
（重庆市南岸区南滨路162号1幢）

三河市嘉科万达彩色印刷有限公司　印刷
重庆出版集团图书发行有限公司　发行
邮购电话：010-85869375
全国新华书店经销

开本：889mm×1194mm　1/32　印张：14.125　字数：290千
2019年1月第1版　2024年4月第8次印刷
定价：69.80元

如有印装质量问题，请致电023-61520678

版权所有，侵权必究